《中国名人大传》
ZHONGGUO MINGREN DAZHUAN

項羽传

李金柱◎著

北京联合出版公司
Beijing United Publishing Co.,Ltd.

图书在版编目(CIP)数据

项羽传/李金柱编著. —北京:北京联合出版公司,2013.11(2022.1重印)

(中国名人大传/马道宗主编)

ISBN 978-7-5502-2166-6

Ⅰ.①项… Ⅱ.①李… Ⅲ.①项羽(前232~前202)—传记

Ⅳ.①K827＝33

中国版本图书馆 CIP 数据核字(2013)第 253303 号

项羽传

编　　著:李金柱

版式设计:东方视点

北京联合出版公司出版

(北京市西城区德外大街 83 号楼 9 层　100088)

北京一鑫印务有限责任公司印刷　新华书店经销

字数 230 千字　710 毫米×1000 毫米　1/16　15 印张

2013 年 11 月第 1 版　2022 年 1 月第 3 次印刷

ISBN 978-7-5502-2166-6

定价:49.80元

前言

　　项羽，名籍，字羽。始皇十五年（公元前232年）生。下相（今江苏宿迁县西南）人。秦末重要的反秦领袖，秦亡之后自封为西楚霸王。项家世代为楚将，因封于项地而得姓。祖父项燕，始皇二十四年（公元前223年）为秦将王翦所杀。项羽自幼跟着叔父项梁，少年时学习诗书和剑术，都没有什么成绩，项梁责怪他，他说："书足以记姓名而已。剑一人敌，不足学，学万人敌。"项梁于是教他兵法，他很高兴，但是学了点皮毛之后又不肯深学了。这个不肯念书也不肯习武的项羽，心中却有大志。始皇三十七年（公元前210年），秦始皇游会稽，渡钱塘江，项羽在路边观看，不禁说道："彼可取而代也。"

　　秦二世元年（公元前209年）七月，陈胜、吴广起义，建张楚政权。同年九月，项梁与项羽杀会稽守通，率吴兵反秦，项梁自立为会稽守，项羽为裨将。第二年六月，项梁召集起义将领在薛地召开会议，立怀王的孙儿为新的楚怀王，自此，项梁政权诞生。不久，项梁由于轻敌，被秦将章邯斩杀，项羽和刘邦退守彭城。章邯北上进攻巨鹿，楚怀王命宋义为上将军，项羽为次将，率兵救赵。但宋义惧怕秦军，行至安阳，停留四十六日不进，项羽便以宋义与齐密谋反楚为名，杀了宋义，楚怀王遂命项羽为上将军。夺得军事指挥权的项羽率军渡河救赵，经过九次战斗，大败秦军。以前作壁上观的各路诸侯从此都听从项羽指挥。不久，项羽在汙水又大败秦军，章邯投降。项羽斩杀章邯降兵二十万。巨鹿之战，消灭了秦军的主力，扭转了整个战争的局势，使秦政权彻底瓦解。

　　项羽率军入关时，刘邦已先进据咸阳。因楚怀王有言在先："先入关者王之。"故而刘邦理当称王，但项羽依恃手中有四十万大军，企图消灭刘邦，独霸天下。刘邦以"吾入关，秋毫不敢有所近，封府库，而待将军"使项羽消除了

·1·

杀机；此后项羽不听范增之言，在鸿门宴上放走了刘邦，为自己留下了后患。汉元年（公元前206年），他以怀王为义帝，分封诸侯，而自立为西楚霸王。不久，项羽密令杀了怀王，加之分封不公，田荣等人起义反项羽，刘邦趁机挑起了此后长达四年的楚汉战争。楚汉战争之初，楚军大败汉军，双方在荥阳成皋一线长期相持。但是此时项羽在政治军事上的弱点日益显露：他把都城定在彭城，丧失了有利的战略地势；分封诸侯，举措不当，促使得不到满足的诸侯倒向刘邦，政治上日益孤立；不善于用人，致使韩信、陈平等都弃楚投汉；甚至不信任重要谋臣范增，以致在政治上屡屡失策。汉四年（公元前203年），楚汉言和，项羽释放太公、吕后，从此楚汉中分天下，以鸿沟为界，各据其地。项羽依约东归，而刘邦却听从张良、陈平之劝，越过鸿沟，围歼项羽。汉五年十二月，刘邦令韩信在垓下围攻楚军，项羽留下了著名的《垓下歌》："力拔山兮气盖世，时不利兮骓不逝，骓不逝兮可奈何，虞兮虞兮奈若何！"项羽行至乌江，乌江亭长已备船等候，劝他渡江之后再重整旗鼓、东山再起，项羽自感"无颜见江东父老"，于是自刎而死。其临死前仍无法正确认识自己失败的原因，称："此天之亡我，非战之罪也。"

项羽死后，刘邦以鲁公礼，将他葬于谷城。

目 录

Contents

第一章　陈胜起义

一、秦廷惊变

1. 始皇巡游

秦始皇三十六年，也就是公元前211年的一天，滚滚乌云笼罩着大秦帝国的东郡，风雨交加，沙砾满天，天地间一片混沌，一场陨石雨从天而降。雨过天晴，有人发现其中一块大陨石上似乎有字，详加辨别，是七个字：始皇帝死而地分。郡守得知后，虽然觉得这事很奇怪，但也无须小题大做，没有必要让朝廷知道。然而始皇曾经下令，不管发生什么事，地方官都必须上奏，不得有所隐瞒。所以东郡郡守连忙将此事上报朝廷。始皇怒不可遏："甚么怪石！大概是恶民诅咒我，把字刻在石头上，一定要派人查明，严惩不贷！"说着，即遣御史立刻前去东郡，严行究治。

御史奉命抵达东郡，发现石头上的字的确像人工雕刻。但详加追问，谁都不承认，又无法找出证据可以证明是谁做的。御史无奈之下，只得回京复命。始皇得知，也不管究竟是谁，下令："一律处死石旁居民，并用柴火烧毁这块石头。"地方官得令，立刻缉拿附近所有的人，数百人全被斩首，含冤而死。

这一年，秦始皇四十八岁。始皇对死十分畏惧，石头的毁灭并未完全消除他心中的不快，便下令博学之人吟咏几首仙诗，都是关于长生不老的，然后立即让乐师谱成歌曲。每次出游，都让乐工弹唱，以排遣愁闷。谁知很快又传来不吉之兆。

到了秋天，从关东来的一个使臣，经过华阴，出平舒道，忽有一老者送给他一块璧，并告诉他："可替我赠滈池君，今年祖龙当死。"使者听了，完全摸不着头脑，便向老者询问。谁知那位老者忽然不知所踪。秋虫唧唧，明月在天，到处

一片寂静，不知道那老者到哪里去了。

使者进咸阳城面圣时，献上玉璧，把途中的所见所闻原原本本叙述了一遍。始皇仔细端详这块璧，没发现什么怪异，一面抚摸，一面思量，良久才说话："你在华阴遇到的一定是华山脚下的山鬼，山鬼能知道什么？即便稍有知觉，也只了解一年以内的事，不足为信！"使臣不敢多言，默不作声地告退。始皇又自言自语道："祖龙两字，有什么寓意？人非祖宗，身从何来？所以'祖'应是'始'的意思；龙代表国君，难道真的在我身上应验？"继又自我安慰："祖龙是说我先人，我祖亦曾为王，早已死去，何必理会这些无稽之谈？"便将璧交与御府，府中守吏却认出这是御府以前的东西，说从前二十八年（前219年）时，东行渡江，曾将此璧投水祀神，对它的重现也感到费解。始皇听了，不太放心。始皇帝命太史占卜，占卜的结果是："游徙吉。"

始皇心里思忖，我可游不可徙，民可徙不可游，不如我游同时民徙，这样便可趋利避害。但又担心山鬼的话，今年可能会死，假如出游，会遭不测，我不如在年内徙民，明年再出游，就可以化险为夷。于是下旨命令将内地三万户百姓迁徙到河北榆中。百姓过得好好的，却要离乡背井，扶老携幼，尝尽奔波之苦，然而对这种不幸的事也只能忍气吞声，遵旨移徙去了。

如今，占卦中上天告示："游徙吉。"不能违背天意。何况六国贵族残余势力仍有可能卷土重来，听说有的地方已经有了一些苗头，看来正该巡视天下，让世上之人皆知大秦帝国的威力。

秋去冬来，天气严寒，始皇担心身体，深居简出。经过几个月的静养竟然没有生病，安稳过年。一出正月，始皇身心舒畅，完全消除了几个月以来的惶恐心态，便立即下旨出巡。

秦始皇三十七年（前210年）十月癸丑，始皇帝出游。

他的小儿子胡亥随同出游。大批侍从伴随左右。以左丞相李斯，及中车府令赵高最为著名。

左丞相李斯精明强干，善解始皇之心，始皇帝一方面欣赏他，另一方面也处处提防他。

一日秦始皇抵达梁山宫，登山俯瞰，忽然发现山下有一队人马前呼后拥的不下千余人，一位宽袍大袖的人员坐在其中，奢华非常，但是羽盖遮住了他的脸。心中惊疑油然而生，便询问左右道："这个人是谁，也有这般威风？"当始皇左右，报之实情，始皇道："丞相也有如此威风的车骑吗？"这句话中的怒意显而易见，左右从旁窥透，便有人向李斯报告。

李斯知道皇帝不满自己过于张扬，便在出门时减了排场。始皇帝发觉后，怒不可遏，说："丞相怎么会知道我对他的不满？宫里一定有内奸！"

左右互相推托，不敢承认，始皇因而怒气冲天，竟命武士把左右全部斩首。其他的人都胆战心惊，得了教训，以后再不敢多言。从此，他的行踪朝中便无人知晓，宫中也无人再敢泄漏出去。只在咸阳宫里临朝听事，群臣受旨。至于下朝以后，就无人得知始皇帝的行踪。

赵高是一个宦官，在宫服役，十分奸猾，善于察言观色，又谙熟秦朝律令，能默背五刑细目若干条，始皇批阅文简时，遇到不确定的刑律处分，只要向赵高问询，就迎刃而解。始皇因而认为他很有才华，日益宠信他，提升为中车府令，并且让他教导少子胡亥，审理案件。胡亥年少无知，又受皇帝宠爱，自然不会认真研习法律，所以委托赵高代办一切审判。赵高熟悉始皇性情，凡刑事案件都从严处罚，即使犯人无甚大罪，也说他死有余辜。一面对胡亥阿谀奉承，教他享乐，所以始皇父子，都认为赵高是忠臣。后来别的宦官告知始皇，说赵高教唆王子沉溺淫乐，不思上进，还欺瞒秦王，谎报情况，犯有欺君大罪。秦王嬴政下令蒙毅对此案进行审理，蒙毅不敢徇情，定以死罪。秦王顾及赵高处事机敏，精明强干，除了包庇胡亥这件事外，无可挑剔，最后赦他无罪，仍任中车府令。秦王改称始皇帝后更加信任他，与他寸步不离。

从此，赵高对蒙毅恨之入骨。二人结下不解之仇。始皇帝也很清楚蒙毅与赵高两人之间的矛盾，他出游时将两人都带在身边，旨在使二人互相牵制。假如手下的人都连成一气，互不监督，他这位最高统治者岂不因此而受蒙蔽？

十月始皇帝从咸阳动身，十一月抵达云梦大泽，望祭虞舜于九疑山。再渡江南下，过丹阳，入钱塘，临浙江，恰逢江上大潮，风大浪急，于是向西绕道百二十里。从陿中渡过江流，然后登会稽山，祭大禹陵，又望祀南海，在这里立碑刻石，为秦歌功颂德，因此会稽山又名秦望山。

始皇帝从杭州湾出海，一路北上，抵达山东胶南县琅邪山。这次乃始皇故地重游。他曾于十年前登临此山，并建造了规模宏伟的琅邪台，地临黄海，万里惊涛骇浪尽收眼底。

这时的始皇心中仍有求仙之念，便考问一班方士。方士害怕始皇责罚，骗他说："本可取得蓬莱仙药，无奈海上常常有大鲛鱼，十分危险，所以不敢前往。最好让一神箭手同往，遇见鲛鱼，便射杀它。"始皇对此没有怀疑，也就不再

追究。

原来始皇曾梦见自己与人形的身披盔甲，手持长矛的海神争战。

他梦醒后，命博士解梦。博士说："海神不会以本来面目出现在陛下面前，而将变作大鱼蛟龙。只有设法除去这种恶神，善神才会来临。"这完全是无稽之谈，发端于方士徐福等人出海去蓬莱仙山求不死之药。他在数年中花钱不少，却一无所获，唯恐降罪，便对始皇帝说谎道："蓬莱仙药可得，但受到大鲛鱼的拦阻，所以无法到达蓬莱仙山。臣希望下次出海求药时，有神弩手同往，见到大鲛鱼就用连弩射杀。"始皇帝信以为真，朝思暮想，才会做出这种与海神作战的梦来。始皇帝的心意博士知道，当然只能继续糊弄他。始皇将这些牢记心中，今见方士所说，与博士不谋而合，进一步确信了。遂命方士，携带捕拿大鱼器具入海。一面挑选神弩手，架起连枝弩箭，沿海随着车驾行进，作好与海神交战的准备。所以从琅邪出发，向北经过崂山、成山，一路留心。茫茫大海，不见大鱼踪影，直至芝罘才发现大鱼，连发弩箭，射死一尾。始皇帝欣喜异常，以为这一下不死之药指日可待了，立刻弃舟登陆。谁知不但没有善神送来不死药，始皇帝的身体却出了问题。到了山东德州平原津，他的病进一步恶化。始皇帝迷信神仙方士之术，那些方士献上的所谓金丹之类，多由丹砂、信石之类大热大燥的药物构成，促进性欲却使身体虚弱。始皇帝原本体质就弱，这无异于雪上加霜，年虽五十，却早已身心俱疲，更何况为了求得射杀巨鱼而在海上长期颠簸，劳累过度，自然就生起病来了。

一日，到沙丘，这原是赵国属地，建有行宫，赵武灵王就死在这里。始皇于是暂时住在行宫养病。群臣见始皇病重，知他平时最忌讳死字，所以谁都不敢提及死后之事。后来始皇几次昏迷，自知病入膏肓，把李斯叫到身边，口授谕旨，制成玺书，赐与长子扶苏，命其："将兵事交付蒙恬，速即赶回咸阳，等候灵柩到时会葬。"写好此书并封存起来，交与中车府令赵高收藏。七月丙寅日，始皇死于沙丘平台，享年五十岁。一代暴君从此长眠。始皇在位总共三十七年，从并吞六国，自称皇帝时算起，只有十二年。

2. 夺嫡立幼

始皇帝诏书中尽管没有明确由扶苏继承大位，但既然指名要扶苏奔丧咸阳后才下葬，而扶苏又是长子，这就表明扶苏不同于其他皇子的特殊地位。依照惯例，自然应由扶苏继承帝位。

公子扶苏做皇帝是赵高所不希望的。这不仅因为他与胡亥关系非同一般，还由于他十分仇视蒙氏家族。当年他险些死于蒙毅之手，他至今仍耿耿于怀。蒙恬与扶苏两人相交甚好，一旦扶苏为帝，蒙恬必然为相，因为蒙恬不仅学习过狱政刑法，而且学习过文学，文武双全，始皇在北击匈奴之前就拜他为内史，京畿一带的军政事宜都由其掌管，相当于后世的京兆尹，但权限更大。蒙恬当上丞相，也必然会重用蒙毅，赵高岂不成了任人宰割的鱼肉，因此，赵高忙着打自己的算盘，企图夺嫡立幼。

而在此时，李斯另有打算，担心始皇突然死亡引发混乱，便未昭告天下，暂将始皇棺殓，由辒辌车装载，伪称始皇健在，依然打算出游。同时，李斯催赵高发出玺书，速召扶苏回咸阳。赵高却阳奉阴违，请来胡亥，给他看始皇帝所赐扶苏的玺书说："主上驾崩，没有下诏分封诸子而独以诏书赐扶苏。扶苏一到，立即会继承大位。到了那个时候，公子您毫无立足之地，如何度日！"

胡亥无可奈何地说："这也无可厚非呀！明君知臣，明父知子。父皇是明君，他不封我们为王，自然有他的道理。我又能如何呢！"

赵高说："公子此言差矣！如今公子您、赵高与丞相手握天下。君临他人截然不同于受制于人，此事还望公子三思！"

胡亥有些气愤："废兄立弟，便是不义；不遵父命，便是不孝；自问无才，靠别人苟活，便是不能；如行这不义、不孝、不能之事，必至国破人亡，社稷不保！"

赵高哑然失笑道："臣闻汤武弑主，天下称义，不为不忠；卫辄拒父，无人不服，孔子且默许，不为不孝。从来成大事者不拘小节，不可墨守陈规，及此不图，悔之不及，愿公子听臣大计，速断速决，后必有成。"

胡亥喟然长叹说："父皇尸骨未寒，丧礼未终，我怎么有脸与丞相商量此事呢？"

赵高便接口道："机不可失，时不我待！臣自能说服丞相，公子无须多虑。"说着即走，胡亥并未阻拦，由他自去。

无论如何，自己做皇帝总是最好的。胡亥原是胸无大志、骄奢淫逸的庸才，赵高从小向他灌输自私自利的思想。至于仁义道德之类仅仅停留在口头上，以防万一大事不成，留得一世骂名，甚至会丢掉性命。既然赵高确保他能当上皇帝，他求之不得。

赵高别了胡亥，便拜会李斯，李斯即问道："主上遗书已发出否？"赵高道："这书现在胡亥手中，高前来正为此事。今日主上驾崩，外人无从知晓，只有高

及君侯知道所授遗嘱，当时预闻，究竟谁是太子，全由你我二人决定。不知君侯意下如何？"

李斯听后，大吃一惊，说："哪里来的这种亡国之言？这种事身为人臣，岂可非议？"

赵高泰然自若地说："君侯自问，论才能、功绩、谋略，论人心无怨，与皇长子交情，何处在蒙恬之上？"

他咄咄逼人的追问让李斯胆战心惊，逼得李斯头上直冒冷汗。李斯脸色苍白地说："这五事皆在蒙恬之下，敢问君何故责我？"

赵高微微一笑说："我赵高仅仅是宫中的侍从，原本没有资格向君侯提什么建议的。但自从我凭借这点本事进入秦宫以来，管事二十余年，前代君王所宠幸的丞相、功臣在改朝换代后仍能过上好日子的还从未见过。绝大多数都死无葬身之地。皇帝二十余子，君侯都了如指掌。长子扶苏，为人刚正忠信。他若即位，蒙恬必定为丞相，君侯应当知道会有什么下场。我曾奉命教导胡亥，多年来他未曾有失，宽厚仁义礼贤下士，诸公子中堪称难得，可以继承大位，如今全凭君侯一言。"

李斯被赵高说中了心病。李斯此人精明能干，但是一心追名逐利，终日忙于算计。他年轻时在官府当文书，发现衙门中厕所里的老鼠靠吃粪度日，经常受到人和犬的打扰，没有太平日子。后来有一日他进入米仓，发现米仓中的老鼠以谷和粟为食，肥头大耳，逍遥自在，于是感慨地叹道："人的贤与不肖犹如老鼠一样，就看他处于什么样的地位。"这表明李斯认为，贤就是位高权重，能过上米仓老鼠的生活；不肖就是地位卑微，只能像官厕中的老鼠一样生活。他原是楚国上蔡县人，后来师从大儒荀卿学帝王之术，几年以后，学业有成，便辞别荀卿，临别时说："今秦王有统一天下的野心，我们布衣可有了用武之地！卑贱是最大的耻辱，贫困是最大的悲哀。那些久处卑贱之位、困苦之地仍高唱洁身自好的人都是伪君子。今天我李斯将西行入秦，游说秦王去了！"这位高足一番厚颜无耻的话大大出乎荀卿意料之外，他气得浑身发抖，无言以对，任由李斯扬长而去。

李斯入秦时，秦庄襄王刚刚去世，嬴政即位，他便投奔相国吕不韦门下，后来又通过吕不韦得以与秦王接近。他向秦王提出消灭六国的计策。秦王拜李斯为长史，遵从他的计谋，派遣谋士带了无数金银珠宝去游说诸侯。用财物收买贪财的诸侯；对其他的，则进行刺杀。在敌国群臣中挑拨离间，涣散人心，然后派遣良将征讨，屡战屡胜，于是秦王拜李斯为客卿。反对六国游说之士于秦国盛行，秦王下令逐客。李斯向秦王上《谏逐客书》。这是一篇传世佳作，在结尾处指出：

夫物不产于秦，可宝者多；士不产于秦，而愿忠者众。今逐客以资敌国，损民以益仇，内自虚而外树怨于诸侯，求国无危，不可得也。

《谏逐客书》使秦王撤销逐客的命令，听从李斯之计，李斯升迁至廷尉。廷尉位列九卿。秦吞并六国、统一天下以后，李斯被任命为丞相。他提出了反对分封诸侯等一系列实现统一的重大措施。

但李斯做得过火。他为了迎合秦始皇建立专制帝国的需要，建议实行文化专制政策，诸如禁止私学、以吏为师、焚烧百家之书等，秦始皇对此加以采纳。扶苏正是因为反对焚书坑儒，而被贬往上郡蒙恬处当监军。假如扶苏为帝、蒙恬为相，对当年焚书坑儒事势必会重新清算，他李斯便首当其冲。因此，赵高的话确实一针见血。他不希望扶苏即位称帝，但也不希望听命于赵高。他是大秦帝国的堂堂丞相，怎么能任由一个宦官摆布。于是，他说：

"无须多说！斯仰受主诏，顺从天意，顾不了个人私利。"

赵高又道："安即可危，危即可安，安危不定，怎得称明？"李斯作色道："斯本上蔡布衣，承蒙皇上恩宠，得为丞相，位高权重，泽及子孙，这皆因主上优待，对斯寄予厚望，斯怎忍相负呢！何况忠臣不避死，孝子不惮劳，斯但求尽忠职守罢了！愿君勿再多言，致斯得罪。"

赵高见斯声色俱厉，便威胁说："从来圣人无常道，无非是就变从时，见末知本，观指睹归。今胡亥手握天下，高已跟随胡亥，可以得志，只是与君侯多年交好，不敢不告之实情。君侯深谋远虑，利害得失自然知晓。从外制中谓之惑，从下制上谓之贼，秋霜降，草花落，水摇动，万物作，天意不可违，君侯岂能不知？"

李斯喟然道："晋国当年易太子，造成三世混乱。齐桓公兄弟争位，死后惨遭戮尸。殷纣王杀比干、囚箕子，一意孤行，丧命亡国。此三者违背天意，都贻害无穷。我李斯毕竟是个堂堂相国，岂能起大逆不道之心？"

赵高听着佯装发怒："君侯若再迟疑，高也无话可说，惟今尚有数言，作为最后的忠告。大约上下合同，总可长久，中外如一，事无表里，如果君侯听从高之大计，则通侯之位长久，世代荣华富贵，寿若乔松，智如孔墨，倘执着己见，必殃及子孙，大祸临头。高完全为君侯考虑，请君侯好自为之。"言毕，即起身

欲行。李斯一想，这事非同一般，胡亥赵高，已经联手，单凭一人之力无法抗衡，我若不从，必招杀身之祸，从了他又不甘心，一时难以抉择，禁不住仰天长叹，无可奈何地说："唉！生不逢时，既然不能以死效忠先帝，又能如何呢？一切遵从您的意思就是了。"

赵高见目的达到，便告别李斯，向胡亥得意地汇报："公子命臣去说服丞相，丞相李斯当然顺从，一切都已在我们掌握之中。"胡亥见丞相李斯也支持他，心里便踏实了。赵高、胡亥、李斯三人串通，谎称丞相李斯受始皇帝遗嘱，太子为幼子胡亥。同时，在赵高的提议下，拟了一封始皇帝赐给长子扶苏的伪诏书，写道：

朕巡天下，祷祠名山诸神，以延寿命。今扶苏与蒙恬，将师数十万以屯边，十有余年矣，不能进而前，士卒多耗，无尺寸之功，乃反数上书，直言诽谤我所为，以不得归为太子，日夜怨望。扶苏为子不孝，其赐剑以自裁，恬与扶苏居外，不能匡正。应与同谋，为人臣不忠，其赐死！以兵属裨将王离，毋得有违！

赵高派遣胡亥门下客将扶苏召至上郡。使者抵达上郡后，宣读诏书。扶苏听后，痛哭流涕，立刻返回内室，便要拔出剑来遵诏自杀。蒙恬阻拦道："陛下出游，太子未立，臣率三十万之众守边，公子为监军，此乃天下之重任也。今一使者来，立刻遵诏自杀，谁知是不是恶人奸计？请公子再次向陛下请命，若陛下执意如此，那时再死也不算迟呀！"扶苏忠孝仁义，他对蒙恬说："父赐子死，一死而已，岂可再次请命！"于是，他当场拔剑自杀。蒙恬心有疑虑，拒不从命，使者便命人将他押在当地的大牢听候处理。交由裨将王离率领戍边大军。

车轮辚辚，马嘶阵阵，黑色旌旗迎风招展，禁卫军与随从官吏护卫始皇坐辒辌车，在驰道上向京师行进，无人知晓辒辌车内载着的只是始皇帝的尸体。每天遵照成例供奉皇帝的膳食，由赵高与其心腹负责。百官依然上送奏章，由赵高假托始皇帝的旨意进行决断。此时恰逢大暑天，车内的尸体开始腐烂发臭，令人掩鼻。于是，赵高伪称始皇帝下诏，装载了一石鲍鱼在车中，以掩盖尸臭。蒙毅在始皇帝病重时，被派去祷祀山川之神为始皇求福，当时尚未返回。否则，赵高的种种诡计恐怕难以得逞。

当下一路疾驰，日夜兼程，越井陉，过九原，经过蒙恬监筑的直道，直接抵达咸阳，都中留守冯去疾等，出郊迎驾，当由赵高传旨，病重免朝，冯去疾等信以为真，拥着辒辌车，驶进咸阳。胡亥心腹，恰刚从上郡返回，报称扶苏自刎而死，蒙恬被俘，胡亥、赵高、李斯三人，欣喜不已。

胡亥、赵高、李斯，见目的已达到，这才将始皇死讯诏告天下，即日发丧，立胡亥为二世皇帝。李斯仍为丞相，丞相以下，俱任旧职，只有赵高被任命为郎中令，统领宫中与禁卫部队，地位虽在丞相李斯之下，但新皇帝胡亥对他信任有加。

胡亥听说扶苏已死，便想将蒙恬释放，毕竟蒙恬是一名功勋卓著、文武双全的名将。秦朝征伐四方，平定叛乱，巩固帝国的统治必须依靠他。但是，赵高对蒙氏兄弟恨之入骨，担心胡亥重新重用他们，便向胡亥进谗言，说："臣听说，先帝早就有意传位于陛下，但蒙毅一再反对，这件事因而搁置。臣以为蒙毅有外心，当斩！"胡亥听说蒙毅反对他做皇帝十分不快，气呼呼地下令：一旦蒙毅祷祠山川返还，立即逮捕。因此，蒙毅刚返还到代地时，马上被送进大牢。

二世皇帝派遣御史曲宫，奉诏往代，斥责蒙毅道："先帝尝欲立朕为太子，卿乃屡次阻拦，究是何意？今丞相以卿为不忠，将罪及卿宗，朕颇不忍，但赐卿死，卿当曲体朕心，速即奉诏！"蒙毅跪答道："臣侍奉先帝多年，久沐圣恩，许参末议，先帝不曾有立太子之念，臣亦未敢多言。且太子跟随先帝出游，臣又不在主侧，有何凭据，乃加臣罪？臣并不惧死，但恐近臣奸妄，反累先帝圣名，故臣不能无辞！从前秦穆公杀三良，楚平王杀伍奢，吴王夫差杀伍子胥，昭襄王杀武安君白起四君所为，皆为后世不齿，所以明君，不杀无罪，不罚无辜，唯大夫垂察！"曲宫在赵高授意下，自不会心软。待至蒙毅说罢，居然拔出佩剑，顺手一挥，毅已身首异处，曲宫便扬长而去，还都复旨。

二世又遣使至阳周，赐蒙恬书道："卿过失累累，卿弟毅又犯大罪，因赐卿死。"蒙恬忿忿不平："自我祖父以及子孙，已越三世为秦立功，今臣率兵三十余万，身为阶下囚，势足背叛，今自知必死，不敢生逆，无非是不忘先主，不辱先人。恬死且进言，非欲免咎，只是学前人死谏，为陛下补阙，敢请大夫复命。"

使者答说道："我只奉诏执法，不敢上传将军所言。"蒙恬仰天长叹道："我何罪之有，无辜枉死？"于是，这位名将吞服毒药含冤而死。还算是胡亥、赵高发了慈悲，留他个全尸，好过其弟蒙毅身首异处。

蒙氏兄弟死了！大秦帝国无异于自残双臂！

秦朝的宗室与朝中的大臣均不满于此，但也无可奈何。二世皇帝终日沉溺于享乐，对这微妙的政治气氛全然不觉。他忙着找赵高商议，怎样在自己君临天下之时，享尽人间之乐。但阴险狡诈的赵高却已察觉这种强烈的不满，严正告诫二世："愿陛下留意！沙丘之谋，诸公子与大臣们都起了疑心，私下议论纷纷。诸

公子乃陛下之兄长，大臣们都臣服于先帝，位高权重。陛下初立，这些人心中不快，不满，亦不服，迟早必会生变，陛下一定要提防。"二世一听，惊疑地问："那该如何是好？"赵高说："严刑峻法，加强监督。宜全部除去先帝任用的大臣，以陛下的亲信取而代之。如此，陛下就可以高枕无忧，随心所欲了！"

二世皇帝赞同赵高的话，于是重新立法，有意刁难群臣与诸公子，一旦获罪，便交给赵高审理，十二名公子相继被杀，十位公主惨遭车裂，胡亥的哥哥、姊妹已所剩无几，有的哥哥如公子高知道性命难保，为了顾及家属，干脆自动请死，说是愿从先帝于地下，以报先帝。胡亥欣然接受了哥哥公子高的请求，公子高自杀，赐丧葬费十万。始皇总共三四十个子女，一个不剩，并且没收家产，只有公子高自愿请死终于保全妻孥，不致同尽。不少大臣也陆续被杀，一律处死进谏者。群臣个个胆战心惊，已不再忠于朝廷。

秦二世几乎杀遍了兄弟亲属。他尚沾沾自喜，以为从此高枕无忧，得以享受人间之欢，肆行无忌，因此大兴土木，重征工役。他下令加速骊山陵的建造。骊山陵竣工后，又下令接着修筑阿房宫。民不聊生。他还征兵五万人到咸阳，教他们学会驯养狗马、猎杀禽兽，以帮助他打猎。如此京师咸阳粮食出现短缺，便下令各郡县转输，转输者全部自带口粮，并在咸阳三百里内禁止购粮，以保障京师的粮食供应。

无休无止的徭役征发，动辄得咎的严刑峻法。

天下百姓惶惶不可终日。

秦二世元年七月，陈胜、吴广发动起义，大秦帝国即将被埋葬！

二、陈胜兴亡

1. 首举义旗

秦末有两人首先发动起义，一姓陈名胜，字涉，阳城人。一姓吴名广，字叔，阳夏人。此二人虽然同时揭竿而起，但是后来陈胜被推为主。

陈胜是一个家境贫寒的农民，自己没有任何田产，靠向他人承种田亩度日，算是一个佃户。他虽没多少文化，却有非凡抱负，有着与村农不同的见解。有一次，大家在耕作间歇坐在田埂上休息，陈胜心中不快，长叹一声，对伙伴说：

"苟富贵，毋相忘。"这话是说假如将来飞黄腾达了，别忘了今天的苦难和患难与共的情谊。那些一起耕作的伙伴听了，忍俊不禁："你现在身无分文，只是一个佃户，还说将来富贵了如何，真是异想天开！"陈胜叹息道："燕雀安知鸿鹄之志哉！"看看太阳落山了，于是下垄收犁，牵牛归家。

秦二世元年七月，沛郡薪县大泽乡。

接连不断的雨使道路泥泞不堪，难以通行。一批士卒已在这里滞留多天了。这九百名士卒都是居住闾左的穷人。闾是闾巷。秦代右贵左贱，在闾巷的右边住的是有身份的富人，穷人只能住在闾巷的左边。也还有另一种说法，认为这些人是逃亡而没有户籍的穷人。官府征发他们并发配到渔阳去驻守边关，谁知连天大雨，道路受阻，规定到达渔阳的时间已经过期。

秦朝严酷的法律，规定凡是没有按照指定日期去戍地报到的，一律斩首。所以，这批士卒即便赶到渔阳，也只有死路一条。陈胜就在这九百人内，地方官按名检查，见胜身材高大，气宇不凡，便暗加赏识，提拔为屯长。吴广身形与胜相似，因令与胜并为屯长，分领大众，同往渔阳。这两人原本陌路，由于谪发戍边编在同一支队伍中，又都被提升为屯长。两人志同道合，陈胜雄心勃勃，有魄力，一直想出人头地，看问题很深刻；吴广精明能干，办事能力强，人缘很好。两人搭档确实再好不过。

这次谪发戍边，由于连天大雨阻碍了交通，已经过了规定到达渔阳的日期，眼见死亡就要降临到这九百人头上了。这支队伍中的绝大多数人对此却不以为然，船到桥头自然直，反正大家生死与共，死了也不寂寞。但是，也有少数人不甘心就这样白白去送死。

陈胜和吴广就是这种人，他们决心联合起来奋力抗争。

他俩私下在暗中商议，讨论如何应对。吴广对陈胜说："涉兄，逃亡怎么样？"

陈胜反对："不妥，开小差逃亡，寡不敌众，抓住了仍是死路一条！"

吴广百思不得其解地问："莫非到渔阳去送死？"

陈胜冷笑一声说道："当然不去渔阳。我看不如造反吧！逃亡，造反反正都是死，与其逃亡不如造反。真的造起反来，未必会死，逃亡风险则大得多。即使没有成功，毕竟算是为复国而死，也能落个好名声。"

吴广有点迟疑，问："起义事关重大，不知涉兄计划如何？"

陈胜成竹在胸地说："天下人受秦暴虐的统治很久了，修阿房宫，筑骊山墓，

没完没了的徭役，根本不让老百姓过活。我听说二世皇帝是小儿子，本不应继位，公子扶苏才应是皇帝。扶苏因为多次劝谏，触犯了始皇帝，被贬到边境带兵。最近听说被二世借口杀掉了。扶苏在百姓心目中是个贤人，他的死讯很多人还不知道。还有，楚将项燕，威信很高，多次打败秦军，屡立奇功，又关心士卒，深得楚人之心。他虽然已经为国捐躯，但民间流传各种说法，有人说他已死，有人说他在民间逃亡，还活着。现在我们假如立刻起义，假装是公子扶苏和项燕的队伍，呼吁全国反秦，一定有很多人响应。"

吴广听后，很是赞同。当时人们十分迷信，凡事事先都要占卜。于是，他俩到街上去问卜。那位卜者是个有心人，极其不满于秦朝的暴虐统治，但自己势单力孤，又找不到同盟，想反秦却心有余而力不足。这时见到戍卒中的两个屯长来问卜，又听说这批戍卒因耽搁了去渔阳报到的时间，触犯了军规必死无疑，揣测他们大概准备造反。山雨欲来风满楼，这一下朝廷可得吃点苦头了。因此，他从容不迫地说：

"两位所问之事必能成功，必定恩泽后世。但我认为，两位应该向鬼问卜。"

陈胜、吴广非常高兴，就是有一点感到费解：为什么卜者要他们去向鬼问卜？两人思前想后，噢，卜者在暗示我们应该借助鬼神！造反风险太大，要别人响应，就必须假托天意，众人才能信服。于是，他们用朱砂在一块帛上写了"陈胜王"三个字，在别人的鱼网中捉一条大鲤鱼，从鱼口将帛书塞进鱼的肚里，又悄悄地放了回去。有名戍卒恰好买到了这条鲤鱼，剖洗煮食时，在鱼腹内发现了这块帛书，感到很稀奇，便拿给伙伴们看，此事迅速传开了。

吴广按照陈胜的意思又炮制了篝火狐鸣。

他在晚间悄悄溜出营地，在丛林中的祠堂旁边点篝火，装狐狸叫，不让人发现。戍卒们被"大楚兴，陈胜王"的狐狸嚎叫声吵醒，总是先去观察陈胜而忽略了吴广。这时候，陈胜佯装一副熟睡的样子，鼾声如雷，不露声色。伙伴们因而更加觉得不可思议，觉得陈胜是受命于天，到世间来成就大事业的。

陈胜、吴广眼见时机成熟，便开始行动。

吴广平时对大家关怀备至，人缘很好，很有威信。同时，吴广的手脚麻利，舞刀弄枪的拳脚功夫远在陈胜之上，所以两人商议，由吴广杀死率领戍兵的队长。吴广伺机而动，趁尉喝醉酒时，在他面前故意咕哝：

"整天下雨，看来无法再往渔阳。与其去送死，不如尽早逃亡，吴广特来告知，今日就要离开。"尉听着，怒气冲天："你们敢抗旨，谁走就斩了谁！"吴广镇定自若，信口揶揄道："公两人监督戍卒，奉令北行，责任很是重大，一旦误期，广等必死无疑，难道公两人就能幸免吗？"这数句话激怒了两名队长，其中一人用手拍案，连声呼笞。另一个更加性急，干脆拔出佩剑，向吴广挥来。吴广眼明手快，飞起一脚，剑被踢落地上，吴广顺手拾起剑，抢前一步，用力一挥，此人便一命呜呼。还有一人尚活着，他勃然大怒，也欲杀掉吴广。吴广又上前招架，一来一往，才经两个回合，这名队长背后忽然出现一人，大喝一声，他已被劈倒，接连又是一刀，结果了性命。这人便是主谋起事的陈胜。

陈胜、吴广已杀死二将，便召齐九百人，当众宣布："诸位，连天降雨，行期已误。依法都将论斩。若继续前进，岂不自寻死路！即使侥幸被赦免，但到北方冰天雪地防御匈奴，十人之中，定有八九人死于胡人之手，或被冰雪冻死！性命难以保全！据我愚见，大丈夫不死便罢，若到走投无路，只有造反，即便一死，尚可留个好名声。试看古往今来王侯将相，难道都是天生的贵种吗！事在人为。不知诸位意下如何？"此一篇话，大家均点头称是，便异口同声地说："愿意听命行事。"

陈胜富有煽动性的讲话使在场的戍卒群情激奋，大家一致表示愿意服从陈胜，发动起义。他们为吸引百姓参与，诈称由公子扶苏、楚将项燕率领这支队伍，虽然这种做法似乎有些荒谬，但在当时的特定情况下倒也不乏吸引力。于是，陈胜、吴广命人搭建高台，参加者全部袒露右臂，称为大楚，聚在坛上结盟，对天起誓，两个队长的头被当作祭品。陈胜自封为将军，吴广为都尉。当天攻克了大泽乡，招募当地百姓加盟起义军队。

2. 陈地称王

百姓们对暴秦的统治忍无可忍，一旦有人发起，大家群起而响应。于是陈胜下令，向北进发。大泽乡原属蕲县管辖，陈胜既出兵略地，必须先攻蕲县。蕲县并非战略要地，缺乏防守，县吏又是昏庸，攻克轻而易举。一闻陈胜领兵将至，城内已惶惶不安，最终吏逃民降。陈胜不动用一兵一卒，便已牢牢控制县城。再令符离人葛婴，率众往略蕲东，接连占领铚酂苦柘及谯县，声名远扬。沿路招收的车马徒众，均送至蕲县，听陈胜号令。

胜又向陈发动大规模进攻，有车六七百乘，千余骑兵，数万步卒，全部趋集城下。县令这时恰好外出，只有县丞居守，他却强行招集守兵，负隅顽抗。胜众一路势不可挡，所有生平气力，未曾施展，蓄势待发。此次到了陈县，忽见城门大开，数百人马蜂拥而出，上前招架，胜众各摩拳擦掌，齐与争锋，前驱已有刀

枪，凶猛异常。后队尚是手持木棍，及稍头铁耙等类，铺天盖地而来。守兵原本弱小，毫无士气，但为县丞所逼，被迫出城接仗。偏遭遇这帮蛮勇之徒，犹如瘦犬，一个不小心，便被打个人仰马翻，数百兵马非死即逃，县丞见势不妙，落荒而逃。哪知胜众穷追不舍，都不及关闭城门。害得县丞走投无路，被迫孤身奋战，毕竟寡不敌众，终为胜众所杀。这样，义军于当天占领了陈县。

陈胜与吴广进城之后，也想整肃军纪，禁止侵掠，各处张贴榜示，声称除残去暴，伐罪吊民。几天以后，又召集三老、豪杰共同议事。

三老是负责教化的乡官。秦代制度，十里一亭，设亭长。十亭一乡，设三老，三老在当时属于基层政权的官吏。当地有势力、有名望的乡绅或士子则称为豪杰。张耳和陈余是最有名的陈县豪杰。

这两人都是魏国大梁人。张耳年纪大一些，年轻时曾追随魏国信陵君。陈余年少，像对待自己的父亲那样尊敬张耳。两人成为莫逆之交，情谊深厚，在当时都以贤著称。秦灭魏以后，得知这两人是魏国有名的豪杰，担心他们会领导魏国复国，便悬赏捉拿，规定凡能抓到张耳送官府的，赏千金，抓到陈余送官府的，赏五百金。

张耳、陈余隐姓埋名，从大梁来到陈县，做里的监门。在秦代，城市里人们以族居住在一块儿，二十五户为一里，另一说为五十户或一百户为一里。里的监门负责看守里门，是被人瞧不起的差事。两人相对而立，从来默不作声，但反秦复国的怒火却在心底燃烧。

有一日，里吏路过陈余所在地方，借口将他打骂一顿。陈余不服，试图挣扎起来，却被张耳用脚踩住，无法挣脱。一直到里吏离开，张耳拉陈余到一株桑树之下，斥责他说："你怎么忘了我以前对你说的话?！现在只因小小的屈辱就沉不住气，就要和一个小吏拼命！"陈余听了，恍然大悟，从此忍一时之气。当时秦正下令缉拿他二人。他两人因其真实身份不为人知，反用监门名义，命令在里中捉拿，以继续隐藏身份。如今得知陈胜占据了陈县，便登门拜访。陈胜见了二人，喜出望外，盛情款待。

陈原是楚国的都城。陈胜短短一个月便从大泽乡起义直到占领陈城，这确实是伟大的壮举。如今已无须打着扶苏、项燕的旗号了，在陈县为解决这个问题而举行集会。陈胜在会上请父老豪杰对当前局势尽情发表意见。陈地的父老豪杰主张陈胜应当立刻称王，纷纷说道：

"将军披坚执锐，伐无道，诛暴秦，复立楚国社稷，功无与比，应即称王，以孚民望。"陈胜对此十分满意，只是不可马上答应，总要推让几句，以表谦恭。当下一番推辞，三老豪杰对他赞不绝口，一再劝进。

陈胜见父老豪杰极力拥戴，内心激动不已，转过脸去，问张耳、陈余：

"两位先生有何高见？"

张耳答道："秦暴虐无度，使人家破人亡，劳民伤财。今将军舍生忘死，为世人出了一口恶气，真是了不起的义举。只是现在刚刚攻下陈，将军不宜急于称王！希望将军将此事暂且搁下，速引兵向西，直指秦都。同时召集六国后人联合攻秦。秦四面受敌，必定方寸大乱，我们联合众兵则力量强大，消灭暴秦，占据咸阳，号令诸侯，诸侯转危为安，出于感激，必将拥立将军为王，则帝业可成，又何需称王！"说到这里，见陈胜默不作声，面露愠色。正想开口再劝，那陈余已接道："假如将军没有平定天下的雄心，倒也罢了，如有志安邦，应该从长远考虑。若仅据一隅，便拟称王，恐怕世人都会认为将军存有私心，从而民心尽失，将军悔之不及！"陈胜半天没说话，最后开口道："容待再议。"两人见陈胜不听劝告，本想就此告辞，但迫于当时局势，必须暂时找个安身之处，再从长计议，于是他们在陈胜下面当了参谋。

陈胜听了，没有吭声。陈县的父老豪杰中有人赞同张耳、陈余的话，但主张陈胜称王的人仍占多数，因为他们会因此得到封赏。尽管大家口头上也呼吁复国，但真正关心复立六国的也只有六国的旧贵族。张耳、陈余后来所做所为，证明了自己能称王封侯才是他们真正关心的。他们在当时反对陈胜称王，是由于根深蒂固的封建思想使他们根本瞧不起陈胜，觉得他身份卑微，没有威信，只有抬出那些六国旧贵族，才能具有号召力。这实际上有悖于历史潮流。

陈县集会没有接受张耳、陈余的主张。陈胜在陈县父老豪杰的支持下，终于称王，国号张楚，意为张大楚国。这是因为毕竟陈胜不是楚国贵族，没有勇气自称楚王。他领导的是历史上首次农民起义，旧传统仍束缚着他的思想，不像后来兴起的那些领袖普遍地称王称帝。

传出陈胜在陈地称王的消息以后，大秦帝国境内各种斗争风起云涌，特别是那些原来属于六国领土的郡县，百姓们极其不满于秦帝国各级官吏的暴虐统治，这时将本地长官纷纷除去，投入诛暴秦的斗争之中。他们纷纷派遣使者向陈王表示效忠，拥戴他领导各地伐秦义军。吴中起义的项梁、项羽叔侄，沛县起义的刘邦，成为后来反秦义军中的中流砥柱，推翻了大秦帝国，但在当时都追随陈胜，听从陈王的号令。

当时河南诸郡县，深受秦残暴法令之苦，豪民纷纷除掉官吏，响应陈胜。胜任命吴广为假王，管领诸将，西攻荥阳。广已动身，张耳、陈余，也试图趁机离开陈邑，张耳授意陈余向胜献计道："大王举兵梁楚，志在西讨，建功关中，一时河北难以兼顾，臣曾在赵地居住，了解河北地势，并与多名豪杰交好，今愿请奇兵，向北抵达赵地，一方面牵制秦军，另一方面安抚赵民，岂不是一举两得吗？"胜听余言，也认为是好计策，但因他新来归附，不能完全信任，于是特意挑选故人武臣为将军，邵骚为护军，监督张耳、陈余二人，领兵三千，奔赴赵地。没有重用耳和余，只让他们做左右校尉，充当武臣的副手。二人另有打算，并不在乎官职大小，欣然渡河北去。

胜将葛婴，没有到过陈，独自领兵前往九江。在东城遇到楚裔襄疆，一见如故，居然未告知胜就擅自拥戴襄疆为楚王。后来接到陈胜有张楚王字样的文书，这才知道胜已称王，襄疆不能另立，悔之不及，试图改变现状。正好陈胜又传令让他领兵还陈，他担心陈胜起疑心，竟杀死襄疆，持首还报。胜果然已经得知，待婴到后，立刻召见列举罪名，下令斩首。婴被左右推出，身首异处。部众见婴惨死，心惊胆颤，私下议论纷纷。胜则认为有了法令，可高枕无忧，又派汝阴人邓宗，向东前往九江，魏人周市，向北赶赴魏地。

其时为秦二世元年十月，大泽乡起义不到三个月。陈胜不从大局出发，为了维护自己的威信，斩杀大将，表明他心胸狭窄，丝毫不宽宏大量，为他日后失败埋下了隐患。

吴广报告说无法攻克荥阳，现由秦三川守李由，坚守荥阳城，要取得胜利，必须增兵。吴广统帅的这支义军，是陈胜起义军的中坚力量，担负了向西进军、攻取荥阳的使命。位处黄河南岸的荥阳，盛产小麦、杂粮等农产品，由此有便捷的水路通往咸阳，征收自中原与江南的粮赋，都以这里为中转站，再随时西运以保障咸阳的军粮民食。所以，荥阳在当时成了一座大粮仓。陈胜日益壮大的部众使粮食问题日益突出。假如能占据荥阳，夺取到这座大粮仓，就不愁军粮供应。因此，陈胜非常重视这一战役。他平时很少封赏部属，但这次奉命前去的是吴广，是他最信赖的合作伙伴。所以，陈胜称王之后封吴广为假王。"假"意为兼摄和代理，假王拥有仅次于陈王的地位。这表明吴广在前线全权代表陈王，在陈胜军中地位仅在陈王之下。

吴广精明能干，关心部众，深受士卒拥护。他所统帅的又是陈胜义军的精锐部队，理应战无不胜。但实际上没有像其他各路义军那样取得辉煌战绩，反而出师不利。这是因为他的对手是李斯的儿子李由。李由是荥阳所在三川郡的郡守。三川得名于当地有伊水、洛水、黄河这三条大川，今洛阳为其治所在。李由深知荥阳这座大粮仓有重要的战略地位，一旦开战，荥阳必定成为争斗的焦点。因此，他不断加强工事，强化守城士卒的训练，装备精良武器，使荥阳坚不可摧。

吴广率领部属，多次强攻荥阳城，但由于荥阳城工事坚固，兵器精良，士卒平时训练有素，战时又由李由亲自指挥，所以，吴广军伤亡惨重，却久攻不下。吴广率领的起义军没有经过严格训练，本人又很少带兵打仗，况且农民起义军擅于打顺风仗而不擅打逆风仗，只有连连取胜，才会士气大振，越战越勇。而一旦吃了败仗，则军心涣散，内讧日剧，军队的纪律很难维持，战斗力丧失。胜于是集合谋士，研讨攻秦方法。上蔡人蔡赐，本为房邑君长，建议胜派名将西行，直接入关攻取咸阳。胜接受赐的提议，并封他为上柱国。同时寻访良将，找到陈人周文，与之商议。文自称曾追随春申君黄歇，又为项燕军占卜，通晓军事。陈胜的军中，大多数人是农民或城市贫民，没有人曾带兵打仗，起义至今才仅仅一个多月，尚未学会作战。在这种情况下，周文这样的人才大有用武之地。陈胜起初是因为项燕的名声才会见周文的，但长谈之后，发现周谙熟当前形势以及作战方针的制定，能够担当大任，更难得的是他极力拥戴陈王，愿意誓死追随。于是，陈王交给周文大将的印绶、兵符，并由他统帅留在陈地的兵将，包括新招募的士卒共有数万人，令他直接攻取大秦帝国的心脏——京城咸阳。

周文奉命出发，一路上招兵买马，队伍扩大至数十万，径直向西，逼进函谷关。关中守吏，飞书告急，不料秦廷对他的急报置之不理，援将终未到达。原来二世纵情享乐，赵高独揽朝政，一律搁置外面奏报，不使二世知晓，所以二世对已发生数月的陈胜起义全然不知。偶尔有来自东方的使臣拜见二世，奏称陈胜造反，郡县呼应，请求派兵平定。二世还斥责他妖言惑主，将其押入大牢。以后再有使臣返京，被二世问及时局都称是无知小儿作乱，不足为惧，各郡守即刻便荡平，陛下可高枕无忧。二世大喜，对乱事只字不提，朝廷也不敢四处张扬，便欺上瞒下，直至周文入关，秦廷仍不以为然，真正是稀里糊涂。

3. 由盛而衰

周文长驱直入，攻城略地，战无不胜，当然派人至陈，频传捷报，陈胜喜出望外，对秦室不屑一顾，放松了防备。博士孔鲋，乃孔夫子的八世孙，曾持家传礼器向胜献计，于是被胜留为博士。这时独自劝谏："兵法说：不恃敌不攻我，但恃我不可攻，今大王认为敌军不会来犯，而不加以防备，假若敌人突然进攻，无法抵御，一着不慎，全盘皆输，悔之不及！"胜充耳不闻，只愿听各处捷报，好去关中做皇帝。没料到福为祸倚，乐极生悲，那四面八方的警报，已接踵而至。出徇赵地的武臣等军和进攻秦都的周文等军相继告急。

自武臣等率兵北上，从白马津渡河，途经诸县，对当地豪杰声称，秦朝暴虐，百姓民不聊生，今由陈王举事，天下响应，我等奉命前来招安，诸君皆识时务，应当同心协力，铲助暴秦。豪杰等对秦积怨已深，听了这番振振有词的话，心悦诚服，立刻引领陈军除去各城守吏。接连夺取十座城池，人数与日俱增，渡河时只有三千人，此时激增至好几万名。于是推武臣为武信君。武臣遣人招安，各城都以武力相抗，不肯投降。武臣于是率军东北攻范阳。

范阳人蒯彻能言善辩。掌握战国纵横之术，便想一展身手。见武臣兵队将到范阳，县令徐公正在做防守抵敌的准备，蒯彻于是拜见县令，说道："臣乃范阳百姓蒯彻。担心公将死，所以前来吊唁。但又恭喜公最终定能因彻而有惊无险。"徐公便详加询问。蒯彻答道："足下已做了十几年县令，平日诛杀了不少百姓。他们的家人都想杀公报仇。只因畏惧秦廷酷法，才不敢动手。今天下大乱，已无人遵循秦法。公必有杀身之祸，故彻特来吊公。听说赵武信君兵很快将至，如果君坚守范阳，范阳百姓必然杀公投降。君立刻派臣拜见武信君，便可转危而安，故又贺公得生！"徐公听了，拜谢，便准备车马，送蒯彻前去。

蒯彻见了武臣，说道："足下只有获胜才能得到范阳城池，太过麻烦！臣有一计，可使城不攻自破，不费一兵一卒，足下是否愿意听？"武臣道："什么计策？"蒯彻道："范阳县令徐公，原本是秦臣。面临敌兵，理应率军守城。但他贪生怕死，贪享富贵，打算向足下投降。足下若因他是秦之官吏，照旧诛杀，则此外各城官吏都会吸取教训，宁死不降。足下难以攻破。为足下考虑，不如授范阳令以侯印，让他乘坐朱轮华毂之车，在燕、赵城外游行，燕、赵人见之，一定不战而降。"武臣接受了他的计策，遂以三百辆车，二百骑兵，遣蒯彻持侯印授予徐公。于是，赵地各城官吏得知，陆续投降。武臣轻而易举竟得了三十余城。

武臣大军进入邯郸，邯郸是原来赵国的都城，占据邯郸也就表明赵地已为囊中之物。恰好这时西边传来周文败报，又得知陈胜部将多因小人进谗言而获罪，武臣心中产生疑虑。张耳、陈余，更存有异心。他本怨陈胜不接受他的主张，后来又只让他充当左右校尉，因此乘机游说武臣道："陈王起兵蕲县，只攻取陈地，便自称为王，对六国后裔置之不理，其用心可见一斑。今将军率三千人，攻取赵地，只有称王才能安抚属众。况陈王好信谗言，妒忌贤能，将军功高震主，不如称王，摆脱陈王控制，才可无忧。机不可失，请将军速决！"武臣听了称王二字，心里当然高兴，于是便在邯郸城外，辟城为坛，也竟堂而皇之地朝见僚属，以帝王自居。武臣自封赵王，任命陈余为大将军，张耳为右丞相，邵骚为左丞相，并且派人通知陈胜。陈王闻讯大发雷霆，决定诛杀武臣等人的家属，发兵攻赵。陈王的上柱国蔡赐劝谏道："尚未灭秦而斩武臣等人的家属，无异于多一个强敌，对陈不利。大王不如派使臣向武臣道贺，要求他即刻率兵西进击秦。"陈王接受了赐的意见，将武臣等人的家属安置在宫中，作为人质，同时又封张耳之子张敖为成都君，软硬兼施，迫使武臣的赵军正面进攻秦军主力。

陈王使者抵达赵地，代表陈王祝贺武臣成为赵王，同时要求他迅速西进攻秦。张耳、陈余，见了胜使，已明白胜意欲何为，表面上恭敬有礼，私下却向武臣进言："陈王一定不满大王据赵称王，今遣使来贺，居心叵测，旨在让我协助灭秦，然后再北上攻我。大王不如敷衍搪塞，好生款待来使，等来使离开，北收燕代，南取河内。若得南北两方，楚即便灭了秦，也必不敢制赵，反而与我修好，中原就完全由大王掌握了。"武臣也啧啧称好，款待胜使，并赠厚礼送他回去。随后派韩广略燕，李良略常山，张黡略上党，兵分三路，唯独不向西派兵。

再来看周文军。

周文指挥果断，趁着秦国守关将领方寸大乱之际，派人刺探了关内的兵力、部署、防御工事等情况，一鼓作气，迅速拿下函谷关。函谷关是大秦帝国京都咸阳的门户，号称坚不可摧，齐、楚、赵、魏、韩、燕六国曾联合发兵，号称百万之师，虽兵临城下，最终仍以失败告终。如今竟被周文大军轻易攻克，确实了不起。

周文大军毫不松懈，长驱直入，进抵戏地。

京师震惊。咸阳城内一片混乱。

当时，陈胜自立为张楚王，武臣自立为赵王，魏咎为魏王，田儋为齐王。刘邦在沛县起义，项梁、项羽在会稽郡举事，但胡亥全然被蒙在鼓里，只听说陈胜、吴广率领几个小毛贼闹事，现在已经不足为惧了。

但是，周文统帅几十万大军到戏水，戏水源出骊山冯公谷，京师已经火烧眉毛了。雪片般的警报飞抵咸阳，赵高也大吃一惊，只得如实禀报。二世至此，方才如梦初醒，吓得手忙脚乱，急召文武百官，上朝议事。自己也亲出御朝，问询克敌之策。百官都沉默不语，只有章邯出奏道："乱军逼近，亟须征剿，倘若征集将士，为时已晚，臣请赦免骊山囚徒，尽给兵器，由臣带领应战，定可退敌。"章邯此时担任少府一职。少府位列九卿，负责山海池泽的收入和皇室的手工业制造，这些收入直接进入皇室的内库而不交国库。少府虽是文官，但章邯却是武将出身，在重军功的秦这种情况是平常之事，如名将蒙恬就曾经担任过内史这样的文官。

章邯具有震撼力的建议，振奋了满朝文武群臣的精神。赵高心中不安，道："罪犯生性凶悍，倘若抗旨不遵，反助叛贼，岂不弄巧成拙，自讨苦吃？少府此议，尚需三思！"

胡亥听了，附和道："不错，此事尚须三思！"

章邯说："陛下不必担忧这一点。天下有不可用之将，而兵则皆可用。治军有道，懦夫可成为精兵。治军无方，精兵流为叛寇。京师宿卫，多为老兵，可分别提升为卒长、伍长，将赦免的犯人由其统领。骊山之徒，原属行伍编制，对军营生活习以为常。由京师宿卫担任各级军官率领他们，稍加训练，即可严明军纪，成为精锐部队。微臣愿立下军令状，以项上人头担保此举必能成功。"

二世已惊慌失措，只希望有人分担，幸得章邯主动请战，当然喜出望外，大加称赞。一面下令大赦，即封章邯为将军，集会骊山罪犯，编制成军，出兵迎敌，并准许他从京师武库调用各种兵器和军需物资。章邯从咸阳的兵器库中调集各种精良兵器，甲胄盾牌，战车弓弩，又从太仆属下征集大批军马，对获赦的二十万骊山之徒进行编排，基层军官和军士从京师宿卫中选出。章邯的确不俗，挑选壮丁，作为先遣部队，自居中间调度，老弱为候补，负责后勤。一支大军迅速建立起来。

秦崇尚黑色，旌旗、铠甲、军马、战车统统为黑色。大军所经之处，黑云翻滚，铺天盖地。犹如一条游动的黑色巨龙。它在章邯的率领下，自京师咸阳出发，向东行进。这支军队与周文军队正面交锋。章邯统帅的大军，尽管全是临时编组而成的囚徒，但这些囚徒生性剽悍，在严明军纪的束缚下，又受到重赏引诱，战斗力不可小视，何况武器精良，衣甲齐备，周文率领的这支杂凑的军队不可与之相提并论。周文大军规模虽庞大，却是一路征募而成，没有经正规训练，只能打顺风仗，在章邯大军的强攻下，这支身心俱疲的军队阵脚大乱，最后终于溃败。幸好周文沉得住气，没有败倒，途中重整残兵败卒，向东一直退到渑池，才安稳下来。

周文率领残军建立根据地以后，立即下令加紧修筑防御工事，竖立高栅，挖掘深壕，用神弩手加强防守，同时重新编排沿途收集的残兵败将，任命各级将领，进行整顿，仍有数万残余部率。军队虽然元气大伤，但依靠地形险要，工事坚固，尚能应付章邯的追兵。

这样过了一个多月。

周文一方军队，远离陈县，士气低落，无法补充兵员与粮食，再加上进攻转为防御后，只能依靠自给自足，不得不搜刮附近地区。章邯的秦军距离后方基地的京师咸阳很近，便于补给兵员、粮食、器械与其他军需物资，士气如虹，越战越勇。一天天过去，周文军越来越多的士兵开小差，粮尽援绝，军心不稳。周文见无力回天，不愿落入帮军手中，便自杀身亡，全军溃散。

这是陈胜起义以来首次惨败。虽然这支军队由周文率领而非他亲自指挥，但陈胜本人并无带兵打仗的本事，他只是充当旗手，攻城略地都是他人完成。周文统帅的这支部队是陈胜属下最有影响、士气最旺、进展最快、深得陈胜信赖的精锐部队。这支部队的溃败，沉重打击了陈胜起义军。

大秦帝国通过庞大的遍布全国的官僚机构和军事机构对全国实行严密的统治。当起义者从帝国内部举事，只有马不停蹄，不断地扩大胜利，使星星之火成燎原之势，直到攻陷京城咸阳，才能彻底埋葬专制帝国。假如烽火的势头受到阻遏而退缩，烧毁了的蛛网便会立即进行修补，雄踞在蛛网中央的那只巨大的毒蛛便会吐出大量毒汁镇压起义。周文全军覆灭，阻遏了陈胜点燃的起义烽火，原本行将灭亡的帝国的庞大官僚机构和军事机构得以苟延残喘，从最初的

仓皇失措逐步复苏过来，重整旗鼓，并开始了反攻。到了这时，陈胜起义军便走向覆亡。

4. 自取其祸

陈胜之死，可以说是咎由自取。假如他宽宏大度，或许可以摆脱周文惨败的阴影，重整旗鼓，继续领导反秦义军。然而，陈胜并非这样的人物。他心胸狭窄，妒嫉贤能，冷酷无情。这就使他走的路与刘邦完全不同，也与刘邦有着截然不同的结局。

时已为秦二世二年了，章邯派人报捷，二世更命长史司马欣，都尉董翳领兵万人，协助章邯，命令他继续剿灭群盗。邯乃率军东征，直逼荥阳。楚假王吴广包围荥阳数月仍未攻克。此时周文兵败与章邯进兵的消息相继传来，吴广仍未有进展，依旧围城。

吴广并不会用兵，只在军中当过屯长，屯长并非当时军队的正规编制，而只属于征发戍卒中的临时任命，相当于新兵班长。因此，他虽然颇有威信，但全然不知如何指挥作战。他虽位居假王，统帅各军攻打荥阳，但指挥不当，部署无方，以致久攻荥阳城不下，部下诸将私下很是不满。吴广出身卑微，登上假王的高位以后，唯恐被人瞧不起，自尊心异乎寻常地强烈。部下诸将不满于他的军事指挥，他不仅不虚心接受部下的意见和建议，反而愈发一意孤行，于是，部将田臧、李归等，背地里商议说："听说周文军已溃败了，秦兵很快将至，我军围攻荥阳，久攻不下，若再不变通，只怕秦兵一到，里应外合，后果不堪设想！现不如留一部分兵队，牵制荥阳，同时精锐部队向西进发与秦军决一死战。今假王不懂用兵，难成大事，看来只有将他除去，以便行事。"于是田臧等人决计除掉吴广。

当天晚上，由田臧带领，众将冲进中军帐内把吴广杀掉了，然后昭告全军诛除吴广是陈王旨意，因为吴广暗中勾结三川郡守李由，作战不力，私下企图叛乱，只待章邯大军一到，便率全军投降秦军。田臧命人将装有吴广头颅的盒子献给陈王。

陈胜与吴广共同举事，资历相当，原本就对其有猜疑，既得田臧禀报，正中下怀。立刻遣还来使，另派属吏带楚令尹印信赐予田臧，并封臧为上将。臧不禁洋洋自得，一等使臣离开，便留李归等继续围攻荥阳，自率精兵向西进归，迎战秦军。章邯见楚军已近，出兵迎敌。楚军大败，田臧战死。章邯乘胜追击，直到荥阳城下。又除掉李归，章邯随后分兵击破剩下的几处楚军。章邯诛杀二将，解荥阳围，又分兵攻郏，将守将邓说驱逐，自率军进攻许城。许城守将伍徐也败逃，与邓说同至陈县，拜见陈胜。胜查明二人情况不同，伍徐势单力孤，情有可原；独邓说玩忽职守，不战而逃，因命将其斩首。陈王急命上柱国蔡赐率军御敌。又命将军张贺领兵增援。不曾想秦兵所向披靡，楚军连败。蔡赐、张贺均战死，陈王退回楚地。

陈胜称王后对待吴广冷酷无情，默许田臧等将领诛杀吴广，还造成部下的群起仿效，以致军纪松弛。陈胜刚称王时，群雄逐鹿，秦嘉、朱鸡石、郑布等人分别率兵在郏地将东海郡守所率之部包围。陈王派武平君为将军，监郏下军。秦嘉不服从，不愿受制于武平君，自封大司马，并声称："武平君年少，不懂用兵，他的号令不可听从！"秦嘉一不做二不休，谎称陈王之命杀掉了武平君。

这种做法，与田臧杀吴广完全相同。两者都以陈王的名义，假托陈王之命行事，但田臧杀吴广经由陈王的授意或默许，而秦嘉杀武平君则完全是藐视陈王，并有反叛之心。始作俑者，其无后矣！陈胜默许田臧杀吴广，开了个坏头儿，于是，秦嘉才敢抗旨不遵，反除掉监军武平君。这样没完没了，造成军心涣散，战斗力尽失！陈胜搬起石头砸自己的脚，起了始作俑的示范作用，以致部下争相仿效，真可谓自讨苦吃，咎由自取。

而且，陈胜对待其他部下更加冷漠。比如，他任命朱房为中正，胡武为司过，专门负责考察群臣。诸将攻城略地，即便战功赫赫，回陈县复命时，如果朱、胡二人觉得他们没有完全遵从陈王的命令，便立即将他们逮捕加以审讯。有的人与朱房、胡武有分歧，朱房、胡武便私设公堂，非法拷问将领，以致屈打成招，并自行定罪。陈王竟十分赏识这种做法，对朱房、胡武信任有加。诸将在前线舍生忘死，立功后非但没有赏赐，反被打入大牢，屈打成招，无辜枉死。在这种情况下，诸将大多不再真心效忠，有的攻破城池后自立为王侯，不再回陈县。

陈胜的覆亡，很大程度上取决于他的性格。他称王不久就杀死葛婴，足以反映他的心胸狭窄。自此以后，权势欲的增强使他性格中的这种阴暗面急剧地膨胀起来，度量越来越狭窄，疑心越来越重，愈发不能容人。陈胜称王以后，曾和他一起当雇工的田客等得知昔日的伙伴飞黄腾达，称王称帝，便长途跋涉

到陈县拜访他。

　　门吏见他们灰头土脸，衣冠不整，十分反感，便喝问何事。大众也不知道如何称呼，只说要见陈涉。门吏勃然大怒："大胆刁民，敢呼我王小字！"说着便下令兵役，拿下众人。幸好众人赶紧解释，说是陈王旧识，门吏总算稍留情面，不再捉拿，但将他们哄了出去。大众吃了个闭门羹，仍不死心，便守候在王宫附近，等陈胜出来，好与他相认。恰好陈王整驾出门，众人一拥而上，争着叫陈胜小字，陈胜低头一瞧，都是种田时的老友，倒也不好怠慢，便命众人坐上后车，一同入宫。乡下人没见过世面，对王宫的一切不免大惊小怪。有的赞殿宇高大，有的夸帷帐新奇，用家乡话说个没完。宫中一班役吏，心中很是不快，只因他们是陈王故交，不便怠慢，端给他们好酒好肉。众人吃得高兴，愈发口不择言，不时拍案大叫："陈涉陈涉，没曾想你竟有今日！住在这样的王府里。"还有几个愚夫接口道："我想陈涉佣耕时，没吃没穿，穷得叮当响，怎有这般好命呢？"随后唧唧喳喳各将陈胜少年的故事，当作笑话来说。

　　言者无意，听者有心。陈王手下有些人为了阿谀奉承，便向陈王进谗言，说是这帮田客愚蠢无知，到处胡言乱语，专门抖落陈王微贱时的旧事，添枝加叶，有损大王威名。陈胜对自己的王者形象极其重视，最恨别人提及以往，蔑视他。因此，他听了报告后，怒气冲天，竟下令杀掉他的旧友。大众万没想到这样，突然听到这个消息，顿时吓得魂飞魄散，宁可回去吃苦，不愿在此丧命，于是相继告辞，仓皇逃了回去。陈胜有妻父妻兄，不知胜如此无情，贸然进见。胜虽把他们留居王宫，却当作仆人对待。妻父忿忿不平："难道一直这样下去！我不愿在这儿受这种罪！"即不辞而别，妻兄亦去。其他人看到陈胜如此刻薄，都不肯真心为其卖命。

　　同年十二月，陈王率领残兵败将退至汝阳，依然立不住脚，再退逃至下城父，军心涣散，士气全无。在行军途中，陈胜命御夫立刻返回。御夫叫作庄贾，奉命返奔，途中稍稍迟缓，胜便破口大骂。庄贾当然心中有气，驱车至下城父，干脆不走了，同从吏窃窃私语。胜异常焦急，连叫数声，贾竟对胜恶语相向。最终他挥舞手中剑劈向陈胜，可怜六个月的张楚王，竟死在一介车夫的手中！贾将胜的尸首弃之不顾，驰入陈县，起草降书，派人送往秦营。去使尚未回报，将军吕臣已从新阳杀入，除掉庄贾，为胜报了仇。随后将胜大葬。汉沛公后来统一天下，特命地方官重修葺胜墓，并建造三十家守冢。

　　吕臣的部队虽然并不强大，但上下同心协力，作战英勇，迅速攻克陈县，破城以后，捉拿庄贾等叛徒，全部斩首，以祭陈王，为农民起义军报了仇。吕臣率军在陈地重建楚国，但后来受秦军攻击，被迫撤离陈地，投奔鄱阳湖水盗出身的当阳君黥布。黥布率军击退秦左、右校尉，又在陈地再建楚国。这时，楚怀王之孙被项梁立为楚王，黥布放弃独立旗号，率领兵士追随项梁。

　　秦二世元年七月，陈胜在大泽乡举事，九月在陈县称王，十二月为章邯军所败，死于御者庄贾之手，前后短短半年。在某种意义上，这也是历史上短暂而辉煌的一页。

　　陈胜起义尽管没有成功，但陈胜称王时所派遣的王侯将相仍活跃在各地并迅速发展。陈胜的义举，开创了历史先河。在陈胜大旗下崛起的各种力量，终于从星星之火汇成燎原之势，越燃越旺，最终埋葬了大秦帝国。

第二章 少年项羽

一、学万人敌

项梁是下相人。下相位于楚国旧版图的东南角，相水流经此处，秦代被设为相县。该县处于相水下游，故又称下相。项梁有个侄子名籍，字羽。古人有名有字。婴儿出生三个月后其父为其命名，男子二十岁成人举行冠礼时取字，女子则在十五岁出嫁举行笄礼时取字。古代十分注重尊卑等级，尊者称卑者名，卑者也以名自称，但对平辈或尊者只能称字，不能称名，不然便坏了规矩。至于号，又称为别号或别字，如晋代葛洪号抱朴子，陶渊明号五柳先生等。号通常是自取的，而由尊卑决定名和字。但在秦代和秦以前，尚不流行取号，一个人只有名和字。

项羽是楚国名将项燕的孙子，项梁是他的小叔叔，兄弟中排行第四，而项羽之父则排行第二或第三。项氏是楚国的贵族，世代为楚将，封于项地，所以姓项。战国末年，项燕在秦国吞并六国之时，带领楚军积极抗秦，发挥了极其重要的作用。当时秦军经过之地，各国军队便迅速溃败，但项燕却率楚军将秦国李信所率领的二十万大军打得落花流水，追杀过程中，李信军中的七名都尉全被击杀，楚国得以收复失地，使秦军闻风丧胆，楚人终于可以挺直腰板。后来项燕虽被秦将王翦击败，遭围逼后，含愤自尽，但民间却出于对他的拥护，传言他隐匿民间，伺机复国，所以陈胜在大泽乡起义时，便曾假托项燕的名义和旗号。

项燕自杀、秦灭楚之时，项羽只有十岁。他的父亲随祖父项燕在与秦军交战时阵亡，项羽被叔父项梁救出，辗转各地，四处漂泊，以逃避秦朝的追捕。

项氏世为楚将，楚既被秦所灭，项梁一介草民，难以替父报仇。所以，项梁继承其父项燕遗志，决心复国，在漂泊中与各地志士结交，联络同道。当时，楚国各地反秦情绪高涨。究其原因，一来是因为百姓极其不满于秦朝的残暴统治和沉重的摇役；二来是由于当年楚怀王为张仪所骗，入秦议和，结果秦国食言，将他扣留在秦国一直到死。楚怀王虽称不上明君，但秦国这种无耻行为，使楚国上下一心，对暴秦恨之入骨；三来是楚地属于荆楚文化区域，在民俗、文化、习惯、风尚上不同于中原地区，而秦朝，设郡县，把中原文化强加于楚地，楚地百姓对此极端厌恶与反感。所以，当时"楚虽三户，亡秦必楚"的民谣在楚地流传。

"楚虽三户，亡秦必楚"这句话最早出自楚地一位名叫南公的老叟。它是说即使楚国只留下三户人家，也一定能推翻秦朝，重建楚国，楚地百姓对暴秦统治的怨恨之情可见一斑。

"楚虽三户，亡秦必楚"并非通晓术数的阴阳家的预言，而是当时楚地百姓反秦的决心和勇气的反映。第一个举起反秦义旗的陈胜、吴广是楚人，反秦主力的领导者项羽、刘邦也是楚人。从这个意义上说，"亡秦必楚"在历史上应验了。

项梁自己没有子女。他将项羽带在身边培养成人，像对待自己的儿子一样，叔侄俩相依为命。在不停的漂泊中，项梁一直注意对项羽的教育和培养。他要项羽好好学习，项羽聪明伶俐，能够举一反三，但学了一阵子，便厌倦了。项梁思量，治世崇文，乱世尚武。秦朝统治残暴，只要始皇帝一死，天下必定大乱。那时候群雄逐鹿，以武力相争。既然侄儿不愿舞文弄墨，那么就去学武吧。

于是，他聘请当时著名剑客教项羽击剑。

项羽尚武的天性使他学剑进步神速，但他不喜欢墨守成规，常爱别出心裁，自创新招。那剑客教了他一年，对他又爱又恨。欢喜的是项羽虽年幼，但天资聪颖，一教便会，特别是出剑疾如闪电，称得上出类拔萃。不满的是他对师傅的教导充耳不闻，常爱变换剑招，将一套越女剑法改得不伦不类。

剑客斥责项羽不该不守家法，乱改一气。项羽却理直气壮地说："您所教剑法柔中有刚，绵延不尽，确实是上乘剑法；但气魄不够宏伟，过于柔嫩，不适合徒儿气质。徒儿愿学气势恢宏、疾如闪电的剑法。"

那剑客听了，气得说不出话来，心想这个徒儿好不识时务，居然瞧不起师门传授的上乘剑法，反愿去学歪门邪道，真是岂有此理！罢，罢，没法儿再教这个徒儿了。

这位剑客固执己见，循规蹈矩，不懂得各门剑法各有优劣，传授时应当有针对性，不能狭隘排外。于是，他告诉项梁，你这位侄儿不遵师命，击剑难望有

成，望公另聘名师，或是命其改学其他，以免耽搁前程。说完便拂袖而去。

项梁见项羽把剑客气走，心中怒气油然而升，声色俱厉地斥责项羽："籍儿，你学书不成，学剑又不成。自以为是，目空一切，结果文武都半途而废，真令我好生失望啊！"

项羽答说道："学书只能用来自记姓名。学剑也只能防卫一人。一人敌怎比得上万人敌，籍愿学万人敌呢！"梁听罢，平息了怒气，对项羽说："汝有此志，我就传授兵法于你。"籍愿意学习。梁祖世为楚将，受封项地，故以项为姓。虽然家园不复，尚有祖传兵书，仍保存完好，于是全部取出，教籍阅读。项梁先开讲《孙子兵法》，再讲《吴子兵法》和《孙膑兵法》，然后讲《司马法》。

项羽学《孙子兵法》时，兴致勃勃，日夜用心思量；学《吴子兵法》时，渐生厌倦情绪；学《孙膑兵法》时，思想经常开小差；到了学《司马法》时，竟然在听讲时睡着了。这一下项梁大发雷霆，夸口要学万人敌，才学了个头，仅知道个皮毛，又要半途而废。他严肃批评项羽，为何言行不一，有始无终？

项羽说："战场之上，瞬息万变；运用之妙，存乎一心。《孙膑兵法》讲战阵、用骑兵，只讲常法，不知变通。《吴子兵法》大讲'内修文德'，根本不利于实际作战。《司马法》的陈词滥调，专讲什么'以礼治军'，此等兵法，毫无用处。侄儿对《孙子兵法》已明白其大意，主要在于今后怎样融会贯通。"

项羽出口成章，滔滔不绝，对诸家兵法的评论，颇具匠心。项梁本想驳斥，一时倒也无言以对，只得由他去了。

说实话，项羽对各家兵法确实有其独到的见解，但也有片面之处。他批评《司马法》的"以礼治军"腐朽，可以说很有见的。但他不重视《吴子兵法》的"内修文德"，却是忽略政治与军事的联系，这一见解十分不妥。《吴子兵法》中将战争区分为义兵、强兵、刚兵、暴兵、逆兵等不同性质，主张慎战，在《图国》篇中提出："天下战国，五胜者祸，四胜者弊，三胜者霸，二胜者王，一胜者帝，是以数胜得天下者稀，以亡者众。"在这里，吴起深刻地指出："穷兵黩武，即使战无不胜，也不能因此而得天下，而因此覆亡的大有人在。这一点用于项羽正合适，项羽后来在楚汉相争中片面崇尚武力，无视政治的作用，虽战无不胜，却以失败告终。从他当年学兵法时的好恶偏重上似乎已注定了这种结局。他轻视《孙膑兵法》中讲战阵，项羽后来用兵出奇制胜，重奇袭，轻战阵，虽然曾因此而战绩辉煌；但垓下一战，被韩信的五军八阵、十面埋伏重重围困，却又要归咎于不讲阵法。

二、避祸吴中

项梁为了反秦复楚，游历全国，考察各处山川、关隘与形势险要之地，以备时局混乱时做到成竹在胸，便于用兵。函谷关以西乃秦朝的中心统治区域，京城咸阳更是大秦帝国的心脏，自然成为他重点考察对象。他带项羽入函谷关详细勘察秦地。

一天，叔侄俩来到渭水北岸的栎阳县，当地一名土豪对他们起了疑心。这土豪姓范，据说是秦昭王时相国范雎的后裔，在当地有很大影响。项梁在楚国快灭亡时，将家产变卖成黄金珠玉，在项氏故旧家中寄存。这次出游，随身携带了不少珠宝，供叔侄俩一路花费。项氏叔侄投宿栎阳旅舍时，范姓土豪手下的狗腿子发现了他们所带的财物。范姓土豪得知消息后，企图得到这批财宝，又听说这叔侄俩虽扮作中原人，但却是江南口音。于是，他让手下在叔侄俩所饮酒中偷偷放了迷药，趁他们不省人事时，偷走他们随身携带的财宝，将叔侄俩用绳索牢牢地捆绑起来，送往官府，诬告这两人是六国贵族后裔，来秦地不安好心。

秦法尚严。陈阳县丞十分重视这种谋逆大罪，将两人在栎阳大狱之中关押。项羽才十六七岁，还是个孩子，不久便获释。项梁年长，身份复杂，便视作要犯长期关押。项羽出狱时，依叔父项梁的嘱咐，去蕲县向当地狱掾曹咎求援。曹咎是项梁的故人，也认识栎阳狱掾司马欣。

项羽出狱后，日夜赶路奔赴蕲县，拜见曹咎。曹咎为人仁义，他了解了原委，立刻致信栎阳狱掾司马欣，请他转交栎阳县丞，信中说项梁虽是楚国贵族，但自楚为秦灭以来，循规蹈矩未有越轨之举，只是爱好游历，遍访天下名山大川，随身携带不少祖传财物，作为旅途盘缠。曹咎愿以项上人头力保项梁无事，望县尊宽宏大量，将他释放！曹咎又特意致函司马欣，信中说与项梁是莫逆之交，希望司马欣尽量帮忙。

曹咎考虑得很周全，蕲县在今安徽宿县以南，栎阳在今陕西临潼以北，两地相隔甚远。倘若书信途中耽搁，而使项梁丢了性命，岂不误了大事！曹咎最近在马市上恰好买了一匹骏马，身长一丈有余，毛色油亮乌黑，十分纯正，是匹难得的好马。曹咎非常喜爱这匹马，每日亲自洗刷，精心喂食，把它叫作乌骓宝驹。

此番他为了搭救老友性命，忍痛割爱，将它赠与项羽，千叮万嘱：

"此地远离栎阳，今将乌骓宝驹赠与贤侄。此马日行千里，夜行八百，必能及时到达。救出令叔后，贤侄不必送回此马。日后若天下有事，贤侄可凭借此马，纵横疆场，建功立业，愚叔的这一番心意望贤侄切不可辜负。"

项羽感激涕零，辞别而行。

这乌骓马的确神骏异常，跑起来如风驰电掣一般，短短十天，便抵达栎阳。项羽拜见司马欣，将两封书函呈上，司马欣见好友曹咎极力维护项梁，便尽力相助。司马欣为人精明强干，人缘又好，受到栎阳县令、县丞的另眼相待。自古以来，官官相护。既然有蕲县狱掾曹咎愿力保项梁，本县狱掾司马欣又维护项梁，县令、县丞当然不便推辞。他们为了维持与当地豪门的关系，便声称"事出有因，查无实据"，将项梁释放。至于范姓土豪从项梁身上所搜去的财物，因为县令、县丞都收了范姓土豪的贿赂，也就装作不知道，不了了之。

项梁获释后，叔侄团聚，感慨不已，对曹咎、司马欣的相助十分感激。后来项羽战为西楚霸王以后，为报答这两人，赐以高官厚爵，委以重用。但这种注重人情关系的用人之道并不妥当。项羽的垓下之败，与这两人不听将令关系重大。

项梁带着项羽谢过司马欣后，本打算立刻离开关中，返还江东。但梁系出将门，受人污陷，怎肯忍气吞声？不是冤家不聚头，那仇人恰好被梁遇着，梁与他理论，仇人拒不承认梁恼羞成怒，竟对仇人大打出手，直到对方断了气。

这一下杀了人，事情闹大了。无论如何关中是不能再呆了。叔侄俩天黑时逃出了函谷关，穿越中原，返回江东。

项氏叔侄本打算回到故乡下相，但下相十分偏远，没有什么用武之地，假如天下有变，难以应付。于是，决定移居吴中。吴中是吴县的俗称，原是吴国的故都，乃卧虎藏龙之地。

吴县是会稽郡的治所。当时会稽郡管辖二十六县，其辖境相当今江苏省长江以南，浙江省仙霞岭、牛头山、天台山以北及新安江、率水流域等地。地域辽阔，民风剽悍。今天，大家都认为江南民风充满阴柔之气，这是因为东晋、南宋中原人士两次南渡，士大夫偏安江南，不思收复中原，终日醉生梦死，沉溺于享乐，上下纷纷仿效，"隔江犹唱后庭花"的绮靡民风便形成了。在春秋战国时期，吴越断发文身盛行，争强好胜，尚武成风。专诸刺王僚，要离刺庆忌，勾践卧薪尝胆，越女袁公斗剑，这些都发生在吴越争霸中，五步之内碟血，立决生死，令人感慨。会稽因而被称为报仇雪耻之乡，非藏污纳垢之地。吴中出名剑。相传剑师干将、莫邪夫妇造就了"干将""莫邪"两口名剑；名剑师欧冶子则用剑池之水淬火，炼成五口名剑，三大两小，分别叫作纯钩，湛卢，盘郢，鱼肠，巨阙。它们都是削铁如泥的宝剑。吴王喜欢名剑，阖闾不仅在世时爱搜集、收藏名剑，并且死后以欧冶子所冶铸的鱼肠剑陪葬。吴中剑士、剑客云集，民间击剑十分盛行，重承诺，轻生死，为了快意恩仇，生命不惜。

项氏叔侄初来乍到，为了隐匿身份，没有结交当地豪强，平时深居简出，以免被人认出。吴中士大夫，不清楚项梁来历，梁亦改名换姓，与士大夫交往时，处事果断，为人仗义，受到吴人信服。每遇大的工程，及豪家丧葬等事，都请梁主持。梁知人善用，约束严明，一切有条不紊，类似于行军，吴人对他更加心悦诚服。

他在主持这些活动中，对各级主事者的能力和得失、优劣进行考核，从中发掘人才，并使他们的才能得到充分发挥。对于那些只会纸上谈兵的平庸之辈，一经发现，即以淘汰。后来项梁在会稽郡起义的时候，对追随者封号任用。其中有一人无事可做，觉得不甘心，认为自己追随项梁多年，可以说一片忠心，如今居然什么都没得到，便向项梁去诉说。项梁说是他缺乏能力，各级职事都不能胜任，故而没有任用他。此人不服，要求项梁用事实说明。于是项梁指出：某年某月某日，某家办丧事，我任命你主某事，你结果把事情办砸了，最后自动请辞，要求另任他人，这足以证明你的能力不行，所以这次对你不加任用。此人听了无言以对，不得不承认项梁知人善用。在场众人，听后也都心服口服。

在吴中项氏叔侄一住四五年，在当地不仅立足，而且有不少人追随，潜在势力很大。于是，他们经常出游会稽郡的各县，交结各地豪杰志士。项羽二十三岁那一年，随叔父项梁来到会稽郡的钱塘县，对越地的风土人情和山川形势进行考察，秦始皇这时恰好最后一次出巡。始皇帝三十七年冬天，秦始皇抵达会稽郡，渡浙江，登会稽山，祭禹王庙。项氏叔侄在钱塘县正好看到秦始皇的出巡队伍，车驾扈从绵延数里，卫队气势如虹，旌旗鲜艳华美，异常威武。大众都对天子威仪赞不绝口，只有籍指着对叔父说："瞧！他虽然是个皇帝，但依我看，却可由我取而代之呢！"

是呀，秦始皇能威风凛凛地当皇帝，为什么我项羽就不能？论相貌，论武艺，论才气，我项羽何处在其之下？难怪项羽会这样想，此时确实心里不平衡。他在吴中领导那些浮浪子弟，也称得上是当地一霸，风光无限；但比起今天见到的大场面，实在相形见绌。青年项羽英勇异常，雄心勃勃，正待叱咤风云，建功

立业。此时触景生情，心声自然流露。

梁听了大惊失色，赶紧捂住籍口道："休得胡言，若被听见，株连九族！"

项羽说话时声音很轻，但项梁却觉得声如洪钟。项羽如此不知天高地厚，竟敢在这种场合说出这等大话实在出乎他的意料。项梁的脸色有点苍白，不安地打量周围的人群。还好，激动的人群完全被始皇帝的庞大出巡队伍吸引住了，那个高大的黑脸青年在嘀咕什么根本没人注意。项梁发现周围一切正常，这才松了一口气，面带愠色，极为不满项羽的胆大妄为。从表面上看，项梁似乎怒气冲天，疾言厉色地斥责项羽在胡言乱语。这其实是他的伪装，因为他担心项羽年少轻狂，口不择言，不分场合地在他人面前泄露了自己的抱负，以致惹出大祸，那就因小失大了。他在心底对侄儿项籍的远大志向，不管是胸襟、魄力和抱负，都远在乃祖项燕之上而惊奇不已。他在心里自言自语："苍天有眼，令项家后代中出此奇才！复兴项氏复兴楚国，引导天下推翻暴秦的大业，看来要由侄儿项籍去完成了。"

时籍年已逾冠，身高八尺，目光炯炯，力大无比，所有三吴少年，均难以望其项背。梁见籍本领过人，也料他终可出人头地，所以积蓄大志，潜养数十死士，私铸兵器，伺机而动。

三、会稽起兵

陈胜、吴广的大泽乡起义，引发了风起云涌的反秦斗争，发展之快令人难以置信。周文大军向西进发，攻破函谷关，给咸阳造成兵临城下之势，产生了极大的影响。

大秦帝国的根基已然开始动摇。

时势造英雄。天下各地豪杰都试图取秦而代之。

江南虽尚未卷入战争，但江南各地已蠢蠢欲动。

秦二世元年九月，吴中的父老们相继会见会稽郡守殷通，请求殷通立刻征集兵士，进行扩军，以防御各地叛军骚扰本郡，维护社会治安。殷通感到为难，因为地方郡守无权变更地方守军的编制，包括人员定额，均要服从中央部署。他若擅自扩军，便会招致杀身之祸。

　　父老们力劝殷通打破朝廷所规定的制度。陈胜大军已经攻破函谷关，大秦帝国命不久已。如今天下大乱，各地群雄争霸，纷纷称王称帝。会稽郡管辖二十六县，户数多达二十二万三千余户，人口逾一百零三万，乃天府之国，各地叛军必欲图之。若不加强防守，万一被他处叛军攻陷，百姓一定深受其苦，郡守则难辞其咎。即便当时能幸免，朝廷追究起来，根据秦律处罚，仍会招致灭门之祸。希望郡守三思。

　　殷通听了父老们的话，心里为之一震，但当时仍不露声色，规劝父老们暂且回去，事关重大，需经深思熟虑。父老们也认为应从长计议，郡守既如此作答，便陆续告辞。

　　殷通本是楚人，年轻时西入秦国，曾追随昌平君。昌平君原是楚国王族，因不满楚相春申君黄歇而投奔秦国，入秦后凭借华阳太后的支持，平步青云。华阳太后是楚女。秦王嬴政在与吕不韦、嫪毐两大集团斗争时，为讨好华阳太后曾重用昌平君为相国，以抗衡吕不韦、嫪毐两大势力。在镇压嫪毐的叛乱中，昌平君不负秦王嬴政托付，率兵剿灭叛党，功勋卓著。但当秦王嬴政相继铲除吕不韦、嫪毐两大对手以后，昌平君没有了利用价值，秦王对其日益冷落。昌平君心中十分不满，怨气油然而生。始皇帝十七年，华阳太后去世。昌平君从此丧失靠山，愈发仓皇无措。这时，殷通在昌平君门下为门客。此人阴险狡诈，此刻见昌平君处于低谷，便趁机进言秦王昌平君勾结楚国使臣，有谋逆之心。昌平君闻讯，心知秦王嬴政多疑，一定容不得他，便连夜逃出秦国，返回楚国，此时楚相春申君早已为李园所杀，昌平君在楚国也可高枕无忧。王翦率秦军吞并楚国时，楚王负刍被生擒。楚将项燕立昌平君为楚王，重新在淮南进行反秦斗争。始皇帝二十四年，王翦、蒙武率兵大败楚军，项燕自尽而亡，昌平君也被杀死。殷通因当年检举昌平君有功，又熟悉楚地政情民风，因而秦始皇任命他为会稽郡守。

　　殷通有今天得益于出卖昌平君，而昌平君无论如何，总算与项燕共同殉国而死，楚国百姓对他也存有敬意。殷通自知本人不受楚人拥护，因此在任会稽郡守时，想方设法讨好项梁，试图借项梁是项燕之子的身份，笼络楚地的父老豪杰。但此人既然善于见风使舵，当然不会真正效忠秦朝。他没有立刻应允吴中父老的请求，是因为他分析时局，认为自己缺乏威信，民心不稳，唯恐万一举事，弄巧成拙，结果自讨苦吃。

　　吴中父老离去以后，殷通在内堂独自一人踱步，考虑下一步如何是好，他前思后想，觉得自己在官场上还算得势，玩权术、耍手腕不在他人之下；但完全不

懂用兵。如今要扩军领兵，最佳人选自然是项梁。项燕深得民心，项梁本人也才干不凡，吴中士大夫的领袖非他莫属。但此人非池中之物，一旦掌握兵权，能否听命于他，还很难说。这件事到底如何是好？令人头痛，难以抉择。

于是，便派人请项梁前来议事。

梁奉召前来，拜见郡守，殷通下座迎接，且引入密室，小声对他说："蕲陈失守，江西皆叛，看来秦朝必亡了。我听说先发制人，后发为人所制，打算乘机举事，不知君意下如何？"项梁正有此意，立刻笑颜相答，表示赞成。殷通又道："行兵须先择将，当今将才，非君莫属。还有勇士桓楚，也是可用之才，但他犯罪逃去，不在此地。"梁答道："桓楚在逃，他人都不知晓，只有侄儿项籍，与楚交好。若召楚前来，如虎添翼，则大事可图！"殷通喜道："令侄既知桓楚行踪，还有劳他出面相请。"梁又说道："明天就让籍前来，听公号令。"说着，起身告辞，返还家中，私下与籍详细商议，籍一一记下。

第二天清晨，梁令籍装束妥当，暗藏利剑，一同前往。到了郡衙，让籍门外静候，等待入见。并叮嘱道："毋得有误！"籍点头应允。梁便拜见郡守殷通，报称侄儿已到，听候公命。殷通道："现在什么地方？"梁答道："籍在门外，没有公命，不敢擅入。"殷通听了，赶紧命人召籍。籍在外候命，听到内召，便迅速进门，一直来到殷通座前。通见籍身材高大，形貌威武，顿生好感，便对梁说道："好一位壮士，真不愧项君令侄。"梁微笑道："一介武夫，实不敢当。"

殷通微微一笑，说："项籍，桓楚的居处你知道吗？"

"是"。项羽回答。

殷通说："我今命你去召桓楚，你迅速动身，切勿耽搁。"

项梁这时开口道："郡守既已有命，还不动手！"

项梁将"动身"说成"动手"，并非口误，而是事前约定。项羽拔出剑来，以迅雷不及掩耳之势，一个虎步便是八尺之远，只见一道白光闪过，殷通已身首异处，脖子伤口鲜血喷涌，地上一片鲜红，项羽已将湛卢剑插入鞘内，镇定自若。

梁俯身搜查尸身，取得印绶，放在腰间。又拾起通首级，提在手中，与项籍一道出来。没走几步，就有许多手持兵器的武夫拦住他们。籍的力量万夫不当，看那来人不过数百，不屑一顾，一声吆喝，挥剑飞舞，便有好几个头颅，应声落地。众武夫不敢近籍，相继后退。籍干脆大显身手，仗着一柄宝剑，奋勇向前，又将几十人杀死，余众吓得落荒而逃，一人不留。府中文吏，胆战心惊，都躲在别室中。还是项梁把他们叫出来，安抚一番，共同议事。梁婉转地言明秦朝残暴，郡守贪横，所以把他除去，以图大计。众人个个心慌，怎敢说一个不字，便应声附和，以保性命。梁又召集城中父老，说明大意，父老等不敢反抗，答应效力。

　　全城已定，任命官吏。梁自为将军，兼会稽郡守，籍为偏将，张贴告示征集士兵。便将报名丁壮进行编制，又拜访当地豪士，任命为校尉，或为候司马。梁派籍引兵数百，出去招安，人人都敬畏他的英名，不敢相抗，纷纷投奔于他，籍共收得八千士卒，都身强体壮，勇猛无比。这八千人，就是历史上著名的江东八千子弟。籍年方二十有四，便领导八千子弟，异常威风。他表字叫作子羽，因嫌双名麻烦，减去一字，独留羽字，自称项羽，别人也以项羽称呼他，所以历代相传，项羽二字反而出名。

第三章　刘邦发迹

一、市井无赖

1. 天生龙种

今天的江苏省被长江划分为南北两部。江北以麦粟为主，江南盛产稻谷，楚人多居江南，喜食稻米，短发短衣。江北位于长江黄河之间，长衣长发，绾髻，喜食麦面，与北方风俗相近。沛地在江北，大秦帝国时期设立"沛县"。沛县丰邑是刘邦的故乡。

丰邑一地，在秦代分成若干里。刘邦于中阳里出生。这个村庄，不大也不小，人家大约有上百户，也算中等规模。

刘邦本名刘季，他的长兄名刘伯，次兄名刘仲，古代以伯、仲、叔、季排行，就是今天的老大、老二、老三、老四。刘家的老三大概早年夭折，故《史记》中刘叔没有被提及过。刘邦是幼子，因而称刘季。刘太公晚年又得子，取名刘交，是刘邦之弟。刘邦是他即汉王位后改称的，因为刘季这个名字实在是太普通了。"邦"源自"定国安邦"，这多有气派！刘邦称帝后，讳邦不讳季，如季布就并未因讳"季"而改姓。

有人根据这一点认为刘邦出身卑微，因刘家兄弟的名字都来自排行。这种说法未免主观性太强。"伯、仲、叔、季"常用于周代贵族男子的名字中，例如伯禽、仲尼、叔向、季路等。也有只以排行为名字的，如管仲、鲍叔、范叔等，他们都是大臣，有的还是一代名相。这说明在秦汉及其以前的时候，也有以排行为贵族命名。只是到了元代，以排行为名字便成了贱民的专利，这在当时的贫苦人民中普遍存在。但若把元代的情况与秦代混为一谈，那就不切实际了。

父名执嘉，母王氏，名叫含始。执嘉为人忠厚，里人有口皆碑，故年老以后，人们都叫他太公。王氏与太公同龄所以称为刘媪。刘家虽然是农民，家境也算宽裕，除自耕土地外，还雇有帮工。原本以"太公"称呼上了年纪的地主，贫雇农即便年龄再大，辈份再高，也不会被人这样称谓。刘太公虽然主要务农，但也经商，做些小生意，憨厚、猥琐中有几分精明和狡猾，是个有点见识的农民。

关于刘邦的身世，有这样一个传说。一天，刘媪外出办事，路过大泽，感觉劳累，于是就坐在堤上闭目养神，半睡半醒之中，忽然发现一个金甲神人从天而降，立在身旁，便吓得昏了过去，也不知神人干了些什么。太公在家，见妻子久未还家，心急之下便要出门去找。正打算出门，忽然电闪雷鸣，太公更加焦急，忙携带雨具，迅速赶到大泽。遥见一人睡在堤上，像是自己的妻子，但云雾笼罩半空，回环浮动，鳞甲隐约露出，似有蛟龙往来。于是太公心慌意乱，又停住脚步，不敢靠近。过了一会云开雾散，重见天日，方敢前往瞧个究竟，的确是妻室刘媪，如梦方醒，便加以追问。刘媪好像失去知觉，待太公一连问了数声，才睁开双眼，开口称奇。太公又问她有没有受到惊吓，刘媪答道："我在此休息，忽见神人下降，然后就吓晕了，不知后来发生何事。现在才知道是一场梦。"太公告诉她雷电蛟龙等状，刘媪一无所知，休息了一会儿，便和太公一道回家。

没料到从此得孕，过了十月，竟得一子。长颈高鼻，左股有七十二黑痣。太公认为他不同寻常，以邦命名，因他最年幼，就以季为字。

难道刘邦真是天生龙种吗？这只是前人附会罢了。实际情况并非如此。

刘媪年轻时很标致，不像太公其貌不扬，人们见了都为刘媪婉惜。村里的无赖对刘媪动了心思。有一天，刘媪送饭去田间，忽然下起了雷阵雨，风雨交加，电闪雷鸣，刘媪到树林里避雨，没想到那个无赖早已在大树背后躲藏，趁这机会，跳出来把刘媪强暴了，随后扬长而去。妻子送饭久久未到，刘太公一路找过来，发现刘媪正在整理衣裳。太公怒不可遏，声色俱厉地责问刘媪：到底发生什么事？刘媪只是低头哭泣，沉默不语，太公更加心神不宁。

毕竟女人比男人更有急智，具有善于隐瞒和说谎的本能。刘媪见太公生疑，便说是刚才经过大泽旁的树荫下时，天色突暗，雷电交加，一条蛟龙从天而降缠绕住她，她被压倒在地，随后便昏迷过去了。等到她苏醒过来，发现赤身裸体。她整理衣衫之际，太公来到，就是如此。

太公对此并不完全相信，但刘媪平时称得上安份守己，从未有过伤风败俗的行为，即便有人垂涎她的美色，故意用轻薄言语来挑逗她，她也从不理睬，而是低着头走进屋里。在这风雨大作的旷野丛林旁，无论是天上的蛟龙或者是人间的

恶棍企图强暴她,她孤身一个弱女子,无论如何也无法抗拒。所以,太公也就只能装作没事。他是个聪明的庄稼汉,决不会追究那些事情自讨没趣。

没料到经此刘媪怀了孕。至于那强暴她的无赖,早已没了踪影。太公在村中很有地位,那无赖大概因为害怕太公的报复,索性一走了之,不知去向。

十月临盆,一朝分娩。

刘邦便是那个生下的婴儿。这一年是公元前256年。

刘邦长大后,身材魁伟,高鼻梁,宽额头,长颈项,是个美男子,与太公没有一点相似之处。所以,当刘邦逐渐长大时,村里人禁不住议论纷纷。这也不能怪别人,刘邦的确是私生子,不知道真正父亲的身份,太公仅仅是他名义上的父亲。刘邦自己在后来是否清楚这一点,也不得而知。

太公表面上憨厚、猥琐,其实十分精明。他见村里人私下窃窃私语,对此十分恼火却又毫无办法。假如完全放任不管,势必影响他在村中的威望,使他没脸见人。

于是,为了遮住人们的口,太公逢人就将自己妻子的谎话进行讲述,当然是经过添枝加叶,讲得活灵活现,久而久之,人们都知道了刘邦是龙种的传说。时人迷信,也就多少有些信了。

私生子被人瞧不起,龙种却令人敬畏。刘邦兼野种龙种于一身。于是,人们便不免对他另眼相看,那目光中鄙夷和敬畏并存。

2. 无赖行径

时光飞逝,刘邦转眼间已长成为一个身强体壮的高大汉子,鹰视虎步,顾盼自如,颏下蓄着漆黑而漂亮的长须,更显仪表堂堂,虽然有时衣冠不整,但丝毫掩盖不住他的勃勃英气。

刘邦虽然相貌英俊,但他的为人却是不折不扣的无赖。他集酒色赌于一身,要么在酒肆中醉醺醺地高谈阔论,要么出入妓院风流快活,或者在赌坊中一掷千金。刘家虽然宽裕,毕竟是农民,既非豪富,又非仕族,哪里经得起他如此挥霍,父母兄嫂都看不惯他这种行径,不再接济他。但刘邦却不以为然,仍然我行我素。缺钱花,便干些鸡鸣狗盗之事,至于借了邻里的钱谷不还,那更是家常便饭。乡里耆旧都不喜欢他,认为刘家家门不幸,出了个败家子。太公多次劝导,他仍屡教不改,只好由他去。伯仲娶妻以后,伯妻为人刻薄,见邦身强体壮,却游手好闲,坐耗家产,心中十分反感,口中也常唠叨。

到了后来,刘邦假如没有在全家吃饭的时间回家,他的长嫂便绝不单独为他做饭。你刘邦肚子饿，自己到厨房吃冷饭！绝不可能吃碗热气腾腾的羹汤！因此，刘邦对此一直耿耿于怀，直至后来称了帝，遍封亲戚，独长侄不得封。太公时为太上皇，向刘邦提及这件事，才封为颉羹侯，此是后事。

此后再不去嫂家，而长年在邻家两酒肆中吃饭。有时邀客共饮，有时自己独酌。两酒肆的老板都是妇人，一呼王媪，一呼武妇。二妇虽是女流，却因邦是邻居，也不便斤斤计较；而且邦入肆中，能为其增加不少客人，比往日多挣几倍钱，二主妇心中暗喜，所以邦要赊酒，全都答应。邦生平最爱酒，见二肆都愿意赊，通常不醉不归。喝醉了不想走，干脆假寐座上，大睡一晚。王媪武妇，本打算叫醒他，但又怕刘邦醉后恼怒，又何况刘邦的无赖行径尽人皆知，所以只好作罢。每到年底结账时，邦本没钱偿还，也不向邦追索。

太公原来认为邦非同一般，寄予重望，如今却一事无成，虚度年华，视他为无赖，甚至不愿供他衣食。邦却满不在乎，有时恐父亲责罚，不敢回家，便投宿两兄家。毕竟是手足，不便拒绝。不料伯忽得了疾病身亡，伯妻本反感小叔，自然不再留他。邦胸无城府，直来直去，不管她心里怎么想，仍常去长嫂家吃饭。长嫂借口孤寡，通常加以拒绝，邦尚信以为真。一日更把一帮朋友带到长嫂家，时正晌午，长嫂见邦又来，已恐他来打扰，讨厌得很，再加上这么多人，越发不快，想出对策，赶紧进了厨房，用瓢刮釜，假装饭已吃完了。邦本乘兴而来，忽闻厨中有刮釜声，后悔来晚了。友人倒也知趣，纷纷告辞。邦送友去后，返回长嫂厨内，看个究竟，见釜上蒸气腾腾，约有大半锅羹汤，才知长嫂故意为之，一声长叹，掉头就走。

刘邦虽然对他的长嫂耿耿于怀，但平时他对朋友却十分大度。别人得罪了他，他通常付之一笑，并不介怀，更不会以牙还牙。他尽管不富有，但若别人生活困难求助于他，只要他手头有钱，马上慷慨解囊，毫不迟疑。重义轻财使他赢得朋友的尊重。当他从中阳里闯向沛县县城时，因这种豪放豁达的性格，他迅速成为当地的无赖中的首领。

在那时，民间崇尚迷信。刘邦那所谓龙颜的容貌，即高鼻、宽额、长颈、美须，对他成为当地的无赖头子帮助不小。说来很有意思。刘邦在左股上有七十二颗黑痣，竟出人意料地使他在沛县城中声名大震。

那一日，刘邦在城墙根下乘凉，赤膊，下身只穿了一条牛犊裤，一群游手好闲的市井子弟围在身边，漫无边际地闲谈。正好沛县城内有个相士走过，一眼发现刘邦光腿上的黑痣，被吸引住了，要刘邦拉起牛犊裤让他点数。

点数完毕，正好是七十二颗黑痣。

相士数得饶有兴趣，那批市井子弟可按捺不住了。你一言，我一语，七嘴八舌地讥讽他说：

"相士从来只听说相面，哪有相人家屁股的？"

"刘大哥大腿上天生的黑痣，你为什么这么感兴趣？"

"你有完没完？这是黑痣，不是宝贝。你再喜欢也没有用，这可换不来钱呀！"

"你如此认真相屁股，是不是想舔刘大哥的屁股？"

话越来越不堪入耳。但相士却一直笑着不动声色，既不生气，更不羞惭，不紧不慢地说："诸位兄台，大家注意到这些黑痣没有？正好七十二颗。这七十二颗黑痣可是大有学问！"

这批市井子弟对此十分好奇，便硬要他解释清楚，这一下相士可该神气了，他清了清嗓子，将周围人打量一番，一本正经地说：

"依照阴阳五行的学说，木、火、土、金、水各居一方，称作五行。一年三百六十日，称作周天。五行中的每一方各分得七十二日。五方各有主宰。中央戊己土，黄帝是主宰。东方甲乙木，青帝是主宰。西方庚辛金，白帝是主宰。北方壬癸水，玄帝是主宰。南方丙丁火，赤帝是主宰。这位赤帝形似朱雀，脸却是龙颜，即高鼻、长颈、宽额、美须，身上多黑痣。刘大哥左股有七十二黑痣，应火德七十二日的征兆，实在是大福大贵之相啊！"

相士振振有词，眉飞色舞，唾沫横飞。众人听了，个个面面相觑，瞠目结舌，他们的大哥竟大有来头，实在出乎他们的意料。一时间一片静寂。刘邦倒是挺沉得住气，哈哈一笑，将这沉寂而尴尬的局面打破了，对相士说：

"先生言重了，刘某乃草莽野夫，在沛县混日子。刘某就是吃了熊心豹胆，也不敢如此异想天开。先生美言是勉励刘某不要自暴自弃，在下心领了。走，走，请先生赏光，喝杯水酒去！"

他边说边把相士拉向城里酒肆。见此情景，众人纷纷散去。

这件事很是奇怪，这位相士莫非真会神算，能识真命天子于市井之间？难说。只有天晓得此事。

从刘邦后来的所作所为来看，"火德当运"的谶言，他曾多次运用，自称赤帝之子。可见他对相士之言刻骨铭心。

无论如何，沛县只是个小地方，相士论相这件事很快传遍沛县市井间。神秘的灵光圈从此就罩在刘邦头上。大家都对他另眼相待，认为此人尽管现在仅仅是个市井无赖，但难以料定他的将来。有的人忙着烧冷庙香，对他阿谀奉承。有的人虽半信半疑，但世事难料，不妨敬他三分，留条后路。连沛县衙门中的吏役，也都对他刮目相看。只要县令不坐大堂，刘邦可以自由出入，与那些吏役们你来我往，打成一片。有人即便看不惯他这种肆无忌惮的行为，也只能背后发作。如此，刘邦在他那帮小兄弟中，更有威望了。你看，刘大哥多了不起！沛县衙门就像自家大门，对吏役们根本不屑一顾……

沛县的吏役也有难言之隐。他们不敢得罪刘邦是因为刘邦代表着一股潜势力。这种潜势力，就是沛县城内形形色色的无赖，而他们都追随刘邦。这些不学无术之徒，遍地都是，出入赌场妓院，人数众多，不可小视，如果闹起事来，沛县城内便会陷于混乱。就算你县令在本县位高权重，强龙难压地头蛇，同样能给你颜色看。反之，倘若好好利用这股潜势力，官府则更加有恃无恐了。这批人终日游荡，出入酒肆、旅馆、赌场、妓院，密切联系黑道人物，况且有的人本身就从事非法勾当，耳目众多，监视着沛县城内的一举一动。

于是，猫向老鼠求教的怪现象便出现了。沛县城内假如发生了麻烦的案子，衙门里承办的吏役不知如何是好，便来向这位刘大哥虚心请教。刘邦也确实不负重托，提供十分有用的线索给他们。这是因为刘邦手下的那批兄弟与黑道人物原本就是一家。沛县城内的案子，尤其是那些盗窃、抢劫案子，主谋，参与，把守望风的人，都了如指掌。

当然，刘邦并不一视同仁地向官府提供情报，而是区别对待，酌情处理。凡是他的冤家仇的案子，或者是那些与他不和的以及那些外地黑势力来本县犯罪的人，他都和盘托出，借官府之手铲除异己。若是自己手下人犯的事，便尽量加以维护，或者是丢卒保车，找个替罪羊。只要追回赃物，挽回官府的面子就行。他这种做法，一举两得，既扩大了自己的势力范围，收服了那些黑道人物，又迎合了官府，把他作为忠实可靠而又精明强干的"眼线"。眼线意同今天上海方言里的"倒钩"。在官府看来，刘邦并非普通的眼线或倒钩，而是沛县的眼线之王、倒钩头子。

刘邦最初的政治经验便来自沛县的无赖生涯中，使其后来在尔虞我诈的政治斗争和军事斗争中受益匪浅。他知道怎样掌控那些顽恶的无耻之徒，重视用属下之所长而不对其短处揪住不放，用人时大方封赏以笼络人心而毫不吝惜。同时，他通过充当官府的眼线、倒钩来增加自身实力，使他学会怎样打着正统的旗号服

务于自己的私利。楚汉相争时，刘邦以为义帝伸冤复仇为名对项羽弑害义帝的罪行进行声讨，使项羽陷于道义上的困境，但其实为义帝伸张正义对刘邦而言，仅仅是手中的一步棋子，旨在打败项羽统一天下。此外，眼线生涯中还教会刘邦如何通过背信弃义、出卖友人等不光彩的手段达到目的。在后来的政治生涯中，他与项羽订立了鸿沟为界、平分天下的协定而又食言，杀回马枪，对韩信的冷酷无情，以及借吕后之手杀掉韩信而使自己脱离罪责的权术手腕，无不证明沛县的无赖生涯深深地影响着他。

无赖刘邦并没白当一场无赖。

刘邦最初的起家本钱和斗争经验都应归于他的无赖生涯。

3. 泗水亭长

春秋战国时期，乡村中以五户为邻、五邻为里。在今天的汉语中仍有邻里一说。里，是最基层的地方单位，也是最小的行政组织。它只管辖二十五户，但由于人口大量增加，有的人家分开居住，便增加了里的户数，甚至有多达五十户至一百户的，如若再多，便要另行设里。每个里中有"社"，社内有祠，供奉地方神灵。所以，社自然而然成为里人祭祀、交往的中心。里所有居民名册，也在社中收藏，这相似于欧洲中世纪到近代的乡村教堂中保留村民的婚姻登记和婴儿出生的名册。每个里通常绕以土郭，进出口设立门户。天黑以后，紧闭里门，以防狼虎或盗贼混进作恶。

秦代继承邻里制度，但从设立郡县开始，便实行"十里一亭"。亭，在战国时期就已存在。当时出于军事目的，各国在与邻国交界的边境设亭，任命亭长，用以抵挡来犯之敌。秦代将亭变为基层政权，普遍设置，以十个里为一亭，管辖二百五十户，约一千三百人，是设有官吏的最小行政单位。亭长，是不折不扣的芝麻绿豆官。

亭长是一亭之长，负责维持当地治安秩序，有传讯当地居民的权力。治安警卫和民事活动都由亭长管辖。此外，停留旅客也在亭长管领之列。假如上级官吏经过，便须负责接送，安排住宿，带有几分驿吏的性质。总之，假如称县令百里侯，那么，亭长可算作十里侯了。

光阴飞逝，刘邦已二十有余。太公见他终日游手好闲，也非长久之计，便命他学做官。不久，居然当上了泗水亭长。

没有想到无赖竟作了亭长！

虽说亭长只是个芝麻绿豆官，也总归是个官了。在秦代，以吏为师，吏尽管不入流，但也并非轻易就能试补为吏。韩信原是淮阴布衣，曾被认为贫而无行而没有资格做吏。

刘邦于殷实的庄户人家出身，和韩信相比，自然是高人一等，但却未必比韩信品行高。韩信无行，在当时指的是他无善行值得推举、选择。具体来说，是指他家贫而又不事劳作，终日无所事事，依靠别人施舍度日，但韩信循规蹈矩，并不为非作歹、花天酒地。刘邦就不一样了。他好酒好色又好赌，做尽令人不齿之事。他在当上了亭长以后，仍旧恶习不改。

假如说韩信无行，那么，刘邦的无行，比韩信有过之而无不及。但是，韩信因家贫无行而无权为吏，而刘邦却被沛县官府认为有行而推择为泗水亭长，这其中有何原因？

刘邦充当官府的眼线和倒钩，称得上有立功的表现；但这还不足以使他当上亭长。泗水亭既是商业繁盛的货物集散点，又是大大小小的无赖聚居的大本营。当地的治安一片混乱，极难管理。沛县官府把泗水亭交给刘邦这个无赖头子，是想以恶治恶，告诫那些无赖，要作案另找地方，绝对不许在泗水亭作案，即便作了案，也吃不了兜着走，很快便会送进大牢，谁叫你连刘大哥都不放在眼里呢！何况，刘邦挺重视亭长的职位，忠于职守，尽力维护当地的治安。泗水亭虽不至于夜不闭户、道不拾遗，但比起以往截然不同，颇受赞誉。

刘邦既为亭长，便与一班县吏结识，如萧何、曹参、夏侯婴、任敖等，经常在一块儿开玩笑。其中夏侯婴与刘邦尤其投机。

夏侯婴是个马车夫，也是沛县人。后来汉高祖封夏侯婴为滕公，所以史称滕婴。夏侯婴为人耿直、仗义，为朋友舍弃生命也在所不惜。他从小父母双亡，是个孤儿。被当地的车行老板收留，在马厩内当杂役，整天洗刷马匹、喂食和遛马，终日忙个不停。他自幼与马匹打交道，长大后成了一名驯马高手，还特别善于驾车。无论马有多么烈，到了他的手下时，都变得老老实实，套上车后，他只要一挥动长鞭，马匹便惟命是从。久而久之，夏侯婴以驾车闻名，成为沛县公认的第一号驭手，被各个马车行争相聘用。沛县县令得知后，便命他到沛县衙署的马厩执役，为县衙当御者。有使者或客人往来沛县，都由夏侯婴负责接送。夏侯婴送使者或宾客出县境后返回，路过泗水亭时，必然会停车与刘邦长谈。两人志同道合，甚是投缘，总要聊到天黑，仍难舍难分。

夏侯婴驾车执役忠于职守，县令对他十分欣赏，将其提升为县吏。

一天，夏侯婴又到泗水亭，刘邦一见，便与之闲谈。他二人原本就十分随

便，不料此次刘邦动起手脚，竟误伤夏侯婴。夏侯婴清楚刘邦无意为之，并不放在心上，却被旁人发现，便到县中举报，声称泗水亭长伤人。县中立刻传讯刘邦。刘邦因为秦法规定"为吏伤人，罪比平民加重"，不敢承认，所以坚持为自己辩白。县中又传夏侯婴作证。夏侯婴也维护刘邦，说是自己碰伤。那告发之人不肯罢休，便再次上告。郡中又派人复审，毕竟纸包不住火，问官明知刘邦伤人是事实，假如受害者不肯为证，也就无法定案。所以企图将夏侯婴屈打成招。无奈，夏侯婴一直拒不承认，刘邦因此而免罪。由此可见，刘邦平日以诚待人，所以危难之时，也有人相助。

刘邦在沛县举兵后，夏侯婴充当刘邦的太仆。太仆在秦代位列九卿，负责皇帝的舆马和马政。刘邦起义后，虽称沛公，但仅仅是众多起义军中的一支，凭什么封夏侯婴为太仆？但是，当时起义军中也不太讲究这些，不过是以太仆的名义，让夏侯婴为刘邦驾马而已。说是御者，实际上禁卫也由夏侯婴监管，尤其是统领禁卫军中的车兵。

车兵于商、西周和春秋时代盛行。当时所称的千乘之国，就是指该国有兵车一千辆，军事实力强大。战国时代，赵武灵王胡服骑射，组建了一支强大的骑兵，取得了辉煌战绩。秦、楚、齐等国纷纷效法，建立或加强了骑兵，各有骑兵万人，从此在战争中起主导作用的成了骑兵，但并未完全废除车兵。唐代名将李靖创六花阵，优化组合车兵、骑兵、步兵这三个兵种。明代名将戚继光到西北边境抗击蒙古骑兵时，进行车、步、骑、辎、炮诸兵种的联合作战，在战时把车、步、骑各一营构造一个车、步、骑大阵。戚继光共创制了七个车、骑、步大阵，和三个辎重营，形成了七万人的机动部队。夏侯婴统帅的车兵，在野外露宿时结车为阵，保卫刘邦。在战场上，每当紧急关头，夏侯婴率车兵奋勇杀敌，常常能反败为胜或加速战斗胜利。在楚汉战争中刘邦连连败阵，溃逃之时，往往与众将失散，但夏侯婴却一直形影不离，为刘邦驾车。刘邦彭城之败时，抛弃了儿子、女儿，将将来成为汉惠帝的刘盈与鲁元公主推出车外，弃之不顾，又是夏侯婴将两个孩子抱回车中。刘邦觉得车载太重，影响赶路，恨得咬牙切齿，险些杀了夏侯婴。只是由于杀了他无人驾车，只能由他去。

刘邦称帝后，封夏侯婴为汝阴侯。刘邦南征北战，他一直都参与，汉七年，汉高祖刘邦率军攻打匈奴，追至平城中了埋伏，为匈奴围困。汉兵被困七天七夜，眼见大祸临头，多亏陈平献美人计，重金贿赂阏氏，声称汉家多美女，将献给冒顿，不如放了汉兵，不致夺宠。阏氏向冒顿求情，冒顿放他们一条生路，刘邦便仓皇逃命，本打算快马逃窜，但这样做汉兵的虚弱便会暴露，遭致冒顿率兵追击。作为禁卫军首领的夏侯婴，建议刘邦率军不慌不忙地退兵，令禁卫部队在两旁护卫，保障刘邦所在的中军缓缓而行，最终化险为夷。

汉高祖刘邦死后，汉惠帝刘盈继位。他与吕后为报答当年夏侯婴救了惠帝、鲁元公主，在惠帝、吕后两朝，夏侯婴仍任太仆之职，位列九卿，宠信有加。吕后逝世后，陈平、周勃镇压诸吕，夏侯婴以太仆身份与东牟侯刘兴居废掉不明身份的少帝，亲自迎接代王刘恒入宫登帝位，即汉文帝。于是，夏侯婴又立了功。他历经高祖、惠帝、吕后、文帝四朝，极受宠幸，前后当了三十七年太仆。

再说萧何。

汉朝初建时，萧何是首任相国，他与韩信、张良并称为汉初开国三杰。但在秦末，萧何仅仅是个县衙门里的书吏。中国的各行各业都有祖师爷，比如鲁班是木匠的祖师，杜康是酿酒的祖师，鬼谷子是占卜的祖师。书吏的祖师爷就是萧何。

古代的州县衙门中供奉所谓"衙神"，称为"萧王堂"。新官上任，依惯例要拜衙神。这位衙神就是萧王，即后世对萧何的尊称。天下州县吏都以他的徒子徒孙自居。吏不同于官。从出身来看，即使是最低级的杂职官，照例由君主或朝廷中的有关部门任命，属于封建政府的正式编制，照例享受俸禄，并须遵从诸如回避、考核等制度。但对吏而言，通常具有政府雇佣人员的性质。尤其是州县衙门中的吏员，往往从地方上挑选，由"耆老"公议。所以其实受制于地方上的富绅。

同样是吏，等级差别却很大。刘邦的泗水亭长是最底层的小吏，而萧何却是沛县掾属中的主吏。在汉代，这一职位叫作功曹，而在秦代则以主吏相称，类似县衙署的办公厅主任或秘书长。主吏除负责掌管县衙的人事以外，还有权过问一县的政务，是县令的副手。沛县县令十分倚重萧何。萧何也确实尽忠职守，深谙刑名钱谷，精明强干，文笔老到，上司十分欣赏他。更难能可贵的是他关心民间疾苦，刚正不阿，因而深得民心。

萧何是刘邦同乡，也是沛县丰邑人。他对刘邦这位充满传奇色彩的老乡十分好奇，认为刘邦虽然只是个市井的无赖，但无赖行径中却显出王者风度，宽容大度，沉得住，真要干起事来，目标明确，锲而不舍，无论如何都不会半途而废，所以，当刘邦在沛县城内当无赖头子时，萧何尽量庇护他那种包庇娼赌的不法行径。后来，又是他建议"以毒攻毒"，劝说沛县县令任命刘邦为泗水亭长。

刘邦上任泗水亭长以后，维持治安秩序取得的成绩有目共睹。但在行为上仍恶习不改，诸如醉卧酒肆之类，实在不成体统。自然会有人向沛县衙门举报或反映这种情况，但由于由萧何一手把持沛县衙门的事务，当然不会向县令反映。时间久了，县令也听说刘邦的放荡轻狂，但当他问询萧何时，萧何始终一心维护刘邦，为他解围。朝中有人好做官，刘邦在县里有了萧何，便稳坐泗水亭长的位子。

秦始皇统一天下以后，在京城咸阳大兴土木，在全国各地征人去咸阳服徭役。沛县当然也在其中，要向咸阳派遣役夫。这可是个难题，役夫们早已习惯了稳定的生活方式，忽然千里迢迢去京城，水土不服，再加上旅途疲劳，生活艰苦，途中逃亡之人总会有。因此，必须派遣一个精明强干的人率领。沛县县令前思后想，认为刘邦这位亭长将混乱的泗水亭治理得井井有条，倒颇有能耐，便命刘邦带领本县役夫去咸阳服役。

刘邦在沛县呆了这么久，既有在县城内当无赖头子的经历，又有当泗水亭亭长的经验。他集盗贼与捕快于一身，实在觉得沛县无法让他大展其能。这次带领役夫们去咸阳，可以到京城去见识世面，像出笼的小鸟一样兴奋。

刘邦受命后，准备行装，招募役夫，编制队伍，择日动身。出发的那一天，一班相识县吏都来送行，并每人送二百文钱作为路费。只有萧何给的最多，有五百文。刘邦一一谢过众人，告辞而去。

刘邦的咸阳之行，是他一生中的转折点。

刘邦抵达咸阳城，办完公事，就在城里闲逛数日。高大的城墙，华丽的车马，使他大开眼界，感慨万千。这时始皇健在，驾车巡视都城中。邦得在旁遥望，的确威武异常，至御驾经过，邦仍然瞧个没完，大发感叹："大丈夫原当如此哩！"

刘邦出身农民，地位卑微，没有项羽那样显赫的家世背景。所以，他说不出"彼可取而代之也"这种大逆不道的话，而仅仅羡慕地感慨"大丈夫当如此也"，含蓄地流露了自己的抱负。他说的"大丈夫"到底指谁？是指秦始皇？还是指他自己？大概刘邦当时也没仔细想过。但无论如何，他内心的躁动毕竟反映了出来，他再也不满足于在小县城中当无赖头子或地方小吏了。这种刚刚萌生的模糊愿望，一旦外部条件改变，便上升为他孜孜以求的人生目标了。

同样对秦始皇出巡发表感慨，项羽开门见山地说"彼可取而代之也"；而刘邦却拐弯抹角地说是"大丈夫当如此也"。两人的不同的表达方式与所用语言，不仅体现了两人在年龄、经历和气质上的差异，也体现了两人不同的性格特征：项羽阳刚而刘邦阴柔。这种不同的性格特征，深刻地影响着两人各自的命运和结局。

刘邦完成咸阳使命之后，带领役夫们平安返回故里。沛县县令对刘邦大加赞赏，但并没有给他升官，仍让他继续做泗水亭亭长。

萧何则官运亨通。

秦代实行郡县制。沛县是泗水郡下属的一个县。郡的长官有守、尉、监，三人相互牵制，以利于中央集权。守指郡守，是郡的最高行政长官。尉指郡尉，是郡守副手，负责军事，统帅全郡的兵卒。监是监御史，又称侍御史，负责监郡，也就监督郡守、郡尉与其他官吏。假如发现郡的官吏有不轨行为，有权独立上报朝廷。泗水郡监御史视察沛县，与萧何研究怎样处理案子。萧何在讨论中条理清晰，头头是道，监御史十分欣赏他，将他提升为泗水郡卒史。卒史虽是郡衙的属吏，但俸禄百石，有较高的身份与收入。一郡有十名卒史，萧何在年终业绩考核中名列第一。于是，监御史打算举荐萧何入朝为官，但在当时萧何已经认为大秦帝国命不长久，没必要到朝廷中涉险，倒不如留在泗水郡，熟悉环境，万一天下有变，则能进能退。因此，他极力推托，自称才疏学浅，又恋家，不愿离开故乡。监御史见他态度坚决，也不便强求。

泗水亭离泗水郡治所不远。萧何在郡的衙署内当卒史，由于长官欣赏他，在衙署内红得发紫，更便于照料和庇护刘邦。刘邦自从咸阳返回，思想改变了，再也不满足于在酒肆内与老板娘打情骂俏了。他希望做大丈夫，有意结识市井中的豪杰之士，为他起家逐渐奠定了基础。这些人以后都是刘邦的忠实部下、汉朝的开国功臣。

他们都是谁呢？

曹参，他也是沛县人，并且担任沛县的狱掾，类似监狱长。他是主吏萧何的属下，称得上萧何的得力助手，在沛县被称为豪吏。曹参与萧何相处得很好，十分顺从萧何。两人共同维护刘邦。虽说他俩当时在沛县的地位刘邦都不可企及，但却很佩服刘邦，认为他绝非凡夫俗子，一旦天下有变，必定叱咤风云，建立丰功伟业。刘邦在沛县举兵当上沛公以后，曹参在刘邦手下做中涓。中涓后来是对宦官的称呼，但在当时是侍卫中的军官。曹参在秦末做狱掾，刘邦正是量才录用才任命他做中涓。

曹参骁勇善战，舍生忘死，屡立战功，曾把三川郡守李由率领的秦军打得落

花流水，并斩杀李由。在刘邦与项羽兵分两路攻咸阳的过程中，他充当刘军的前锋，战无不胜，生擒秦军的南阳郡守，平定南阳郡，攻破武关、峣关，使咸阳城唾手可得，在攻克咸阳、灭掉秦朝的战争中功不可没。项羽封刘邦为汉王后，升迁曹参为将军，随刘邦还定三秦。后来他追随韩信，攻占魏地五十二城；大败赵军，除掉赵相国夏说；大败楚军，杀楚军大将龙且；占领齐国，占据齐地七十余县。韩信率军会师刘邦，与项羽在垓下决一死战时，曹参留在齐地平定那些仍在负隅顽抗的县城与齐军中的残兵败将。项羽死后，刘邦称帝，对臣下论功行赏时，诸将都说平阳侯曹参负伤七十处，攻城略地，功劳最大。但刘邦觉得萧何应排第一，又不便公然偏袒。关内侯鄂千秋为讨好汉高祖，当众进言，反对群臣的意见。曹参虽有不少战功，仅仅是一时之事。皇上与楚军对峙五年，屡次战败，被迫逃亡，而萧何总能从关中给以支援，使队伍重整旗鼓。汉军与楚军在荥阳相抗，军中粮食供应不足，萧何转漕关中，解了汉军燃眉之急。高祖转战中原，多次被破，萧何确保了关中这个大本营，实在是功不可没，一百个曹参也不及也。怎么能把万世之功放在一旦之功后面呢？这不是主次颠倒了吗？论功劳，萧何当属第一，曹参第二。这一番话正中刘邦下怀，刘邦立刻下诏：萧何功叙第一，赐带剑上殿，可自由出入。鄂千秋也得了好处，从关内侯提升为安平侯。那一天，封赏萧何父子兄弟十余人，都赐有封邑。刘邦再加封萧何二千户，这是由于刘邦当年率役夫去咸阳服徭役时，萧何比别人多送了两百文的路费。

萧、曹原是旧交，关系甚密，但自此以后，二人有了隔阂。

汉惠帝二年萧何垂死。惠帝刘盈去探望他，在病榻前询问："相国百年之后，何人能胜任？"萧何回答："陛下应当知道臣的心意。"惠帝说："曹参如何？"萧何点头道："主上真有眼力，臣死也瞑目了！"曹参当时在齐国任丞相，得知萧何逝世的消息，便吩咐打点行装，说："我将去朝中任相国了。"不久，朝中果然派使者召曹参入朝为相。

曹参出任汉相国后，终日以酒相伴，处理一切事情都原封不动地依照萧何的约束。惠帝刘盈对此不解，觉得曹参看不起自己年少，便托曹参的儿子相劝。不料曹参大发雷霆，将儿子一顿毒打，几乎不能走路了。惠帝心中过意不去，早朝时责怪曹参不该打儿子，说都是自己的意思。曹参问惠帝："陛下自认为比高祖如何？"惠帝说："朕怎么敢与先帝相比？"曹参又说："陛下觉得臣比起萧何，谁更贤？"惠帝说："他似乎在你之上呢！"曹参说："陛下说得不错！高祖与萧何定天下，已明法令，今天我们认真加以遵循，不就行了吗？"

惠帝听了，心悦诚服。于是，萧规曹随的佳话千古流传。

卢绾也是沛县丰邑中阳里人。卢、刘两家是邻居。二人的父亲交往密切，十分投缘。刘邦出生的那一天，卢家也得一子，便是卢绾。两家同时得子，轰动了中阳里，里中父老纷纷去两家道喜。卢绾与刘邦一块儿长大，一同读书，情同手足。里中父老认为卢、刘两家同日得子，两家儿子长大后又同窗学习，亲密无间，乃大吉大利之兆，于是又送上羊羔美酒去两家庆贺。

卢绾性情温顺，对刘邦信服得五体投地，平时不离其左右，对刘邦唯命是从。刘邦离开中阳里，到沛县去闯荡，卢绾也尾随前去。刘邦在沛县城内为了做无赖头子而与人打架，扰乱了治安，成了官府的通缉犯。他只好到山林沼泽藏身，手下的小混混都一哄而散，但卢绾却一直追随刘邦，出入山林，供应刘邦的衣食，把个人安危置之度外。后来刘邦在沛县起义，卢绾一直形影相随。刘邦进入汉中称王后，封卢绾为将军。刘邦向东攻打项羽时，封卢绾为太尉，刘邦的卧室可以随意出入。萧何、曹参虽是刘邦的左膀右臂，但也都礼让有加，而卢绾则堪称心腹。汉高祖刘邦称帝以后，论功封赏，刘家之外有七人被封王。刘邦想封卢绾为王，又担心群臣不服，有意要群臣举荐功臣。群臣明白皇上意图，纷纷举荐卢绾。汉五年八月，汉高祖封卢绾为燕王，是最受宠幸的诸侯王。

周勃，祖籍卷县，后来迁居沛县，所以，周勃也算是沛县人。他出身卑微，靠编织苇箔过活。我国古代席地而坐，桌椅到唐朝才出现。苇箔既可铺地，又可用来养蚕，十分有用。但这只是小生意，况且周勃尽管身强体壮，能开十石以上的强弓，但却不擅于编织苇箔。他虽然整天编箔，但仍难以糊口。幸好他还有别的本事，会吹笙箫。别的人家一旦有红白喜事，便赶去表演。假如是丧事，混顿豆腐饭轻而易举。如果是结婚大喜，便可吃顿丰盛的了。况且不管婚丧，除了能填填肚子外，主人多少总得赏点钱，可以用来改善一下生活。

刘邦沛县起义后，周勃也很早便追随他，也做中涓。他骁勇善战，攻城时总是冲在最前面，屡立战功。刘邦被楚怀王封为砀郡长时，刘邦封周勃为虎贲令，统领禁卫军。刘邦率军攻打咸阳时，周勃的战功仅在曹参之下。刘邦称王后，周勃提升为将军，随刘邦还定三秦。楚汉战争中，他镇守敖仓，保障了汉军的粮食供应。项羽死后，他领兵平定楚地，夺取二十二县。后来，他又为刘邦铲除异姓诸侯王，被封为绛侯。在汉攻打匈奴时，他又冲锋在前，战功显赫，被提升为太尉，位列三公。三公即丞相、太尉、御史大夫，高于九卿。

周勃为人，纯朴忠厚，不善言辞，汉高祖觉得他可委以重任。刘邦临终前，吕后问他："陛下百年之后，假如萧相国死去谁能取代？"刘邦说："曹参。"吕后又问："曹参死后，又是何人？"刘邦说："王陵可为相，但王陵略微木讷，陈平可以协助。陈平机智过人，但难以独当一面。周勃稳重谨慎，能担大任。可以命他当太尉。"刘邦死后，吕后依次任命以上各人为相。吕后死后，朝政被诸吕把持，眼看吕氏要取刘家而代之，果然是周勃联合陈平，除掉诸吕，扶助代王刘恒为帝，匡复汉室。

樊哙，他也是沛县人，是个靠杀狗过活的屠夫。在古代，狗为六畜之一，与猪、牛、羊等家畜一样主要用作食物，并被认为是冬天进补的佳肴，韩国、朝鲜等境内至今仍维持了这一习俗，过春节时一定要吃狗肉。樊哙为人，粗中有细，不善言谈，身强体壮，擅长击剑，最难得的是他十分效忠刘邦，后来娶了吕雉的妹妹，成为刘邦的连襟。刘邦早在沛县城内称王称霸时，樊哙就是刘邦最强有力的打手，后来刘邦隐匿山野避祸，樊哙形影相随。刘邦沛县起事时，他首先参加。在战场上，樊哙冲锋在前，战功累累。刘邦赴鸿门宴时，项庄舞剑，意在沛公，若非樊哙勇闯营帐，在项羽面前还以颜色，刘邦命已休矣。连霸王项羽对他的勇武忠诚，也敬畏三分，在鸿门宴上对他以壮士相称，赐以酒肉。楚汉战争中，樊哙骁勇善战，是项羽的一大障碍。刘邦称帝以后，樊哙被封为舞阳侯。

但是，在刘邦的沛县人马中，萧何在当时地位最高，权势远非刘邦可比。萧何有自知之明，情愿听命于刘邦，誓死追随刘邦举事。在楚汉相争中，向刘邦举荐韩信为大将，自己镇守关中，保证粮食供应，使汉军无后顾之忧。虽然刘邦称帝后曾嫉妒百姓拥护他，借口将他送进大牢。幸好有人维护他，使刘邦回心转意，又释放了他。但萧何从不怨恨，一出狱，便蓬头垢面地立即上朝向刘邦请罪。刘邦尽管杀了许多功臣，且下手歹毒，但看到萧何这般模样，竟良心发现，自我解嘲地说："我乃暴君桀纣，而相国是贤相。我关押相国，是故意让百姓知道我的过失呀！"

萧何如此忠于刘邦，连刘邦这个杀人如麻的皇帝也对他起了恻隐之心，难怪后世称之为贤相了。正是这批出身市井的豪杰，一旦天下有变，便大显身手，令人侧目。刘邦的军事才能自然不如项羽，但却知人善用。而刘邦在楚汉战争中虽然屡屡战败，但众将领却一直忠心耿耿，无一人背叛。

4. 喜从天降

刘邦已当了数年亭长，年过三十，仍旧尚未娶妻。他本好色之徒，怎么耐得住寂寞！便经常光顾娼寮。但他还不满足，又与一个曹氏女子关系暧昧。往来多时，曹氏有了身孕，生了一子，刘邦取名为肥，交由曹氏抚养。此事人人皆知，自然无人愿意下嫁刘邦。刘邦既有外妇，又有儿子，觉得有没有家无所谓，自己独身反过得自在。于是娶妻一事，根本不放在心上。

恰好萧何等过来闲谈，提及单父县中，来了一位吕公，名父字叔平，与县令交好。此次到此避仇，携家带口，县令便安置他们住在城中，凡为县吏，应表示心意。邦即答道："贵客驾到，理应重贺，邦一定赴约。"说毕，大笑不止。萧何尚不知道邦的心思，匆匆告辞。

那么，吕公是何等人物呢？

吕公是单父县的豪门望族，家财万贯，土地千顷，十分富有，并且为人乐善好施，爱结交江湖侠士，在当地影响很大，所以大家都尊称他为吕公。

单父县另一家姓卞的，也是豪门富户。他仗势欺人，蛮横霸道，乡民都敬而远之。

吕、卞两家田地相邻。一天，两家的庄户为了争夺毗连土地上的田垄而争吵，互不相让。双方先是对骂，言语不堪入耳，连对方的庄主也受牵连。随后，双方大打出手，挂了彩，事后，吕公听了庄户的哭诉，试图劝慰庄户就此作罢。卞姓大豪却不这么想。他向来觉得一山难容二虎，早对吕公心存不满，这次听庄户哭诉，声称吕家藐视卞家，连他家的庄户都敢当面辱骂我家庄主，不禁恼羞成怒，命本庄庄丁抓来吕家的那名庄户，吊在厅堂的屋梁上拷打，打得吕家庄户哭天喊地。卞姓大豪却仍不罢休，声称要打狗给主人看，看究竟谁厉害？等到他尽了兴，放下那名庄户时，已是两眼翻白、奄奄一息了。

卞姓大豪命庄丁抬送那名打得半死不活的庄户到吕家去，灭灭吕公的威风，给他点颜色看看，让他知道姓卞的厉害！

吕公虽为人谦和，但也不怕硬，别人都欺负到头上来了，他当然要为自己的庄户讨个说法。卞姓大豪根本不屑一顾。吕公怎肯善罢甘休？正所谓不是冤家不聚头，两人在路上相遇。吕公严厉斥责卞姓大豪，那姓卞的满不在乎，冷冷地说："姓吕的，你竟然想维护自己的庄户？你难道骨头发痒，也想挨揍？在单父县，本老爷想干什么谁都管不着，知趣的话，快跪下磕头求饶。不然，哼、哼，你就像那庄户一样！"

吕公恼羞成怒，上前一把揪住他胸口的衣服，要拉他去官府评理。卞姓大豪一拳挥过来，吕公及时闪躲，两人便大打出手。双方的随从也相互厮打起来。卞姓大豪虽值壮年，但因酒色虚耗了身子，不堪一击，刚几个回合，便已上气不接

下气，而吕公早晚锻炼身体，精通拳棒，反而占了上风。卞姓大豪见无法招架，便拔出佩剑刺向吕公。吕公飞起一脚，将他手中宝剑踢飞，顺手捡起来一刺，正中心脏，卞姓大豪便一命呜呼。

这一下事情闹大了，吕公眼见无法在单父县继续呆下去，为了躲祸避仇，便携家带口迁往沛县。他与沛县县令交好。这次吕公全家投奔沛县求他相助，沛县县令自然不会怠慢，为他安排住宿，并多方奔走，尽力平息此案。当时对民间的刑事案件，只要肇事者远走他乡，最后也就不再追究。吕公家财万贯，宁愿花钱消灾，又有沛县县令庇护，自然有惊无险。

在沛县境内吕公是新迁入的外地人。沛县县令为了使吕公能跻身当地士绅之列，便在县署为他大摆筵宴，并以县令的名义，广邀沛县的乡绅与豪杰赴宴，庆贺吕公落户沛县，并为他接风、洗尘。沛县有势力的人得知此事，纷纷致贺，竞相赴宴，以一睹吕公风采。

这一天，邦如约进城，打听到吕公住处，便直接进了门。萧何已在厅中，替吕公收受贺礼，一见刘邦到来，便向众人宣布："贺礼少于千钱，须坐堂下！"刘邦仗着与萧何相熟，便在名帖上故意写着"贺钱一万"，前往拜见，却并不带一文。当有人入报，吕公接过看罢，见他贺礼尤为丰厚，大吃一惊，便亲自迎接，请他上坐。经一番端详，见他日角斗胸，龟背龙股，实在与众不同，便礼敬有加，特别优待。萧何知道邦缺钱，在旁边嘀咕："刘季爱说大话，恐怕是假的。"吕公听到不以为然，待至酒肴已备，居然请邦坐首位。邦也不客气，居然心安理得充当首席嘉宾。

萧何虽维护刘邦，但内心也认为刘邦今日之举实在过分，倒是吕公认为刘邦胆识过人，豪气盖世，始终对他另眼相待，礼敬有加，频频劝酒，反而冷落了众吏。至于刘邦本人连县令都不给面子，更何况其他人。他洋洋自得，高谈阔论，目空一切，在宴席上大出风头。

酒过三巡，醉意已浓。不少宾客已经告辞退席。

刘邦正打算离开，只见吕公使眼色挽留他。他想，今天的酒席上，自己出尽风头，接下来祸福难料，吕公固然对自己一片盛情，那县令却一肚子气，不知道日后会如何还以颜色！想到这里，不免消退了三分豪气。他原本已起身又重坐下。这时，他再次起身，正欲告辞，只见吕公再次用眼色知会他，努了努嘴，表示挽留。这一下刘邦有些摸不着头脑。不明白吕公究竟为何挽留他。好吧，既来之，则安之，听天由命，留下就留下吧。

席终人散。宾客们都已离开。

刘邦醉意甚浓，是席上最后留下的客人。

主人一方，只留下县令、吕公、萧何三人在场，别的人都已退席。

吕公一语惊四座。他对刘邦说：

"仆自幼爱好相术，相人甚多。季兄之相无人能及，愿季兄自爱，自有一番作为。小女吕雉，才貌不俗。仆愿命小女为季兄奉箕帚，不知季兄意下如何？"

此语让县令与萧何大吃一惊。"奉箕帚"是嫁人的谦称，指嫁人后做家务，每天要手持簸箕、扫帚扫地。吕家乃豪门，竟将爱女下嫁无赖刘邦，真是不可思议。

刘邦听后，也大呼意外。他递进"贺钱万"的名帖，其实没拿出一文钱，实有捣乱之嫌，结果不但没有经一番责打，却反而被以上宾相待，美美饱餐一顿，已经占尽了便宜，不料一个妻子又从天而降，真是太难以置信了。他连忙推托："小人何德何能敢娶吕公爱女？吕公岂可当真！"

吕公微微一笑，说："季兄千万别误会。婚姻大事，岂可儿戏？小女虽富家出身，却遵循礼教，深谙三从四德，嫁后必定孝顺公婆，伺候夫君，绝不会娇蛮任性。季兄不必有所顾忌！"

刘邦见吕公很有诚意，心花怒放，连忙拜倒在地，说："岳父大人在上，受小婿一拜。"

吕公立刻搀扶，说："贤婿请起！"

县令、萧何见婚事已成，又是一喜，先后祝贺双方。接风宴变成了订亲宴。于是，县令命人重摆宴席，尽欢而散。

这桩婚事的影响非比寻常。

从此沛县县令对刘邦另眼相待。他曾向吕公求娶其女吕雉，遭吕公婉拒。如今吕公竟将女儿下嫁刘邦，他不由对刘邦起了戒心。

萧何虽原本就重视刘邦，但也有几分轻视。自此以后，轻视之念全无，反而敬畏刘邦，甘心对他唯命是从。

吕公告知妻室，已将娥姁许配刘季。娥姁即吕女小字，单名为雉。吕媪得知后很不高兴："君谓女儿天生贵相，必配贵人，沛令与君相熟，为何却拒绝他的求婚，下嫁刘季？难道贵人便是刘季吗？"吕公道："这事你无从得知，我自有眼光，绝错不了！"吕媪心中仍有不满，但最终还要随夫，便静待吉日。吉期转瞬间已至，刘邦身穿礼服，前来迎娶。吕公即命女雉装束停当，送上花轿，随邦同

去。邦回到自家,接女下轿,夫妻交拜后,又拜见太公、刘媪,便引入洞房。掀掉盖头,却见新娘美丽端庄,光彩照人,顿生爱怜之心,就携了吕女玉手,共度良宵。

吕雉当时是十六七岁的少女,容貌虽然俏丽,却是英气多,而妩媚的女人味少了点。刘邦娶了吕雉后,对她也有几分敬畏,偶尔仍在外寻花问柳,只是不如过去那般放荡。

吕公的话一点不假。吕雉虽富家出身,但知书达礼,安守本分。刘家是个庄户大家,由大哥刘伯安排田里的活,家务则由长嫂即刘伯之妻管理。长嫂不喜欢刘邦,吕雉也遭连累,被长嫂任意使唤,整天忙碌。吕雉生性刚毅,能忍辱负重,既然已嫁入刘家,便逆来顺受,脱下嫁衣后立刻下厨,做饭、洗衣什么都干,又送与各位嫂子一些陪嫁中的首饰,以示敬重。长嫂当然要多送一份。刘伯之妻出身小户人家,见识短浅,自此便善待这位弟媳,吕雉的日子也好过多了。

后来,吕雉做了皇后,称为吕后。

光阴似箭。吕氏嫁到刘家,生下一男一女。子名刘盈,就是后来的汉惠帝。女名刘元,后来食邑于鲁,即鲁元公主。

邦为亭长,除请假回家探亲外,于亭中常住。吕氏照顾儿女,在家度日。刘家非豪富之家,靠种田过活,吕氏嫁夫随夫,有空也到田间锄草。一日,一老人恰好经过,看了好一会儿,向吕氏讨水喝。吕氏顾他年迈,回家给老人取汤,老人喝完,问及吕氏家世,吕氏给他说了个大概。老人道:"日后夫人必当大贵。"吕氏禁不住笑了,老人道:"我平日常给人相面,夫人实乃大福大贵之相。"吕氏半信半疑,又带儿子来请老人相面,老人抚摩他的头,带着惊讶说:"夫人所以致贵,便是因为此儿。"又看看女儿说:"此女也是贵相。"说完便离开了。刘邦恰好归家,吕氏把老人的话告诉了他,邦问吕氏道:"老人离开多久了?"吕氏道:"时候不多,应该还没走远。"邦便大步去追,没走多远,果见老人蹒跚前行。便叫道:"老丈会相面,给我看看如何?"老人听到回过头来,停住脚步,即上下打量邦,便道:"君天生贵相,我所见过的夫人子女,必定是你家人。"邦点头称是。老人道:"夫人子女,都因足下得贵,足下实在大福大贵。"邦高兴地说:"将来果如老丈言,定当相报!"老人摇头说:"这不足挂齿。"说着便离开,不知所踪。刘邦兴汉以后,派人寻找,却杳无音信。只是当时福运未至,还不能急于发迹,只好暂作亭长,等候时机。

闲暇的时候,刘邦想出一种冠的样式,打算用竹皮制成。手下有两名役卒,一个看守门户，负责打扫，一司捉拿罪犯，当下与他商量，即由捕盗的役卒说薛地有能做这种冠的冠师，邦便派他去。他十几天后回来，呈上新冠，七寸高，三寸广，上平如板，邦十分满意，于是就戴在头上，这就是刘氏冠。后来成为一项制度，必爵登公乘，才能戴刘氏冠。这乃是汉朝独有的，为邦发迹前创出，后人称它鹊尾冠。

二、起兵沛县

1. 斩蛇起义

秦二世元年，二世皇帝胡亥大兴土木，加紧秦始皇骊山陵的建造，向全国各地大规模征发役夫。刘邦过去曾率沛县役夫去京城服徭役，这次又当此任。沛县县令命刘邦以亭长的身份率领沛县三百徭徒去骊山陵服役。

骊山陵即秦始皇的陵墓，其修建始于秦始皇初即帝位时，历经十余年，使用役夫多达七十多万，规模之大，绝无仅有。

秦始皇的寝陵是骊山陵的主建筑。在地表部分，要在骊山山麓建造一座全长两公里、高达一百米的土台；而地下的秦始皇的地宫是最宏伟而艰巨的工程。在地宫内，用铜壁浇铸寝殿周围。地宫内上具天文，下具地理，日、月用玉石做成，高悬穹顶，点缀其间的星星用明珠做成，地面上用水银灌注成百川大海，依靠机械的力量，使水银永远流转。地宫中还用娃娃鱼的鱼膏制成蜡烛，日夜不熄，把人工制成的日月星辰、山河大地照亮。寝殿内各种珍宝古玩、明珠黄金遍地都是，并按照宫殿的体制，设置御座和百官的席位。为了防止后人盗墓，地宫内机关重重，一旦有人进入，必定触动机关，立刻使其丧命。二世皇帝下令：凡是先帝后宫中的妃嫔宫女，没有生儿子的，全部殉葬。

有三种人参与建造骊山陵：一是徭徒，即从各地征发的役夫；二是犯人；三是各种工匠。骊山陵工程庞大，地宫最先造好。奇珍异宝遍布地宫中的寝殿内，为了保守寝殿与地宫开关的秘密，工匠们全部被关闭在墓道内，关闭通往寝宫与外出的两道门，他们便被活活闷死、饿死。然后堆土在地面上造山，种上草木，而所有役夫也都无一幸存。这样一部分建筑造好参与修建的役夫就处死。骊山陵工程浩繁，直至秦朝灭亡，外围工程尚未竣工，如秦俑四号坑没有完工而遭废

弃，便可证明。所以没来得及完全处死参与造骊山陵的徭徒、罪犯。不然，假如杀完了建造骊山陵的人，陈胜起义时，秦将章邯如何发骊山之徒去平定周文军呢？

刘邦奉命率领役夫去骊山陵时，秦始皇的地宫已经竣工。但是地表堆土造山以及外围工程如兵马俑坑等仍在进行，秦二世急于结束骊山陵的工程，以同时扩建阿房宫，因此从各地不断征发役夫。当时已逐步传开秦廷处死工匠、役夫的消息，监督骊山工地的官吏又不断催促，役夫不分昼夜做苦工，大批死亡。所以，人们一听说去骊山陵服役，就知道性命难保。

刘邦虽然只负责遣送役夫去骊山，完成交接队伍的手续后可以回来。但是这批役夫明知去送死，又怎么能服服帖帖赴骊山陵工地报到呢？假如有人中途逃亡而又未追回的话，依据秦律，要严厉处分带队的亭长，甚至可能丢了性命。因此，刘邦这次面临的任务不同于上次，是个大难题。沛令任命刘邦带队，或许是仍对当年情场失意耿耿于怀呢！

刘邦率领三百名沛县役夫动身，赶往遥远的京城咸阳。

旅途的艰辛不必多提，最可怕的是一路上听到不少传闻，声称骊山陵是一座大坟墓，有进无出，不少活生生的健壮汉子都死在里面。在那里，劳累和疾病杀死了许多人，即便熬到工程竣工，为防止泄密同样要受死。

所以，一出县境，便有好几名逃走了，再前进数十里，又不见了好几个，到晚间投宿客栈，第二天早上又有几人走失。

为了避免逃亡，便于押送，役夫的双手都在身后捆绑着，并且用长绳将役夫们逐个连在一起，但即便如此，依然有人逃走。尤其是晚上，他们串通值班的一块儿逃亡，根本无从防范。

派人追捕吗？追捕的人也有去无回。

刘邦清楚他报到无异于送死。押送役夫严重失责，依据秦律当斩。邦孤身一人，追赶、禁压都不成，实在无可奈何，边走边想，到了丰乡西面的大泽中，干脆停下不走了。泽中有亭，亭内有人卖酒，邦最爱喝酒，何况心中正愁闷，正要借酒消愁，立刻席地而坐，并让大家都歇息，自己独自痛饮，一直到太阳下山，仍未上路。

既而来了酒兴，对众人说："君等假如去骊山，必充苦役，性命难保，回家不得，我现在把你们全放了可好吗？"大家正求之不得，听了邦言，真是感激涕零，连连道谢。邦把他们逐个解开，挥手让他们离去，众又担心邦因此而获罪，便问邦道："公可怜我们，放了我们，此恩此德，永世不忘，但公将如何复命？"邦大笑道："你们都走了，我也只有远走高飞，难道还回去送死吗？"

役夫中有人感念邦的仗义，不忍离去，便说："刘公如此仁义，我数人愿意跟随共同保卫，怎可轻易离开。"邦道："去留由你们决定。"于是十数人留下来，其他的谢过邦，纷纷离开。

邦乘着酒兴，夜间赶路，十几个壮士前后相从。因担心被县中知道，没有从正道走，而是从沼间小路依次行进。小径坎坷崎岖，天又黑，放不开步子。邦又醉眼朦胧，缓步向前，忽听前面一阵喧哗，疑心油然而生。正要详加问询，那前行的回来报告说有一数丈长的大蛇挡在道上，不如走别的路。邦没等他说完，便勃然道："咄！壮士行路，怎么能被一条蛇吓住？"说着，独自冒险前进。

探路者所言属实，果然有一条大蛇盘踞在沼泽间小径上。这时，那大蛇正微闭着眼在小径中蜿蜒游动着。刘邦酒后有胆，冲上前去就是一剑，正好砍向那大蛇的七寸处。剑光闪过，蛇已身首异处，断处一股血水喷出，流在地上凹处，形成一个血泊。

复又用剑把蛇拨到一边，安然通过。走了大概数里，酒气上来了，疲惫不堪，就找了个僻静地方，坐下打盹，后又卧倒地上，酣睡一晚。一觉醒来，天已亮了。

这时，众人来到了刘邦睡觉的地方，叫醒他，其中一个人说："怪极！怪极！"邦连忙询问，那人道："我们遇到一个老妪，在那边哭得很伤心，问她为何悲伤。老妪说她儿子被人杀了，当然伤心。我们又问她子为何被杀，老妪用手指着路旁死蛇，又向我们哭诉，说我子系白帝子，化蛇当道，今被赤帝子斩杀，说完又老泪纵横。我们想老妪是不是疯了，把死蛇当做儿子，于是便要打她，没想到我们还来不及动手，她就不见了。这实在是咄咄怪事！"邦默不作声，心想蛇为我杀，怎么会说什么白帝赤帝，虽然荒诞，但也必定事出有因，将来必有验证，莫非我真要做皇帝吗？

在这乱世之中，没有不可能的事，我刘家怎么就不能拥有天下呢？我刘季为什么就不能当皇帝呢？

追随刘邦的十余人，原先只是信服刘邦，如今却敬畏他了。先后出现那么多神秘的预兆，尤其是斩大蟒这件事，不是在表明真命天子为刘邦的天意吗！

于是，所谓汉高祖斩白蛇起义便流传下来。

实际上，当时刘邦率领的这支小小的队伍，不但称不上起义军，连流寇都不

是，充其量只是集体逃亡，是一批性命堪忧的亡命之徒。

至于上面这段史实，不可尽信，至少有些夸张，并且渲染和虚构的成分不少。刘邦醉酒斩蛇、众人路遇老妪等，可能都是真的，但"赤帝子斩白帝子"、"刘邦是赤帝子"之类，应该是虚构的。在古代，农民或游民举事，都要依靠天意、鬼神等迷信的力量，陈胜、吴广起义时就曾经"鱼腹丹书，篝火狐鸣"。刘邦的这段经历也差不多，真可谓"戏法人人会变，各有巧妙不同"。

至于斩蛇之剑，据说也非凡器。战国秦昭襄王时，一日太公在田间行走，一村野之人送给他一柄古刀，说道："此刀乃殷高宗用来杀鬼的。"太公接来一看，见刀三尺长，上面刻着字，无法辨认，于是向这个人道了谢，将刀常佩在身。后太公到丰、沛山中游玩，住了一些时日。偶然外出游走，忽然发现山泽之间有一人开炉冶铸，太公便走到旁边，坐下歇息。问那个人："你在造什么？"冶工笑道："吾为天子铸剑，公当守口如瓶，不能泄漏！"太公听了，迷惑不解，冶工发现太公身旁佩刀，认出是宝物，便问："此刀来自何处？"太公把野人相赠之事告诉他。冶工道："假如把足下佩刀，放入炉中铸炼，便成神器，能平定天下。"太公于是立刻解下佩刀，投入炉中，果真铸成一剑。冶工便把这把剑送给太公，要他斩杀三牲祭祀。后刘邦就用太公所赠此剑斩蛇。

平定天下之后，此剑被奉为国宝，藏于宝库。剑上装饰七彩珠、九华玉；又以五色琉璃为匣，剑在匣内，仍流光溢彩。每经十二年磨洗一次，永保其锋芒。每开匣拔剑，骤然生风，剑光耀眼夺目，不可正视。守库之人又常见有如云白气出于户外，蜿蜒的形状酷似龙蛇。吕后于是改库名为"灵金"。惠帝登基，遂将禁兵贮藏此库，取名"灵金内府"。一直传至西晋武帝时，此剑被焚毁，此是后话。

现在的问题是，应当向何处引领这支队伍？最好在既有深山老林掩护，又靠近沛县的地方。这样家人友好可以接济，万一有事，又可及时赶回沛县，毕竟他在沛县城乡颇有势力。于是，刘邦决定率这支小小的队伍在芒山与砀山之间的山泽岩石之间藏身。

次日，他告诉跟随的徒众："过去始皇帝活着的时候，常常说东南有天子气，所以多次东巡出游，想镇压这股天子气。刘某不才，蒙诸位追随，并视我为赤帝之子，这道天子气将应验在我的身上。既然这样，我们不如在芒、砀之间的山泽之中栖身，一来这里不易为人察觉，二来位于两县之间，捉拿我们时，芒县砀县相互推诿，无人负责，三来是离沛县家乡较近，便于联系家乡中人，不知诸君意下如何？"

诸人听了，十分拥护。

刘邦率领徒众栖宿在芒、砀之间的山泽中，居无定所，免得在一地住久了，走漏风声，为官府知晓。

芒砀二山，原本清幽僻雅，峰回路转，谷幽林密。刘邦与十几个壮士，栖居此处，为避祸，防止被人侦悉，到处搬迁，行踪无定。恰好一妇人携儿带女，前来寻邦，轻车熟路，一下就找到了。邦仔细一瞧，不是别人，正是那妻室吕氏。一家在此团聚，真是令人难以置信。邦详加询问，吕氏道："君离乡背井，潜身岩谷，只能欺瞒别人，怎能瞒妾？"邦听了更加惊奇还要追问。吕氏道："不瞒君说，不管你身在何处，上面总笼罩着云气，妾善观云气，因此知道你在哪里。"邦高兴地说："此事当真？我听说始皇曾说，东南有天子气，因此屡次出巡，意欲镇压，始皇今死，王气犹存，莫非是我刘邦吗？"吕氏道："苦尽甘来，这种事也说不准。但现在还没体会到甘，却吃尽了苦。"说着，热泪盈眶，邦连忙劝慰，并询问近况。待吕氏细说原委，邦禁不住潸然泪下。

原来邦西行后，县令等他复命，却杳无音信。于是派人出去查个究竟，得知邦放了众徒，一同逃走。立刻派役搜查邦家，也没结果，邦父太公，此时已令邦分居在外，才未受牵连。只累及吕氏，竟被县役送进了大牢。秦狱本来严酷，何况吕氏无钱贿赂狱吏，狱吏便任意欺凌。又因吕氏尚有姿色，对她百般轻薄。吕氏举目无亲，无可奈何，只有忍辱负重。

恰好，任敖也为狱吏，他与刘邦相熟，刚得知吕氏入狱，便试图加以照料。可惜并非由他负责，所以从旁留意打听。得知虐待情形，恼羞成怒，竟打伤主管吕氏狱吏。后来多亏萧何、曹参诸人相助，吕氏才重获自由。

吕氏回到家中，不知怎么得知丈夫的下落，居然携儿带女寻找，得与刘邦团聚。吕氏声称善观云气，真假也无从得知。

邦已和家人团聚，干脆在芒砀山中，寻一幽谷，作为家居，免得惦念。后世称芒砀山中有皇藏峪，便是这个来历。

当时秦朝的统治摇摇欲坠，将要爆发动乱的迹象与征兆随处可见。沛中子弟得知关于五色云气的传闻，更加敬畏刘邦了。有的人打点行装去芒砀投奔刘邦，更多的人仍留在城中，但心中思量假如天下有变，便立即追随刘邦。

刘邦、吕雉的巧妙搭档，逐步把芒砀山发展成为逃亡者的大本营，聚义的营

寨在山间建立起来，势力不断壮大。各种力量汇集于此。萧何、曹参等人暗中联络刘邦，救济物资源源不断，起义的条件已经具备了。

从聚义到起义，仅仅一步之遥。

芒砀山，它成了沛县中对秦朝统治不满的人们向往的地方。

2. 号为沛公

公元前 209 年，陈胜、吴广在大泽乡起义，很快陈胜就在陈地称王，建立了"张楚"政权，首举义旗。

星星之火引发了燎原之势。

貌似稳固的大秦帝国倾刻间分崩离析。

各郡县的豪杰群起响应，除去本郡或本县的长官，称孤道寡。那些平时不可一世的郡守、县令、县尉、侍御史，狼狈不堪地被送上断头台。

这是一个改天换日的时代。

沛县县令这下手忙脚乱了。各地县令被斩杀的消息不断传来，风声鹤唳，草木皆兵，终日胆战心惊，寝食不安，唯恐丢了性命。他前思后想，终于决定变被动为主动，孤注一掷，响应陈胜起义，以摆脱目前消极应付的困境。于是他同主吏萧何、狱掾曹参等人商议，建议沛县也应响应起义，追随陈胜，推翻暴秦。

沛令原以为萧何、曹参一定会大力支持他。不料萧何冷淡地说："大人此议欠妥。大人久为秦吏，今欲背秦，带领沛县子弟举事，恐难得民心。"

曹参也随声附和，说："不错，百姓都视大人为秦朝政权的代表与象征。大人若起事，恐怕百姓首先会把矛头指向大人。"

沛令犹豫地说："那么，是否该继续效忠于秦朝呢？"

萧、曹两人都摇头，异口同声地说："秦朝大势已去，大人无须尽此愚忠。倘若杀来各地义军，沛城必定劫数难逃。"

沛令这下陷入了两难，皱眉说："依两位之见，应如何是好？"萧何又进告县令，声称刘季有魄力，能辅佐公，如果赦罪召还，一定知恩图报。县令觉得有理，于是派樊哙往召刘邦。哙亦沛人，身强力壮，家境贫寒，靠屠狗为生，娶妻吕媭，就是吕公的小女儿，吕雉的胞妹。县令因他与邦有亲，所以命他召邦。哙果然已知邦下落，直接来到芒砀山中，与邦相见，转达沛令意图。邦在山中已八九月，已吸收了约百名壮士，既听说沛令相召，便率领所有人，与哙一道返回沛县。

　　半路上忽然看见萧何、曹参，狼狈前来。原来，沛令又反悔了。这不仅因为他曾故意陷害刘季，要他率领役夫去骊山陵，逃亡后又通缉他，刘季被迫潜藏深山，更重要的是刘季原来是沛县城内的无赖头子，在治理泗水亭时颇有才能，并且有许多关于他的神奇的传闻，在沛县极具潜势力。他一旦入城，绝不会受制于沛令。值此乱世之际，刘季只要奋臂一呼，全城百姓一定响应，自己岂不大祸临头？

　　沛令如此一想，不禁心惊胆颤。

　　他马上翻脸不认人：

　　"好个萧何，好个曹参，你们居心何在！本县险些上了你们的当。刘季是何许人！他是本县的敌人，沛县城内的无赖头子，私放役夫的叛贼，让他率领那帮役夫进城，无异于引狼入室！你们二人平素与刘季交好，经常庇护他，这暂且不提。现在你们向本县献计，却请的是刘季的队伍，分明想陷害本县。本县平日并不亏待你二人，你们竟如此相报，真是丧尽天良。来人哪，将萧何、曹参两人给我拿下！"

　　在场的差役听到县令命令，哪敢不从！众差役一拥而上将萧何、曹参牢牢捆住，送进大牢。

　　曹参狱掾当了多年，萧何更是老资格的沛县主吏，素有威望。两人一进狱内，狱卒们便马上给他们松绑，设宴为他俩压惊。萧何、曹参趁机向狱卒们说明当前形势，称天下已经大乱，小小的沛县难以自保。沛令假意反秦，但这样做便得罪了朝廷，各地起义军也不会信任与谅解，一定是群起而攻之，一旦城破，还不是老百姓受苦！刘邦已在芒砀山聚集了一支队伍，蓄势待发。此番返回沛县，拥戴他为主，大事必成，假如追随那倒霉县令，只能自寻死路。

　　众狱卒听了，深以为然。

　　这时，刘邦已兵临城下，沛令紧闭城门，命县尉防守，不让刘邦进城。同时，他命令斩杀萧何、曹参，以为这样刘邦在城内便无接应。但是，当这一命令抵达监狱时，狱卒们却偷偷地放走萧何、曹参。

　　萧、曹二人唯恐死在沛令手中，慌忙逃出城外，投奔刘邦。他俩当初劝沛令召回刘邦，只是希望刘邦结束藏匿山林的流亡日子，并且率领沛城百姓武装自保，但并未打算让刘邦取代县令，至少名义上仍可奉沛令为主。没想到沛令疑心重，又与刘邦有宿怨，居然食言，翻脸不认人，甚至要杀他俩。既然如此，你沛

令不仁，可休怪我们不义，索性追随刘季反了！

萧、曹二人，于是与邦复返，一道抵达沛县城下。城门仍紧闭，无法进城。萧何道："城中百姓，并不都服县令，不如先投书函，让他们除掉县令，以免遭祸。但城门未开，无法投递，该怎么办？"刘邦道："小事一桩，请君立刻修书，我自有办法。"萧何听着，赶紧草就一书，交给刘邦。邦见上面写着：

天下苦秦久矣！今沛县父老，虽为沛令守城，然诸侯并起，必且屠沛。为诸父老计，不若共诛沛令，改择子弟可立者以应诸侯，则家室可完！不然，父子俱屠无益也。

邦大概看了一下，便道："写得甚好！"便封好此书，自带弓箭，至城下对守卒叫道："尔等不要顽抗，请速看我书，全城生命便可保住。"说罢，即把书函系诸箭上，射入城里。

沛县父老见了此书，议论纷纷，其中王陵意见最坚决。王陵是沛县的大豪。刘邦向来十分敬重他，视为兄长，对他唯命是从。王陵说服沛县诸父老联合行动，加上有夏侯婴在县衙内作内应，迅速攻破县衙，斩杀沛令。接着，王陵又率诸父老杀掉县尉，沛县的士卒都投降王陵。城门守卒秋彭祖首先打开沛县的城门，迎接刘邦进城。秋彭祖因此立功，在汉十一年（公元前196年）被刘邦封为戴侯。

邦召集众人开会，商议善后方法，众均拥戴邦为主。邦慨然道："天下方乱，群雄逐鹿，倘若今天选错将，功败垂成，悔之不及！我何德何能以保全父老子弟，还请另择贤能，以图大计。"众见邦推辞，便又拥立萧何、曹参，萧曹都出身文吏，不懂军事，唯恐难以胜任，于是坚决推戴刘邦为主，甘愿听命于他。邦依旧推托，诸父老异口同声地说："向来听说刘季奇异，必当大贵，并且我们已占卜过，只有季相最贵，望勿推辞！"邦盛情难却，只有答应，众于是一致拥立刘邦为沛公，刘邦此时已四十八岁了。

刘邦并非不愿做沛令，而是担心难以服众，王陵、萧何等人资历都在自己之上，原来的地位和威信也不可相提并论，如今见王陵、萧何等人都拥戴他，诸父老因得知有关他的各种奇闻，对他十分信服，邦也就不再推辞，立为沛公。

九月初吉，邦正式出任沛公，祠黄帝，祭蚩尤，特制赤旗赤帜，悬挂城中。他因前时斩蛇，老姬哭诉，声称赤帝子斩白帝子，所以全为红旗。即任命萧何为丞，曹参为中涓，樊哙为舍人，夏侯婴为太仆，任敖等为门客。部署完毕，决定出兵。沛公命萧何、曹参征募二三千沛中子弟由樊哙、夏侯婴率领，攻打胡陵、方与，胡陵、方与二守令，不敢迎敌，紧闭城门。哙与婴正准备攻城，忽然沛公传令，乃是刘媪去世，为处理丧事，暂不宜发兵，于是召二人还守丰乡。二人不敢怠慢，只好领军还丰。沛公至丰办理丧葬，暂搁起军事。

沛县终于也举起了义旗。

反秦的星星之火已成燎原之势。

但是，对刘邦而言，依然是任重道远！

第四章　初试身手

一、渡江攻秦

1. 项氏会兵

项梁、项羽在吴中起事后，迅速平定了会稽郡全境及其附近地区。项梁很谨慎，尚未自立为王，而是先出任会稽郡守，随后又自封武信君。

项梁没有打出复楚的旗号。会稽郡虽是楚地，但原来隶属吴、越。吴、越长期与楚为敌，曾多次交战。后来楚吞并吴、越，纳入楚国版图，吴、越的百姓心中尚有不服。秦灭掉了楚国，统一天下，在原先的吴、越之地设立会稽郡。会稽郡的百姓不满于暴秦的统治，但也不希望楚国复兴。他们反而觉得楚国与秦国一样，都是入侵者。

项梁当然坚持复楚的使命，但在目前情况下复楚的旗号实在不宜于打出。只有越过长江，抵达江淮地区，那里是原楚国的统治核心。复楚的号召方能有人响应。但是，陈胜已经在那里建国称王，国号张楚。陈王的势力迅速发展，占据函谷关以东、大江以北的辽阔地区。项梁假如领军渡江，便会侵犯其势力范围，只能导致双方交战，义军的内讧，况且对方是各路义军追随的陈王。因此，虽然项梁有心逐鹿中原，但在目前，尚不宜越过长江。

召平的到来改变了这种局势。

这个召平是广陵人。陈胜称王后，他追随陈王，做了一名裨将，奉命攻打广陵。广陵城防坚固，城内兵多粮足，召平围城多日，仍未攻克。这时，传来陈王被章邯大军打败的消息，形势每况愈下，又听探子报告章邯大军即将兵临城下，到时将内外夹击，不禁心急如焚。

召平心中烦闷，走出营帐，阵阵江风从远处吹来，抬头一望，数十里外白茫茫一片，雾气笼罩，如一道白练横贯天边。他心底一震，咦，那不是长江吗？现在既然无法在江北立足，何不转战江南？江南是富饶的鱼米之乡，听说项梁在吴中举事，已经占领会稽郡及其附近地区，整个江南都是其势力范围。他曾派人向陈王表示愿意效忠。我不如假托陈王之命，过江请兵，调项梁之军过江，凭借这支生力军对抗秦军。

召平下定了决心。他一面命部队继续围攻广陵，以防守城秦军起疑，出城反击；一面率领一百名士卒，旗帜鲜明，军容整齐，分乘两艘大船，扬帆疾驶，登陆江对岸的京口，往吴中进发。

这支以陈王名义行进的队伍登陆京口后，项梁、项羽很快便得知。项羽年少气盛，闻讯怒不可遏："什么陈王不陈王的，江东是我们的地盘，尊他为盟主，只是因为他首举义旗。现在派人来吴中，莫非想令我们听命于他，将江南拱手让与他？请武信君下令，待侄儿生擒他们。"

项梁到底老谋深算，说："侄儿不可莽撞。陈王派遣使者来江东，尚不知其用意。近日传来消息，说陈王为章邯大军所败，下落不明，恐遭不测。来使或许假托陈王之命，也不一定。"

项羽："如果假托陈王之命，更是来者不善，更须抓下审问。"

项梁："且慢。先礼后兵，先弄明白来使的意图再作打算。"

项氏叔侄便静观其变。

召平内心也很复杂，越是临近吴中，愈发心神不宁，不知自己是何命运。直到他率领这支小小的队伍抵达吴中城郊时，项羽已带兵在此等候，迎接他们入城。到了这时，召平才算松了一口气。

抵达会稽郡署时，项梁已迎候在门口。一行众人入堂坐定后，项梁询问道："敕使从陈王处来，敢问陈王近况？"

召平："陈王不幸败于章邯之军，如今不明下落，据说陈王已被叛徒庄贾杀死。"

项梁："既然这样，敕使这次到江东来，不知有何使命？"

召平："陈王临行前嘱咐我，说是武信君才智过人，应拜为楚王上柱国。下官此行，旨在代陈王宣诏。"

上柱国在原楚国有相当于相国的地位，位居一人之下、万人之上。但召平话中有破绽。陈王国号张楚，意为张大楚国，并不敢自称楚王，又如何封项梁为楚王上柱国呢？

项梁、项羽听了，相视而笑。项梁尚未称王，奉陈王为盟主，上柱国地位仅次于陈王。如果陈王已死，即可以上柱国的名义，统帅陈王旧部，十分有利于增强实力，这倒是一份厚礼。棒不打送礼人。于是，项梁微笑着对召平说：

"陈王还有什么吩咐？"

召平郑重其事地说："陈王有令，江东已定，请立刻西向击秦！"梁信以为真，就率领八千子弟，逾江西行。

秦二世二年（公元前208年）二月，即陈胜死后两个月。项梁、项羽统领八千江东子弟过江。项梁坐在甲板上，项羽在后侍立。江风扑面吹来，江面上浪花滚滚，此起彼伏，视野辽阔，广袤无垠，叔侄俩不禁心旷神怡，豪兴勃发。项梁回首笑顾项羽道："籍侄，你看这次渡江来到江淮地区，前景怎样？"

项羽信心十足地说："我八千江东子弟在叔父率领下，渡江西向，必定大显身手，扬我军威，平定中原，直捣咸阳。"

项梁感叹道："青年人始终过于浮躁，渡江后不但要对付章邯这个强敌，还面临各路诸侯割据，彼此尔虞我诈，随时可能杀你个措手不及，友敌难辨。籍侄虽气宇非凡，但不谙世事！"

项羽默不作声，心中很是不服，认为叔父过分持重。各地举起义旗的均出身草莽，有什么资格称各路诸侯？章邯又如何？不错，章邯军确实所向披靡，只是由于他的对手都是不懂军事的无用之辈。假如遇上的是我项羽统帅的八千江东子弟，哼，定要叫你章邯吃败仗！

不到两个时辰，船队到达长江北岸。项梁率众登岸，整顿队伍，休息片刻后，由召平带领来到广陵城下。原来驻扎广陵城下的召平军见来了大批援军，鼓舞了士气。两军会师后，迅速攻破了广陵城。

这时，项梁听说广陵属下的东阳县，已为陈婴夺取，而且沿途有众多拖家带口的难民急于奔命。梁不知其中缘故，于是令人探个究竟。难民答道："听说百姓杀了东阳县令，另立令吏陈婴。陈公为人宽宏，体察民情，小民等欲前去投奔，以保性命。"梁不禁惊叹道："东阳有如此贤令吗？我不如与他联合攻秦，方为上策。"说罢，让难民离去，自命属吏缮写了一封致陈婴的书信，派人送去。

婴处事谨慎，深得民心，自经东阳乱起，深居简出，不问世事。偏东阳少年聚众杀死县令，一致拥戴婴，都请他出来为主。婴无法推辞，只好出任县令，忠于职守。并埋葬县令遗尸。远近闻婴贤名，竞相投奔，很快便吸引了二万人。

任何人都不敢小觑两万余人的军队。陈婴拥有这样一支庞大的军队，大家又都拥戴他，那么，他该不该自立为王呢？陈婴自觉十分为难。

其母听说后感叹道："汝毕竟阅历尚浅，遇事没有主见。须知岂能轻易为王！第一，须极具威望，以服众人。汝本一介布衣，自从我嫁入汝家，不知有显贵祖辈，此'门第'无从谈起。其次，也须才智过人，方能镇守一方。汝生性拘谨，缺乏魄力。况且时局复杂，汝又不善于随机应变。据我看来，汝倘若立刻称王，居高位，不但无福享受，反而招致祸患。何必贪慕一时虚荣，日后追悔莫及！我今为汝打算，不如投奔他人，能进能退，方为上策。"婴听从了母亲的建议，决定不称王，而做东阳县令。恰好项梁派人到来，转交梁书，婴看过后，便召集部属，开门见山地说："今项氏致书相召，希望与我联合西向攻秦，我想项氏世为楚将，威望极高，项梁叔侄，都非等闲之辈，我等欲图大计，若不与他们联合，恐难成事。不如依傍项氏，然后西向攻秦，则大事必成！"众人深以为然，一致赞成。婴修书回复，派来使送回。随后率众投奔项梁，表示愿听命于他。

项梁十分高兴，授婴军籍，仍令婴自统部众。但出兵打仗，事前必要向项梁请示。这也是理所当然。项梁于是与婴合兵渡淮，并又收得黥布，已约有四五万人。

黥布原名英布，乃六县人，少年时曾遇一相士，相了他的面说："一定会先受黥刑，然后称王。"英布听后，便改姓黥，以应之。到了壮年，果然犯法受黥刑。英布回想相士的话，告诉众人，高兴地说："我今已受黥刑，看来不久便可称王了！"别人听了，都嘲笑他。英布既受黥，被发配到骊山服役。骊山工徒多达数十万人，英布结识了他们的头目及豪杰。乘督工疏忽之际，率领一些人逃入江中为盗。后听说陈胜举兵，也想响应，但势单力孤。听说鄱阳令吴芮深受百姓拥护，被称为"鄱君"，英布于是前去拜见鄱君，建议他举事。英布精通拳棒，弓马纯熟，吴芮十分欣赏，便将女儿嫁给他。两人真是郎才女貌，天生绝配。但布抱负远大，不愿被儿女柔情束缚了手脚，便召集旧部在鄱阳会合，即向吴芮借兵，向江北进发，恰好遇到楚将吕臣，相谈十分投机，布毫不犹豫，愿协助吕臣，收复陈县。吕臣喜出望外，便一道还陈，再战秦军，秦军平日所向披靡，但遇上这位黥将军，却招架不住，并且黥布手下人都非等闲，英勇善战，吕臣也联合进攻，秦军被打得落花流水。

秦左右校都已溃逃，由吕臣收复陈城，邀入黥布，大摆庆功宴。然而布并不满足于现状，几天后告别吕臣，率兵东去。恰好项梁叔侄，渡江西向，威名远扬，布也愿意跟随，便直接投奔项氏营中，愿为属将。项梁得此良将，喜出望

外。后来又有一位蒲将军率领一二万部众，投奔项梁。于是项梁部众达到六七万名，全部会齐下邳，等待听命。

2. 吞并秦嘉

现在来看一下当时的各地局势。

前面提到，赵王武臣曾命韩广略燕，等燕地大定，燕人希望拥立广为王，广也有此野心，但因家人在赵国，老母年迈，不忍见他们招祸，便加以推辞。燕人说道："当今最强的楚王，尚不敢害赵王家属，赵王又怎有这个胆？将军不必多虑。"广觉得有理，便自称燕王。赵王武臣，闻讯招张耳、陈余商议，两人认为没有必要杀一老妪，不如把她送到燕，表示恩惠，再伺机攻燕。武臣听从了建议，把广母和妻子都送到燕。广一家团聚，十分高兴，厚待赵使，并让其转达谢意。

韩广自立为燕王后，赵国尽管把韩广的家属送回，但两国一直互存戒心。赵王武臣与张耳、陈余攻打至燕国边界。一天，赵王武臣出游，只带了几名卫士在身边，不巧被燕军抓住了。燕军借机要求赵割让大片土地与燕。赵国派到燕的使者都被燕军处死，燕毫不妥协，企图迫使赵国就范。

耳、余两人都大吃一惊，束手无策，前思后想，最终选派辩士，游说燕王韩广，愿将赵王以金银财宝赎回。去使回报称燕仍坚持割赵一半国土与之，才肯释放赵王。张耳道："我国土地本不辽阔，若割去一半，国将不国了。这事答应不得！"陈余道："广本赵臣，谁知如此无情；况从前送还家眷，应感恩图报，如今应该致书谴责他们迷途知返，若迫不得已，亦只能许让一二城，一半国土万万割让不得。"张耳一阵犹豫，无奈之下，接受了陈余的建议，写好书信，派人送去。不料，仍杳无音信，再派数人打听消息，依然未果。到后来一人逃回，声称燕王韩广异常贪暴，不但不答应，反而杀死来使。张耳、陈余恼羞成怒，恨不得即刻讨燕。但转念一想，一旦与燕开战，胜负难料，赵王性命反而不保。两人绞尽脑汁，仍是束手无策，忽帐外有人入报道："大王回来了！"张耳、陈余，大吃一惊，赶紧出去看个究竟。的确是赵王武臣，安然下车，一御人尾随，从容入帐。二人又惊又疑上前将他们迎入营中，详加询问。武臣微笑道："两卿可问明御夫。"二人旁顾御者，御者便细述原委。

原来御人本赵营厮卒，仅仅是个火夫，别无他长。听说赵王被俘，张陈两将相，无从应对，他却对同伴说："我若入燕，必保赵王平安归来。"同伴大不以为然："汝难道要自寻死路？十几名赴燕使者都被杀死，汝凭什么救我王？"厮卒不与多言，竟乔装打扮，偷偷驰往燕营，燕兵抓住了他，厮卒道："我有要事来报汝将军，休得无礼！"燕兵不敢怠慢，便引他入见。厮卒一见燕将，行礼之后，便开口问燕将道："将军知臣所来为何？"燕将道："汝是什么人？"厮卒道："臣系赵人。"燕将道："汝既是赵人，当然是来游说以救赵王。"厮卒道："将军可知张耳、陈余何许人也？"燕将道："颇有贤名，恐怕现在也束手无策了。"厮卒道："将军可知他二人的意图？"燕将道："无非是想救回赵王。"厮卒听后忍俊不禁。燕将怒道："你笑什么！"厮卒道："我笑将军不明敌情，我想张耳、陈余，与武臣共同占据赵地。难道他两人不想称王？但因赵地初得，不宜分争，武臣资历最老，便拥立他为王，暂定人心。今赵地已定，两人企图瓜分赵地，自立为王。正好燕俘获赵王武臣，这岂非天赐良机。假装派人求归赵王，其实心里希望燕尽早除掉赵王，以偿他愿，一面联合攻燕，借口报仇，鼓舞军心，势不可当。将军如还被蒙蔽，则追悔莫及！"燕将听了，深信不疑，待厮卒说罢，便道："如此，放还赵王方为上策。"厮卒道："放与不放，全凭燕国决定！但为燕国考虑，不如放还赵王，张、陈诡谋不但无法得逞，赵王也将知恩图报，即便张、陈逞刁，有赵王从中牵制，燕也可高枕无忧！"燕将也劝谏韩广，广深以为然，于是释放赵王武臣，礼敬有加，并给车一乘，使厮卒送回赵王。张耳、陈余，煞费心思，反不及厮卒伶牙俐齿，也大为惊叹。赵王武臣，于是平安返赵。

恰逢赵将李良，自常山回报，声称已平定常山。赵王又命良攻打太原，进至井陉。井陉为以险要出名的关塞，秦特意严加防御良军。良率军抵达关下，正打算进攻，偏有秦使到来，递入一未加封的书信，良取出见上面写着秦二世的谕旨。略云：

皇帝赐谕赵将李良：良前曾事朕，得膺贵显，应知朕待遇之隆，不应相负。今乃背朕事赵，有乖臣谊，若能幡然知悔，弃赵归秦，朕当赦良罪，并予贵爵，朕不食言！

李良看罢，不知何去何从。他曾为秦朝的官员，只因官位低微，才投奔赵国，侍奉赵王。此次二世来书，承诺授以高官，赵与秦，难以抉择。其实这封书信，并非二世谕旨，乃是守关秦将，假借二世名义，诱惑李良，且有意不封书信，使他容易泄漏，传入赵王耳中，使其生疑，以挑拨离间。李良却信以为真，思量许久，才下定决心。立刻遣回秦使，率军返回邯郸，且到赵王处要求增兵，再作计算。

一路行来，快到邯郸地方，忽见一大队车马疾速行进，气势宏伟，俨如王

者。李良心想："一定是赵王出行。"赶紧下马，俯伏道旁迎驾。等车马到了跟前，才知并非赵王，却是赵王之姊出游。王姊恰好大醉，不知李良是位大将，视为寻常官吏，自己车中安坐，只是让人传令免礼。及至李良站起身，王姊车马早已离去。李良觉得在部属面前大丢颜面。

李良一向骄贵，今日于众人面前受辱，不但李良不快，旁观诸将也为他叫屈。其中一人向李良说道："今天下纷纷反秦，能者均自立为王。将军战功显赫未可自立，何需受此大辱？且赵王素来礼敬将军，今日却被女流轻慢，将军英才盖世，岂可受此玷辱。如今只有处死此妇，方可雪耻。"李良得秦将之书后，便生叛赵之意，只是尚未决断。此时人前受辱，又被部将怂恿，怒火中烧，便派人追杀王姊。自己率兵攻打邯郸。邯郸城内的守兵，见是李良回来，自然大开城门，他竟一路直奔王宫，去寻赵王武臣。武臣毫无防备，见良率众进宫，正欲询问，却被良杀个措手不及。宫中卫兵，遭此突变，纷纷逃亡。良又全部诛杀赵王武臣家眷，再分兵出宫，斩杀诸大臣，左丞相邵骚，也死得不明不白。只右丞相张耳，大将军陈余，预先得知，匆忙逃命，躲过一劫。一路上招兵买马，得数万人，便打算为武臣报仇。旁有张耳宾客进言："二君本是魏人，旅居赵地。赵地人心未定，尚不宜自立为王。不如暂拥立赵王之后，加以辅佐，号令赵人，则大事可成。"张耳、陈余二人颇为赞同。于是找到赵王后代一人名歇者，立为赵王，居住信都。李良得知张耳、陈余立赵歇为王，料定他必来报仇，打算趁他尚未站住脚将其除去，于是即日率军进发。陈余闻信，领军迎战。李良遭惨败，便逃离邯郸城，投奔章邯去了。

却说陈胜为张楚王，曾派魏人周市，向北进攻魏地。市率军抵达狄城，狄命令全城防御。原齐王的后人田儋，充当城守，私下同从弟田荣、田横等，谋划自立为王。当即有了主意，假装捉住家奴，称其通敌，扭送县署，自率少年同往，请县令严惩。县令信以为真，贸然审讯，被田儋用剑刺死，于是召集豪吏子弟，声称："诸侯皆反秦自立，齐人也应响应，况齐为古国，田氏百余年为主，田氏后人应齐力复兴齐国。"大众表示赞同，儋于是自立为齐王，率兵数千迎战周市。周市经过魏地，尚未有激战，猛见齐人气势汹汹，知道不可小视，便退兵。儋既击退周市军，逐渐有了威望，便遣荣、横等外出招安。齐人痛恨暴秦，怀念故国，得知田儋称王，纷纷投奔。周市返回魏地，魏人也想拥立市为王，市慨然道："天下大乱，忠臣乃见，市本魏人，应当拥戴魏王后人，才是忠臣所为。"听说魏公子咎，投奔陈胜，市便派人迎接。胜不愿放人，市多次相请，陈胜终于允许，命咎返魏，立为魏王。市为魏相，辅佐公子咎。于是楚赵齐魏四国已成。

　　章邯大军在先后打败周文与陈胜两支主力军之后，虽然叛徒庄贾献上了陈胜的首级，但仍须继续攻打陈胜的余部，反而进展缓慢。

　　先是陈令宋留，奉胜军令，率兵攻打南阳，西指武关，至胜已亡，秦军重新夺取南阳，斩断宋留退路。留进退两难，逃往新蔡，又遭秦军攻击，被迫投降。章邯认为宋留本为陈令，不但不守陈，反而助陈胜攻秦，罪加一等，便将其押赴京城。二世一向残暴，命将其处以车裂。各郡县官吏，闻讯大惊，诚惶诚恐，已经反秦的只有坚持到底，誓死拒秦。

　　当时，陈胜余部中的东阳宁君与大司马秦嘉得知陈王兵败，便立原楚国名门的后人景驹为楚王，领兵占据方与，想攻击在定陶驻扎的秦军，但恐势单力孤，便派遣公孙庆为使者，出使齐国，请齐王田儋相助联合进攻秦军。齐王田儋质问公孙庆："陈王战败后，不明生死。楚国怎么能未经齐国同意而立王？"

　　公孙庆听后，怒不可遏，昂首傲然答道："齐国不请示楚国而自立为王，楚国立王为什么要向齐国请示？何况楚国首举义旗，本当统领天下。大王竟出此一问，真是令人啼笑皆非！"

　　齐王田儋听后，怒气冲天，斩杀了公孙庆。

　　景驹、秦嘉试图联合齐国攻击秦军，如今齐王田儋翻脸无情，攻击秦军也就此作罢。这时，项梁率军渡过淮河，陈婴、黥布、蒲将军三支义军相继投奔项梁，项梁又是故楚名将项燕之子，威望远在景驹之上。因此，秦嘉尽管已拥立景驹，得知项梁率军到来，心慌意乱，忙将军队在彭城以东驻扎，防止项梁军西进。

　　项梁闻讯，召集将士道："陈王首举义旗，兵败身死，秦嘉背弃陈王，擅立景驹，实乃乱臣贼子，诸君当协力诛杀此贼！"

　　于是，项梁下令全力攻打秦嘉。

　　项梁率军攻打彭城，士气如虹，冲入秦嘉营垒，打得秦嘉人马落花流水。嘉尚未遇此强敌，异常勇悍，实在难以招架，只有溃逃。项梁穷追不舍，直至胡陵，秦嘉走投无路，只好迎战。奋战多时，终究寡不敌众，兵败身亡。残兵败将皆弃械投降。秦嘉所立的楚王景驹，无依无靠，终究身死。项梁占领胡陵，又率军西进，恰逢秦将章邯，南下至栗，梁闻讯，便派别将朱鸡石、余樊君等，攻打秦军。

3. 沛公乞兵

项梁吸纳秦嘉军后，势力更强，驻扎胡陵。他打算稍事休整军队，便引军而西，攻打大秦帝国的心脏——京师咸阳。项梁命别将朱鸡石、余樊君迎战章邯。

项梁此番有些轻敌。章邯军身经百战，从函谷关内一直打到中原地区，所向披靡，士气如虹，在当时可以说是铁军。项梁理应派主力攻打，也许还能招架。如今他却命项羽率领主力部队去攻打襄城，认为攻下襄城后可与胡陵成犄角之势，能进能退，而只派出了两支旁系部队迎战章邯，无异于自寻死路。朱鸡石、余樊君迎击章邯的前锋，无法抵御士气正旺的秦军，半天之内，余樊君战死，朱鸡石溃逃至胡陵，损伤惨重，士气低靡。项梁攻打薛郡，下令将临阵脱逃的将领朱鸡石的首级，悬首辕门，以儆效尤，严明军纪。此举震动了全军，一改过去的流寇习气，知道了要舍生忘死，奋勇杀敌，如果临阵而惧，必受军纪严惩。

余樊君、朱鸡石之败，是项梁渡江后首次战败。

项梁杀朱鸡石以警戒众人，似乎理由充分。一支军队要能百战不殆，就必须能进能退，胜不骄，败不馁，严明军纪，任何时候都不动摇阵脚。项梁要把这支带有浓厚流寇习气的义军改造为精锐之师，发扬军威，杀朱鸡石可表明治军严厉，激人奋进。但平心而论，朱鸡石并不当死。项梁忽略了慎重初战的原则，轻率地派出两支弱旅迎战秦军主力，项梁或许借此试探章邯军队实力。怎奈双方实力相去甚远，以致徒然损兵折将，应归咎于主帅的部署不当，但项梁没有勇气自担责任，而是借杀朱鸡石以树军威，这就有些文过饰非了。

项梁杀了朱鸡石，就马上向东攻打薛城。沛公刘邦却忽然到来乞师，梁原本并不认识沛公，一番会谈，见沛公英武非常，却也礼敬有加，慷慨借兵五千人，将吏十人，跟随沛公。沛公谢过项梁，率军离开。

沛公乞师的原因，应加以说明。沛公丧母，按兵不动，偏秦泗川监攻打丰乡，于是迎战，打败秦兵。泗川监溃逃，沛公命里人雍齿留守，亲自率军攻打泗川，泗川监平，及泗川守北，出师不利，逃往薛地，又被沛公军追击，又逃至戚县。沛公左司马曹无伤，从后追杀，除掉泗川守，泗川监仓惶逃去，不知所踪。沛公报了仇，乃还军亢父，没料到魏相周市，遣人至丰，以封侯诱使雍齿。雍齿与沛公素来不合，竟背沛公投魏。

雍齿以丰邑降魏，极其沉重地打击了刘邦。丰邑是刘邦的家乡，又是他的军事大本营。刘邦起义初期，作战后常带军队回到丰邑休整，进行补给。雍齿从背后杀刘邦个措手不及，刘邦怒气难平。无奈雍齿在丰邑影响很大，丰邑的父老子弟都听命于他，严加守卫丰邑，难以攻下，刘邦不巧又生病，被迫退兵。

刘邦的家人在丰邑。幸好次兄刘仲带领部分人护卫太公等家人逃出丰邑，于他处避难。曾为刘邦打开沛县城门的原沛城门守卒秋彭祖，为太公驾车并负责保卫，保障了刘邦一家的安全。雍齿降魏时，刘邦非常挂念家人，唯恐被雍齿留作人质。后来听说被刘仲、秋彭祖等人安然救出，了却了他的心头大患，十分感激。因此，他登基后，先封次兄刘仲为代王，继封秋彭祖为戴敬侯，食邑一千二百户。

王陵也大力掩护刘太公等人转移。王陵尽管在刘邦从芒、砀返回沛县时，在城内极力相助，以他为首除掉了沛令。但他本乃沛县大豪，读书不多，性格直率，脾气倔强，刘邦当年视他为兄长。他对刘邦不屑一顾，与雍齿却交好。没有他的掩护，刘仲、秋彭祖等人恐难保全刘家老小。王陵召集数千人，自立门户，不肯听命于沛公。一直到楚汉相争时，他才追随刘邦。项羽将王陵母抓来，作为人质。王陵派使者请求释放老母，项羽想借机收得王陵。但王陵母在送使者时哭诉："请转告王陵，效忠汉王。汉王，长者也。不要因我而生二心，妾将以死送使者。"说完，自杀身亡。项羽怒不可遏，烹陵母尸。于是，王陵誓死跟随汉王刘邦。只因为他当年原不打算投效刘邦，又与雍齿交好，所以较晚封侯，但还是汉高祖首批所封的十八诸侯之一，位列第十二名。

攻不下丰邑，刘邦一直耿耿于怀。丰乡为沛公故里，父老子弟，原本都已效忠于他，却受制于雍齿，反抗沛公，沛公又急又气，思量如此不能长久，不如另借大兵，再图攻城，乃撤兵北向，本打算向秦嘉乞师。走到下邳，巧遇张良。

张良字子房，城父人，是韩国的贵族。祖父张开地，为韩昭侯、韩宣惠王、韩襄哀王三朝宰相。父亲张平为韩厘王、韩桓惠王两世宰相。张良的祖父、父亲两代，在五代韩国国君手下任宰相。家世之显赫，盛极一时。他父亲死于桓惠王二十三年，张良当时尚年幼，所以没有在韩国为官。二十年后，秦灭韩国。此时张良已经二十余岁了，目睹秦军破韩时惨无人道的暴行，怒火中烧，暗下决心：张良啊张良，秦军灭我韩国，杀我百姓，掳我子女。我张家五世为韩相，当致力于复韩大计。不灭暴秦，誓不为人！

这时秦始皇已统一天下，自以为有空前的功绩，故自称始皇帝，企图万世一统，其势正旺。但这位柔弱少年却宁死不服，在他看来，始皇帝充其量只是独夫民贼罢了。他变卖家产为金银细软，随身携带，独自出游，四处漂泊，试图买刺客去刺杀秦始皇。无奈此时秦始皇势力正旺，行刺他难于上青天。秦法严厉，无

事即可，倘若招祸，谁敢涉险行刺？金钱固然诱人，但如果没了命，要钱又有何用？张良在各地结交了不少豪侠之徒，但一旦提及这个话题，人人如谈虎色变，甚至有人掩耳而逃，从此对他敬而远之，再也不与他交往。

张良思忖，在秦廷的残暴统治下，中原士气不振，加之严刑峻法，不易活动。不如远走辽东，在那里秦朝统治薄弱，或许能结交志趣相投的忠臣义士。

辽东的情况的确如张良所料。秦始皇命蒙恬修长城，西起临洮、东至辽东，止于鸭绿江畔。建造长城要征发当地大量人力、物力，催逼甚急，当地百姓苦不堪言。因此，大家极其不满于暴秦的统治，怨声载道。秦朝的统治在这里鞭长莫及，毕竟山高皇帝远，难以管理，于是以游学之名，直奔淮阳。终得以访闻仓海君，乃是东方豪长，门客众多，立刻东行，诚意拜见。仓海君确是豪侠，同他相见，并促膝长谈，讲到秦始皇残虐，也怒不可遏，恨之入骨。再加张良口才绝佳，旁敲侧击，激起雄心，于是为张良招一力士，由良驱使。良见力士身强力壮，相貌魁梧，料非等闲之辈，礼敬有加，视为知己。平时试验力士技艺，确实英武绝伦，所以供他衣食，使他知恩图报，然后与之商谈大计，求其相助。力士没等他说完，便明确表达效忠之心。张良大喜，就秘密铸成一个铁椎，约一百二十斤重，交与力士，一面辞仓海君，同力士西返，伺机行动。

博浪沙在今河南原阳县，驰道经过当地。秦始皇第二次东巡时，张良探知了经过博浪沙的时间，便告诉力士，埋伏附近。没过多久，只见远处尘土飞扬，便知是秦始皇的车驾前来。二人沉住气，在路边隐藏。只见两队黑衣骑士，骑着一色的黑骏马，搜索驰道两旁。那驰道两旁松杉密布，郁郁葱葱，枝叶十分浓密。那两队骑士分别派出一人返回，大概是报告沿路平安，其余大队人马向前继续搜索，查得非常仔细，不放过一草一木。骑士们径直前行，逐渐消失在视野中。

驰道高厚，两旁低洼，又覆盖青松，最适合藏身。力士强健，伏在近处，张良力弱，在远处隐藏。待至御驾抵达，力士一跃而出，迎头击去，谁知用力过猛，那铁椎飞了出去，误中副车。轰的一声，铁椎将车砸裂，落进车内，辕马受惊，一时间扈从大惊，人仰马翻，一片混乱。那力士趁机跃下树梢，窜向低洼地，一路狂奔，转眼便没了踪影。

张良远远听着响声，知道力士已经下手，只望他不负所托；但因孤身一人，还是赶紧逃命，再找机会打听。所以良与力士，各自逃散，没再相见，后来听说误击副车，有些失望。继又听说搜查了十日，一无所获，又为力士庆幸，自己也隐姓埋名，逃匿下邳去了。

　　且说下邳临东海，为秦时属县，距博浪沙约数百里，张良投奔此地，幸好身上还有些钱，得以维持生活。起初还不敢外出，以避祸乱。后来始皇西归，放松了搜查，才大胆出行，经常去圯上眺望景色。圯上就是桥上，土人以圯称桥，良不过是到此排遣心中愁苦。忽有一白发老人，蹒跚登桥，行至张良身旁，不巧一只鞋子掉了下去，便对张良道："孺子，你能不能帮我拾回鞋子！"张良听着，怒上心头。我与你素昧平生，如何叫我取履？本打算伸手出去，打他一掌，这才发现老人身着毛布，手持竹杖，大概七八十岁的年纪，或许腿脚不便，才叫我拾履。语言尽管唐突，却值得同情，于是硬着头皮，抢下数步，拾起他的遗履，再上桥递给老人。老人已坐在桥间，伸出一足，又对他说："你能帮我穿上鞋吗？"张良至此，真是哭笑不得；暗想我已替他取履，干脆好人做到底，帮他穿上罢了。于是跪下一腿，将鞋给他穿上。老人这才面露笑容，待穿好鞋，从容起身，直接下桥。老人并不称谢，也不道歉，良大为不解，且看他何去何从，一面想，一面也即下桥，在老人身后远远地跟着。走了一里多路，那老人似乎察觉了，又转身走过来，温和地说："孺子可教！五日以后，你可在天明之时再到这里，与我相会！"张良心里聪颖，便知老人必有来头，立刻下跪应诺。老人这才离去，张良也返回住所。

　　五天以后，天刚亮，张良立刻出发，匆忙赶到圯上。那老人已在圯上等候。他一见张良生气地说：

　　"你小子与长辈约会，竟然迟到？太不应该了。回去，五天后再来此相会。"

　　说完，老人扬长而去，对张良看都不看一眼。

　　五日后格外留心，早早起床，一闻鸡鸣，立刻前往，不料老人又已先至，仍责他迟到，再约五日后相会。良又败兴而归。

　　五天以后，张良吸取了前两次的教训，夜里赶路来到了圯上。四周一片静寂，不见人踪，阵阵凉风，沁人心脾。没过多久，忽见远处一点星火，越来越近，原来是那老人提着灯笼前来。他见张良已经等候在圯上，大喜："应当这样才对！"随后，他从怀中取出一卷书给张良，老人叮嘱道：

　　"汝读此书，将来可辅佐王者！"良心中十分欣喜，正欲详问，老人已嘱咐道："十年后当佐命兴国；十三年后，你可到济北谷城山下，假如看见黄石，即是我了。"说完就离开了。此时夜色正浓，趁着月光仍不能看明字迹，良于是拿着书返回。休息了一会儿，天已大明，良立刻起身，打开书翻阅。书共三卷，卷首注明太公兵法，令良喜出望外。他亦知太公为姜子牙，足智多谋，辅佐周文

王，却未曾读过他的兵书，此次由老人传授，叫他阅读，必定大有文章。良后来便勤加翻阅，将三卷书烂熟于心。古谚有云：熟能生巧，张良既熟读此书，自然能融会贯通，举一反三，为此后兴汉谋划奠定了基础。只是圯上老人，到底是什么人，或疑他是黄石化身，并非凡人。若写进普通小说，一定鬼话连篇，荒诞不经。就是圯上老人黄石公，大概是周秦时代的隐士，熟读兵书，参透玄机，只因年迈，已无用武之地，所以传授张良，以辅佐王者。张良后来跟随汉高祖过济北，果见谷城山下，留一黄石，于是取回，供奉，计算与圯上老人正是十三年前相遇，这便是历史上圯上拾履的故事。

张良阅读的《太公兵法》，即是《三略》，又称《黄石公记》，在宋代被列为《武经七书》之一。此书是关于帝王和统帅在战争中应当注意的问题。但张良并不对《太公兵法》中的论述墨守陈规，而是充分发挥了自己的忍术。陈胜举事后，张良开始在下邳招募附近青年，组织了一支百余人的小队伍。他正打算带领这支小队伍投奔陈王时，陈王已兵败身死。于是，在他得知秦嘉拥立景驹为楚王时，便率众去投奔。刘邦在这时正好去向景驹借兵求援，在路上与张良遭遇。两人一见如故，相谈甚欢。张良认为自己遇到了明主，率所部追随沛公刘邦，刘邦封张良为厩将。张良的话，别人都不赏识，只有沛公与他相投。良于是感叹说："沛公智识，必是天赐，不然我所进说，全是太公兵法，为何只有沛公能神悟呢？"于是良誓死效忠沛公。

也正是这个张良，运筹帷幄之中，决胜千里之外，在楚汉战争中为刘邦屡献奇谋，立下汗马功劳，与萧何、韩信并称汉代开国"三杰"。

刘邦去向秦嘉、景驹借兵。秦嘉原属陈胜，拥立景驹为楚王不久，兵力本弱，何况他鄙视刘邦，当然不会借兵给他。景驹是傀儡，一切都听命于秦嘉，说话不算数。东阳宁君倒是与刘邦很投缘，带了自己手下千余人，脱离秦嘉、景驹，并入刘邦军。这时章邯派别将率兵北定楚地，攻破沛县后大开杀戒，城中百姓无一幸免。接着，这支秦军又占领砀城。沛县与砀县都是刘邦起义军的根据地，岂能等闲视之。刘邦与东阳宁君联合西进，在萧县西面与这支秦军会战，战败撤退至留城聚集并重整部队，然后杀上一个回马枪，引兵攻砀。秦军刚打了个胜仗，洋洋自得，万万没有想到刘邦军会杀个措手不及，阵脚大乱，大败后退至砀城防守。刘邦军打了个大胜仗，鼓舞了士气，乘胜追击，连攻三日，最终拿下砀城，收复失地，秦军别将自尽身亡。沛公在砀郡吸纳秦军降卒并招募新兵，得到五六千人，并入原来的部队，实力已不容小视。

刘邦又攻破下邑，一连打了两个胜仗，士气如虹，部队规模扩大，提高了战斗力。

项梁杀了秦嘉，景驹也亡，沛公于是抵达项梁营门，借兵攻丰。项梁这时刚收服景驹、秦嘉军，正在整顿军队，刘邦率骑拜见，并且愿追随他，心中大喜。但刘邦要求借兵，当然有些犹豫。不过，项梁阅人无数，他见刘邦气宇轩昂，谈吐不凡，对自己礼敬有加，心想此人必非等闲之辈，这次危急来投，若能协助他攻丰，使他臣服，日后必有大用。他派出各路作战军队后仍有三四万人，于是，便下令分出五千士卒，听命于刘邦，另外再派五大夫将十人，跟随刘邦。五大夫在楚国是第九等爵，属于中下等武官。实际上，刘邦缺兵而不缺将，曹参、周勃、灌婴等都乃良将。项梁调拨刘邦神将十人，似乎有点小觑刘邦帐下无人。

借兵已成，便迅速返回丰乡，再攻雍齿。雍齿无法招架，投奔魏国去了。

沛公赶走雍齿，收复丰乡，召集父老，斥责一通。大众都向刘邦请罪，沛公也不再追究，改丰乡为县邑，加强工事，留兵扼守，再向薛城告捷，归还项军。很快收到项梁来书，邀请沛公至薛商讨另立楚王。沛公正感激他借兵，当然赴约，带同张良等赶赴薛城。恰逢项羽凯旋而归，因得与羽相见，详加询问，乃是羽大败襄城敌军，然后辞别返回。两人惺惺相惜，一见如故。

项羽领兵攻打襄城，原以为可轻易获胜，因为他率领的是楚军的精锐部队——八千江东子弟兵。然而，事实上并非如此，仗打得很艰难，伤亡不小。襄城工事坚固，守备森严。项梁、项羽这时刚刚立足，尚无威名，城内军民对楚军并不了解，只知道是一支陌生的但打出楚军的旗号的部队，还以为是陈胜的余部，认为这群乱贼进城后必施暴行，无恶不作，百姓遭殃。所以，军民一心，共同守城。但是，等到楚军攻城时，城头守将才发现来者极具攻击力，俨然一支训练有素的正规军。只能坚持到底，誓死御敌。好在城中兵精粮足。楚军攻城时，城头上万箭齐发。守城军除了强弓劲弩之外，还有抛石机，依据杠杆原理用人力把装在筐内的石头砸向敌人，重量从十二斤到二十斤不等，颇具杀伤力。楚军架起云梯，执盾持剑试图爬上城头，城上守军用拒钩推开云梯，云梯上的士兵从半空中跌落，非死即伤。

项羽命桓楚发动首轮攻击。桓楚长得短小精悍，身手利落，善于登高窜低。桓楚率领二百名士卒攻城，伍长、卒长全是他当年在吴中做水寇首领时的部下，个个都身手不凡。他们冲近城墙时，靠上云梯，楚军中的神弩手、神箭手射击城头上守卒，使他们不能推开云梯。桓楚一手持剑，一手执盾，迅速窜上了城头，

将迎面的守城军一剑杀死，正待招呼手下登上城头时，他的右肩中了一箭，使他的右臂无力持剑。守城军士趁机用五六支长予一齐进攻他，逼他退出城墙。桓楚被迫坠落城头，幸亏他身轻如燕，在空中一连两个云里翻，从五丈高的城墙上坠落，竟安然无恙。

第一轮攻城宣告失败。

桓楚羞愧地去见项羽。项羽一脸不快，挥手命他去后营疗伤。项羽见出师不利，心中很不痛快，原想大声斥责桓楚，但在江东八千子弟中桓楚也算得上素有威信，多年追随项氏叔侄，立功不少，这次已登上城墙，若非中了冷箭，已然成功。现伤势不轻，也就不便再苛责了。

项羽命龙且发动第二轮攻城。

龙且也带了两百名士卒攻城。他身强体壮，挟了六七支铁矛在肋下，一冲近城墙，就奋力向城墙上刺去一支铁矛。当时的城墙都是土墙。龙且力大，铁矛竟被刺进城墙半尺多深。他飞身一跃，踏上铁矛，又举起一支铁矛刺向头顶的城墙。如此以铁矛为梯迅速登上了城头。城上、城下的双方士卒叹为观止，居然没有射箭放矢。直到龙且攀登上城头，城上守军这才回过神来，城楼内涌出一批士卒团团围住了他。龙且以寡敌众，在城头上孤身奋战，后续部队仍然不能攀登上城去。

项羽见攻城士卒伤亡惨重，心急如焚。这些士卒是他从江东带出来的子弟兵，是他叔侄的根基，楚军最强之师，骤然伤亡至此，叫他如何回去见叔父项梁？他顶盔披甲，独自扛起云梯。云梯虽重达百多斤，但在他手中异常轻盈，不值一提。他疾步奔走，接近城墙，云梯一靠墙，迅速上攀。项羽虽人高马大，但身手之利落，并不在桓楚之下。很快便接近城墙上的女墙。城上守军从女墙的悬眼中伸出拒钩去推云梯，项羽顺势夺过拒钩，一跃而起，翻越过女墙，一脚踢得那个用拒钩的守卒当场毙命。他拔出长剑，以迅雷不及掩耳之势刺向城头守卒，刹那间七八个人已被刺死，真是英武绝伦。龙且见项羽也已登上城头，受到激励，左手持剑，右手持矛，杀了个过瘾。项羽部下见主将已登上城头，都奋勇向前，不惧矢石之险，陆续爬上城墙，城墙上的守军被杀散，城门打开了，项军一拥而入。但是，襄城守军仍负隅顽抗，但大势已去，无力回天。到了黄昏时分，纷纷缴械投降。

项羽召集队伍，清点人数，兵将伤亡惨重，怒气冲天。他下令将投降的襄城守军一律集中到城郊，楚军围得严严实实，刀斧手，长矛手，弓箭手，围成几圈，强迫襄城降军挖坑。这个坑挖得又深又广，方圆接近百丈，坑四周的土堆积如山，然后项羽强迫全部降卒跳下坑去，四周包围的楚军一面纷纷射击坑中降卒，一面用铲子向坑中抛土。坑中降卒也有人试图爬上坑边，但都是死路一条。那些降卒手无寸铁，怎能抗衡如狼似虎、武器精良的楚军！

不一会儿，大坑已用土填平，近千人被活埋。

这是项羽首次坑杀降卒。

以牙还牙，这原是战争中的法则。项羽年少气盛，与部下情同手足，他当然要祭奠死难的部下，为他们报仇雪恨。他要用坑杀降卒的凶残手段去震慑敌人，使他们对项羽军闻风丧胆，无力反抗。

项羽的目的部分地达到了。他因坑杀降卒的行动而出了名。虽然他对士大夫礼敬有加，对自己的部下情同手足，但对敌人却极端冷酷，往往杀得一个不留，甚至连降卒、战俘也照杀不误。在人们看来，项羽嗜血成性，不敢轻易敌对他。然而，残杀降敌不仅灭绝人性，应受谴责，而且最终自尝苦果。从此，谁只要一旦与项羽为敌，便一定会誓死奋战到底。因为即便投降了，仍是死路一条。倒不如战死沙场，还能留下英名。

有了第一次坑杀降卒的行动，就会有第二次、第三次以至许多次，甚至会演变为坑杀全城军民的血腥大屠杀。项羽以后在战争中竟经常用坑杀来镇压异己。

项羽因这种残酷手段民心尽失。

项羽夺取襄城后，率军向项梁汇报。项梁并不赞同项羽这种坑杀降卒的残忍行径，但事已如此，也未追究。项梁深知这位侄儿脾性，由于他在各次战斗中连连获胜，性格日益骄横，对别人的意见充耳不闻。批评指责都是徒劳，他只会更加逆反，变本加厉。况且，不应当责备胜利者。项羽是楚军中战绩显赫的勇将，又是自己的亲侄儿，也就不便过于计较。

襄城之役尽管损兵折将，但毕竟是一个大胜仗，沉重打击了秦军，朱鸡石、余樊君之败足以弥补。项羽凯旋，项梁的实力和威望大大增加。项梁更是各路诸侯新主的当然人选。

这时，项梁已确定了陈王的死讯。

各路义军群龙无首。

项梁当仁不让，成为西向攻秦的主力，召集诸将于薛地集会议事。在这时沛公刘邦也率众离开沛郡，来到薛地追随项梁，参与这次集会。

正在酝酿新的进军。

一场更大的战争即将来临。

二、拥立怀王

1. 范增立谋

项梁在薛城召集部下，本打算商议陈王死后的行动规划，总的方向当然是西向击秦。但只靠项梁所率领的一支军队，虽然实力不弱，但孤军作战，恐寡不敌众。倘若进一步扩军或联合其他诸侯，打出一面什么样的旗帜便是摆在首位的问题。

项梁升帐议事，对众人说："我确知陈王已死，不可群龙无首，何人可以胜任？"大众听了，一时也不便发言，只好仍请项梁决定。有几个将吏乘机献媚，拥立项梁，梁正打算答应，忽帐外有人入报，声称居鄛人范增，前来求见。梁即传他入见。只见进来一个伛偻的老头，走到梁面前，对他行礼。梁亦回礼把他请到一旁坐下，和颜悦色地说："老先生远来，必有见教，我愿洗耳恭听！"

此人便是范增，当时年已古稀。他一直隐居乡间，但名气却不小，因为他常常给人出谋划策，照他说的去做，必定成功，老乡们都非常尊敬他。范增欣赏孙武、孙膑、苏秦、张仪的为人，认为他们堪称为大丈夫，反复揣摩兵家、纵横家的学说，颇有心得，只是未遇明主，常常感慨无用武之地。这次项梁率军到此，屡战屡胜，军容齐整，纪律严明，截然不同于别的义军，于是，他认为自己可以大展身手了，所以主动进见项梁。他见项梁礼敬他，十分高兴，答道："增已年迈，不足谈天下事，但听说将军乃仁义之师，所以专程谒见，敬献刍言。"项梁道："陈王身死，未立新王，现在商讨此事，尚未决断，敢问老者高见！"增又道："仆前来正为此事，试想陈胜出身卑微，才智平庸，据地称王，绝非易事！此次败亡，不足为怪。自从暴秦吞并六国，怀王被拘，楚人至今哀思。仆听说楚隐士南公，精通术数，曾说楚虽三户，亡秦必楚，照此看来，三户足以亡秦，今陈胜首举义旗，却不拥立楚国后人，擅自称王，败亡之势早已注定，将军自江东渡江前来，故楚豪杰，竞相追随，因将军世为楚将，必立楚后，所以诚意效忠，共担复楚大业。将军若能拥立楚后，天下必服，则灭秦大计可成。"

项梁喜道："我也正有此意，老先生高论更使我确信无疑，便当遵从。"

范增见项梁对他如此礼敬，起身称谢。项梁挽留范增留下，范增欣然答应，自认为得遇明主，愿听命于项梁。梁于是派人到处寻找楚裔，恰好民间有一替人看羊的牧童，辨明身份，竟楚怀王孙，单名是个心字，立刻报告项梁。梁即派遣数名大吏，前往迎接。说也奇怪，那牧童对此镇定自若，脱下破布衣服，另换法服，俨然华贵少年，向主人辞行，抵达薛城。项梁已率领大众，在郊恭候，一介牧童，竟深谙礼仪，从容自若，与梁相见。梁于是领他进城，拥立为楚怀王，率众拜见。行完大礼，又召开集会，定都盱眙，命陈婴为上柱国，奉着怀王，同往盱眙。梁自称武信君，又因黥布战功显赫，封他为当阳君。布乃恢复原姓，仍称英布。

张良一心复兴韩国，借机建议项梁："将军已立楚后，将军公而无私天下皆知。今齐、赵、燕、魏，俱已复国，只有韩国尚未复兴。将军不如拥立韩后，此韩王必知恩图报，愿听命于将军。名虽为韩，其实属楚，免得他人捷足先登，反而多了一个敌手。"

项梁听后，深以为然，便问张良："韩国嫡裔尚在否？"

张良回答："韩公子成，曾被封为横阳君，以贤而闻名，今于民间隐姓埋名，安然无恙。将军如果将他立为韩王，必有利于楚国。"

梁听从了良的建议，并派他去寻找韩公子成。良很快便找到，回报项梁。梁于是任命良为韩司徒，派他收复韩地。良辞别项梁和沛公，直接奔赴韩地，立韩成为韩王，自己则辅佐他，有兵千人，夺取数城。从此山东六国，全部复兴，暴秦已鞭长莫及了。

秦将章邯，凭借蛮勇之力，转战南北，率军侵犯魏境。魏王咎被围困在临济。魏王急召周市返回救援。

章邯军骁勇善战，周市军招架不住。于是，魏王派周市向齐、楚两国求援。章邯乃各路义军的公敌，灭魏国以后，必定进犯齐、楚。齐、楚两国深知这一点，便派兵援魏。

楚国发兵较晚，因刘邦对周市策反雍齿仍耿耿于怀，向项梁进言，声称周市背信弃义，为己私利，不择手段。这次派出楚军援魏，周市或许会恩将仇报，翻脸无情，趁机吞并楚军。项梁也不信任周市，刘邦所言有一定道理，一时难以决断。前思后想，仍感到大敌当前，章邯不除，后患无穷，最终派遣将军项它率领一万精兵去救援魏王。

周市因为项梁十分器重刘邦，自己与他有仇，又是自己理亏，不便相见，所

以只派遣使者去楚军请救兵，自己亲自到齐国，拜见齐王田儋，向齐王田儋分析当前形势，明确指出，章邯攻灭魏军以后，齐国便是下一个目标。因此保齐必先救魏。齐王田儋听后，很是赞同，亲率齐军主力速去救魏，比楚国援军先抵魏境。

田儋率齐军抵达临济城下，对峙秦军。次日，双方交战。章邯率领的是身经百战的铁军，田儋率领的是士气如虹的义军。一番较量之后，双方胜负未分。

齐军初次与秦军交锋，虽未获胜，但由于魏军相助，在气势上胜出一筹。章邯所率之军，号称百战不殆，但今天所见也不过如此。何况齐军长途跋涉，秦军就地以逸待劳，竟战成平局，还稍占上风，齐军于是有了轻敌之念。

魏军自迎战秦军，屡战屡败，在秦军面前士气低靡。这次得齐军来援，居然与秦军打成平手，而且秦军险些溃败，使魏军感到扬眉吐气，看来有齐军相助，必定能击溃秦军。魏军主将周市不禁放松了警惕，没有充分估计秦军的反扑。

不料章邯阴险狡诈，竟令军士趁夜偷袭。齐魏各军此时睡得正酣，突然一声怪响，方才从梦中惊醒，发现秦军已至。匆忙爬起，却是手忙脚乱，如何招架得住？秦军四面围杀，齐魏兵走投无路，死伤惨重。田儋、周市也被乱刀砍死，共赴黄泉。

章邯剿灭齐、魏联军后，直奔魏国都城，团团围住临济城，并命人用竹竿高挑田儋、周市的人头，要求临济军民立即投降，否则攻破城池后杀个片甲不留。魏王咎自知不敌，为避免百姓遭殃，特派人至章邯营，请邯不要屠杀百姓，便立刻投降。邯答应了他的要求，并订立约文，遣使回报。魏王咎看过约文，下令大开城门，引入章邯军。自己心事已了，当即自焚而死。

魏王之弟魏豹逃亡，路遇楚将项它率援军前来。魏豹告知项它国破君亡等事。项它见齐、魏联军败北，临济已降，秦军势盛，恐难对抗。便与魏豹共同返回薛城，将前后详情报知项梁。魏豹到了楚国以后，楚怀王给了他数千兵，后来章邯军离开，重新收复魏地，到了巨鹿之战中项羽大破秦军，章邯被迫投降之时，魏豹已夺取魏境内二十余城，被拥立为魏王。魏豹对项氏感恩不尽，亲率精兵追随项羽入关。此是后话，暂且不提。

2. 东阿之战

项它与魏豹率军一道返还之际，项梁正在集合部队攻打亢父。项梁听说魏国都城临济陷落、魏王咎自焚而死，深感章邯难于对付。就在此时，齐将田荣派遣的使者见了项梁，泣不成声，请求派兵救齐。项梁大吃一惊，赶紧劝慰使者，要他详尽道来。

项梁经一番询问，方知田儋死后，齐人拥立故齐王建之弟田假为王，田角为相，田间为将。田儋之弟田荣对田假不服，认为田假虽是故齐王室嫡裔，但根本没有参与复国，全靠他们田氏兄弟，齐国才得以复兴，对抗秦朝。今齐王田儋战死沙场，以身殉国，理应由田氏宗族中人继任王位，故齐王室中人凭什么坐享其成？他一路重整田儋余部，退守东阿，想以此作为大本营，打出旗号扩充军队。不料秦军破魏后立刻侵犯齐境。章邯认为田假等旧贵族缺乏号召力，但对田氏兄弟却十分忌惮，率军围住东阿城，日夜攻打。东阿城危在旦夕，眼看就要沦陷，所以派人求助于项梁。

项梁得知后，心想章邯破魏后马上攻齐，破齐后楚国便危及了。我军若等闲视之，章邯各个击破各诸侯国，到那时悔之不及。于是，他拍案而起，忿忿不平地对使者说：“我不救齐，谁来救齐？我与章邯老贼势不两立！”

项梁立即下令不再攻打亢父，全军移师东阿，援助田荣。项梁深知此役对楚军关系重大，项羽、黥布、刘邦、吕臣等精锐部队全部参战，全军誓与章邯决一雌雄。

章邯在这时正沾沾自喜。他自出关以来，周文军，吴广军，陈胜军相继被破，接着又破齐、魏联军，斩杀齐王田儋、魏军主将周市，魏王咎自焚而死，魏都临济全城投降，战功显赫，威震四方。敌人对章邯闻风丧胆。这次剿除齐军余部，眼看东阿就可拿下，不免骄傲轻敌。探子报称：项梁率楚军援救东阿。章邯听后，不屑地说：“知道了。”他心中对此大不以为然。我正愁难以找到这些流寇。今天自寻死路，倒是让我省心。

东阿，地处黄河支流济水北岸。项梁大军渡济水时，章邯因为骄傲轻敌，沿河竟没有设防。他认为，让敌人过来，然后在黄河北岸将他们围剿，比楚军见河防严密而见机撤退更有利于秦军。但是，当项梁军渡河后进发东阿时，章邯前锋刚一接触项梁军的前锋，便觉来军极具战斗力，不同于以前交战过的其他军队。英布是项梁的前锋，部下的核心是“积年巨寇”，骁勇善战。章邯还没有来得及命令左、右翼军队包抄过去，前锋已招架不住，原打算部署成口袋阵地以全歼敌人，不料口袋底一下就被捅破。楚军的左翼由刘邦率领，曹参、周勃、樊哙、灌婴等人，个个不可小视。秦军不敌，连连败退。吕臣率领的苍头军是楚军的右翼。这支军队过去曾不敌秦军，但经过休整后，已不可同日而语。他们为了报仇雪耻，祭奠已死的陈王，作战异常顽强。秦军左、右翼奋力抵挡，还不致溃败，

但也无力支援中军。

骄傲的章邯大为惊讶楚军强大的战斗力截然不同于他出师以来遭遇的任何一支敌军。他由于低估对手，一心想全线出击一网打尽，没有准备作防御战，未建任何工事。如果撤退，必定全军覆没。因此，他严令各军："后退者斩！杀无赦！"

章邯一下这道命令，秦军士卒素知章邯军令严明，绝无儿戏，于是个个舍生忘死，浴血奋战。中间一路凭借人多势众，又有章邯亲自指挥，重又团团围住英布军。英布率军突围，双方一番激战。楚军右翼一路，吕臣军则举步维艰。唯独楚军左翼一路，刘邦手下几员虎将，曹参、周勃、樊哙、灌婴等冲锋在前，奋勇杀敌，冲破秦军右翼阵线，大军借势如潮涌入，即将分割包围秦军右翼。章邯见势赶紧从中军分出五千人去支援右翼，抵挡楚军，但已来不及了，右翼的鏖战形成犬牙交错之势，双方已不再两阵交战，而是混为一团，捉对厮杀或以一敌二、敌三，成了一场混战。

项梁见时机成熟，立刻下令中军主力出战。

这时，只听得楚军一阵呐喊，一支人马一跃而出，前锋是五百骑兵，黑盔黑甲，手持长戟，旗手高扬一面大旗，黑底白字，一个"项"字赫然在目。随后是车兵，两旁是弓弩兵。当头冲锋是一名身强体壮的青年将领，骑着一匹乌骓马，气宇轩昂威风凛凛。

这青年将领便是项羽。

在这鏖战的关键时刻，项羽率领中军精锐开始发起总攻击。

章邯指挥的中军由于分出五千人协助右翼，原本兵力有些紧张，英布奋力突围，成功在即，谁料此时又杀出来异常凶猛的一支生力军。章邯立即上马，手持长矛，亲自率中军帐卫兵迎敌。项羽凭借神骏的乌骓马，将五百骑兵甩在后面，孤身冲向章邯中军帐所在地，一人一马，英武绝伦，秦军中无人能敌。项羽骑乌骓马冲到中军帐前，拔出腰间短斧直击帅旗的旗杆。那项羽力大无比，旗杆转眼即断，上面挂着"章"字帅旗的旗杆应声着地，两个秦军卫兵被一下子砸倒。楚军见砍倒了秦军的帅旗，齐声欢呼，士气昂扬。

章邯见帅旗被项羽砍倒，怒不可遏，气势汹汹直奔项羽。项羽早已将短斧插回腰间，见章邯一矛刺向咽喉，手举长戟猛力格开长矛，大喝一声。只见章邯手中的长矛飞向半空中，掷往一旁，落地时一个秦营卫兵又被戳死了。章邯虎口震裂，两臂酸疼难忍，大惊失色。他臂力强健，能开十石的硬弓，秦营中都盛赞主帅，他也自视甚高。不料此番遭遇这位楚军的青年将领，长矛竟不堪一击，双臂也不听使唤，被他长戟一挑，长矛竟脱手而出。项羽的一声吼，声如惊雷，章邯震耳欲聋，震得他身边随侍的卫士有好几个人手中握不住兵器，有的甚至跌落下马。

如此强敌章邯生平从未遇见过，尚未定神，项羽又刺来一戟。章邯手无寸铁，岂能招架？只得掉头就跑，也顾不上部队了。秦营兵将见向来英武的主帅迎战楚军小将，只一个回合，便被打得落花流水，个个胆战心惊，士气全无。这时，项羽麾下的五百铁骑冲来，左右开弓，杀得秦营兵将溃不成军。刘邦所率之军已冲出秦军右翼防线，与项羽所率之军会师，从外面围住了原来包围英布的秦军。英布、项羽、刘邦军内外夹击，秦军走投无路，连忙丢下兵器，跪在地上求饶，多数人丧命，少数人当了俘虏。只有左翼秦军见势不妙，主动撤退，吕臣军战斗力原就较弱，过去又屡败于秦军，没有追击。故左翼秦军的兵力损失较少，得以保全大部。

楚军大败号称"自出师来无敌手"的铁军，秦军中的中流砥柱——章邯大军，因此士气前所未有地高涨。齐将田荣打开东阿县城门，亲自迎接项梁进城，盛赞项梁，什么指挥有方啦，骁勇善战、所向披靡啦，等等，总之搜肠刮肚说尽好话，项梁直听得飘飘然起来。

兵败如山倒。东阿战役沉重打击了章邯，损兵折将达四成，二十万大军缩减为十一二万人马，而且士气低靡，闻楚色变。章邯败退途中全力收整溃败的残部，约得一二万人之数，虽然总共仍有十三四万人之众，无奈一路逃亡，无暇整顿，被楚军追得落荒而逃。章邯在溃退途中，噩梦缠身，苦不堪言。

项梁急于乘胜追击。项羽、刘邦两支部队已经先行出发，追击秦军。项梁见过田荣后，也立刻告辞，率大军接应项羽、刘邦，临走时叮嘱田荣率军共同西向击秦。田荣一口答应稍事整顿后，立刻发兵。

没过多久，田假投奔楚营，向项梁哭诉，要求项梁替他做主，讨伐田荣。

原来，荣赶走了田假及田角、田间，另立兄儋的儿子市为齐王，自为齐相，弟横为将，收整齐地，无暇发兵攻秦。

项梁这时才清楚田荣假意答应一起西向攻秦，其实忙于扩大自己的势力。但他无意出兵讨伐田荣。大敌当前，当可分心。况且没有必要为了田假去为自己树一强敌。因此他收容田假在楚营，但却搁置下田假要求借兵之事。

田假逃到楚军营中，他的相国田角逃到赵国，投奔张耳、陈余。大将田间是

田角之弟，在秦未灭齐国时就已为将，然而他手下的军队本隶属于田氏兄弟，缅怀故主田儋，不愿效忠故齐王室。这次田荣、田横兄弟发兵，纷纷倒戈，投效田荣、田横，田间无法在齐国立足，逃到赵国，不敢归齐。张耳、陈余素来支持重立六国之后，墨守陈规，很是看不惯田儋、田荣等新贵，自然而然站在田角、田间一边。

田荣率军驱逐田假、田角、田间等人后，立田儋之子田市为齐王，自己为齐相，控制了齐国，以其弟田横为将，积极巩固齐境，扩充军队，忙于维持自己的小天下。至于他原先许诺同项梁共同西向击秦，早已抛到了九霄云外。

可项梁仍记在心中。

项梁一路追击章邯的秦军，战线不断拉长，兵力日益缺乏。因此，他多次派人到齐国催促田荣出兵。田荣忙着巩固齐国，只愿守住齐地，根本无意出兵联合攻秦。但是，东阿之围时，田荣危难，幸好项梁相助，击溃了强大的章邯大军，救了他田荣一命，齐国才有今天，不然他早已兵败身死。不便断然拒绝，否则，岂不留下骂名？

如何是好呢？

田荣左思右想，终于找到一个借口。他告诉楚使："田假非前王之后，不应擅立，今听说他逃入楚营，楚应替我做主。田角、田间，与假同气相连，如今都逃亡赵国；若楚杀田假，赵杀田角、田间，我必发兵攻秦，烦汝回报便了。"楚使回报项梁，项梁道："田假已经称王，今走投无路投奔于我，怎忍杀他？田荣不肯发兵，由他去罢。"

张耳、陈余素以仁义自居，得知田荣的话自然不会去杀田角、田假。实际上，项梁与张耳、陈余等人早就知道田荣一心自保，又曾屡败于章邯，故而不肯出兵。他要求楚杀田假、赵杀田角、田间，仅仅是个借口。真的杀了这些人，田荣又推辞，依然不愿出兵，你又能奈他何？倒不如留着田假、田角、田间等人，多少可以牵制田荣，使他不敢轻举妄动，同时又留有情面，互不相犯。

当时，章邯将军队在濮阳城东集结，收集余部驻扎于此，重新整顿部队，以求再战。濮阳东面的城阳，也驻扎着秦军精兵，与濮阳构成掎角之势。项梁思忖如果攻打章邯濮阳驻军，必须先攻克城阳，斩断章邯军的膀臂。否则，楚军很易受到夹击。于是，他命项羽、刘邦两支部队攻打城阳。

项、刘两支军队在东阿之役中声名大震，秦军听说这两支军队来攻城阳，不敢怠慢，早作了准备。项、刘军抵达城阳县城下时，双方商定，由项羽军、刘邦军分别从东西两面攻城。城阳守军对项羽在襄城之役中坑杀降卒早有耳闻，又知此军异常勇猛，重点加强了东面的防御，城头守卒个个以死相抗。项羽率领士卒攻城，全力以赴，却久攻不下。项羽大发雷霆，又要亲自出马，抢登城头。项羽一面命人调集云梯，准备强攻，一面集中营中神弩手、神箭手，一待开始强攻，放弩射箭掩护攻城部队。于是亲冒矢石，率先登城。刘邦从西面也攻入了城内。两支军队一会师，城阳守军不战自降。

但是，项羽军也伤亡惨重。

项羽不禁恼羞成怒。

他恼恨透了城阳军民。城阳军民以死相抗，使他这位盖世英雄处境尴尬。

于是，他命令大开杀戒。

刘邦对此很不赞成，但他根本阻止不了。他深知项羽脾气，暴躁凶残，唯恐落于人后，为了维护自己的威严，可以无所不为。这次攻城由自己这一方占了上风，项羽必会对此恼羞成怒，拿城阳军民出气。自己如果劝阻，后果实在难料。

城阳军民大祸临头，全城血流成河，鸡犬不留。杀，杀，杀！楚军如着了魔一般。这批江东子弟与他们的主将项羽一样，深深刺伤了自尊心，迁怒于全城军民。

城阳屠城的杀戮规模远在襄城坑卒之上。假如后者还算为了替死难的同伴复仇，前者则完全出于私心。但无论如何这种极不人道的行为都应受到强烈谴责。"杀降"，愚蠢而又残暴，嗜血成性者终将自尝苦果。

项羽、刘邦在攻克城阳并屠城以后，又迅速进攻驻扎在濮阳城东的秦军大营。章邯这时尚未完成军队整训，不曾想城阳会如此快地被攻破，被杀了个措手不及。项羽、刘邦两支军队犹如两条蛟龙在秦军营中大败敌军。章邯连忙收召残兵败将，退守濮阳城内。

梁攻城不克，转攻定陶。

3. 李斯遭诛

定陶是鲁西的战略要地，乃兵家必争之地。项、刘联军的攻城进行得却很艰难。定陶军民接受了城阳屠城的教训，知道只有拼死反抗才有机会求生，投降则必死无疑。因此，全城军民上下一心，准备充分，城内兵精粮足，军民齐心协力守城。项、刘军久攻不克，又得知三川郡守李由率大军来救援定陶。于是，他俩决定暂时放弃围攻定陶，迎头去痛击李由，打运动战总比打攻坚战要痛快得多。

项、刘联军西向行至雍丘时，前哨已探知李由大军仅在十里之外，雍丘是该军的必经之路。于是，项、刘决定埋伏于此，部署成布袋阵地。只待李由军送上门来，由刘邦率军从后堵截，项羽率军正面发起攻击，瓮中捉鳖，一网打尽。

在陈胜、吴广初起时，李由死守荥阳，不敢迎敌。如今怎么有了勇气，竟敢率军出击？这是有原因的。李由是李斯之子，出身文官，本不善于统兵打仗；但此人安抚军民，严缮守备，倒是得心应手。当时吴广攻荥阳，虽然势众，但都非训练有素的正规军，久攻不下。后来吴广军内部分裂，吴广死于田臧之手。田臧率军攻打章邯军，一败涂地，田臧阵亡。章邯军继续进击，打败陈胜军后，秦廷多次派人来调查，责问李由为何不迎敌，放任流寇穿越三川郡而西向击秦，连李斯也受牵连。这次章邯连连败退，急召李由出兵救援。李由尽管畏惧出征，但章邯有召，身不由己，亲率三万兵卒来援。不料对手却是项羽、刘邦两个强敌。

李由军果然自投罗网，只听得一声呐喊，鼓声雷动，旌旗招展，楚军从四面杀来。李由匆匆迎敌。按照常理，李由应率中军居中，左、右两翼掩护，前锋在前，后卫居后。这称之为五军阵，盛行于当时。但李由害怕，将中军交给裨将指挥，自己居于后军，甘愿充当全军的后卫，只是为了便于逃命。

秦军统帅如此惧战，尚未开战，先想逃跑，部下又岂会忘死奋战？项羽为了争回面子，亲自率领五百铁骑，由龙且率军掩护，冲锋在前。项羽所到之处，秦军溃不成军。

李由畏缩在后军，一见大势不妙，掉头就逃，后队作前队，落荒而逃。但是项羽一马当先，勇猛无比，怎么能容李由逃走。李由遇见项羽，仗剑来迎，却被项羽一槊挑落马下，一命呜呼了！

秦兵群龙无首，乱作一团，一半逃亡，一半战死。惟李由为秦丞相李斯长子，总算是为秦捐躯，不料秦廷还称他有谋逆之心，竟把其父李斯送入大牢。李由死无对证，李斯只有含冤坐牢。都是赵高一手策划。

陈胜败亡，但各地起义的烈火反而是越燃越旺了。章邯率军南征北战，到处灭火，尽管战无不胜，似乎天下无敌，可惜是孤军作战，无法分身，扑灭了这头，那边火焰又熊熊窜起，实在顾不周全。

丞相李斯尽管功利心重，勾结赵高将胡亥扶上帝位，但他到底是个有见识的政治家。李斯清楚革命风起云涌，皆因秦二世滥用民力，修了骊山陵，又扩修阿房宫，接着修筑驰道、直道。再加上动辄杀戮，群臣个个胆战心惊，无心效忠，更加上无休止的沉重徭役，李斯认为长此以往，秦朝必亡。二世皇帝胡亥听信赵高的话，深居简出，由赵高把持朝政。李斯见形势危急，几次欲入宫面见二世皇帝，但都被阻拦。他请卫士代为禀奏二世皇帝，声称李斯求见，但二世皇帝对他避而不见。李斯眼见天下大乱，心急如焚。

李斯当时任左丞相，他与右丞相冯去疾、将军冯劫共同商议，联合上奏章进言：

"关东群盗并起，秦发兵诛击，所杀亡甚多，然犹不止。盗贼所以日益增多，皆因戍漕转作事苦，赋税沉重。请暂停阿房宫修筑，减省四边戍转。"

二世皇帝不仅充耳不闻，反而严厉斥责三名大臣。胡亥生气地说："尧舜住茅屋，吃粗粮，连今天城门守卒都不如。大禹治水，双腿整天泡在泥泞中，连小腿的汗毛都掉尽了，狗都比他强。凡贵有天下者，应当及时享乐，为所欲为。尧舜禹贵为天子，如此穷苦，对法治一窍不通。朕自登基以来，群盗并起，君等位高权重不但不能阻，反而妨碍先帝之所为，不让建阿房宫，对先帝，对朕都是不忠，你们怎么还有脸享受国家俸禄？"

胡亥这一番话，说得冯去疾、李斯、冯劫三人瞠目结舌，想不到胡亥一国之君，竟会如此昏庸，不可理喻。冯去疾、冯劫试图继续进谏，李斯见势头不对，连忙使眼色劝阻。三人跪在地上，胆战心惊。胡亥大发淫威，一挥手，三人败兴而归。冯去疾与冯劫感叹世事已无可为，不如告老还乡，回乡务农去罢。

李斯贪恋功名，反要迎合二世，以保地位，请二世出具刑名，严厉监行，并声称督责加严，臣民自然臣服。他上书道：

"夫贤主者，必且能全道而行督责之术者也。能督责，则臣不敢不竭能以顺其君矣。有天下而不纵情极欲，命之曰以天下为桎梏，其因在于不能督责，若尧、舜、禹之流，其斯之谓也。夫以人徇己，则己贵而人贱；以己徇人，则己贱而人贵。故徇人者贱，而人所徇者贵。故韩子曰'慈母有败子而严家无格虏'者，何也？因其惧而弗违焉！故商君之法，刑弃灰于道者。夫弃灰，轻罪也；而被刑，重罚也。夫罪轻且督深，而况有重罪乎？故民不敢犯也。明主能独断而审督责，必深罚，故天下不敢犯也。"

在这里，李斯主张严刑峻法，并曲解韩非、商鞅的言行作为依据，声称弃灰于道，应当受肉刑，当皇帝的尽管沉湎于享乐，只要以严刑峻法统治，天下

人必然恭顺。这正合二世心理，于是从严执行，不管有无犯罪，地位贵贱，每日都要斩杀数人，以示督责，官民均人人自危。赵高平日，专横跋扈，经常公报私仇，此次担心李斯等从旁挑拨，有损于他，乃先行设法。

李斯见风转舵，使秦二世转怒为喜。可是，他忽略了秦二世身边的赵高。赵高当上郎中令后，牢牢地控制住二世皇帝，独揽大权，发号施令。李斯向二世进言，赵高认为是在向他夺权。赵高竭力阻止任何大臣接近胡亥，况且李斯是老臣，任宰相多年，号召力远在赵高之上。

于是，赵高对二世说："陛下贵为天子，知道天子为什么称贵吗？"二世不知，便向他询问，高答说道："天子所以称贵，无非是高高在上，让臣下只闻其声不见其面。从前先皇帝在位时间长，臣下人人敬畏，所以每日召见臣下，臣下便不敢胡作非为。今陛下继位，才及二年，年轻力盛，何必常与群臣计事？如果言语有失，处置不当，反使臣下看轻，互相诽议，皇上的圣名岂不受玷污？臣闻天子称朕，朕字意为朕兆，朕兆即有声无形，使人可望不可及，愿陛下从此无须再出视朝，而应深居宫中，使臣与二三侍中，或及平日学习法令诸吏员，陪伴左右，待有奏报，可以迅速决断，不致误事。大臣见陛下治理得当，自不敢私下妄加议论，陛下才真正圣明。"

二世十分高兴，纵情享乐正合他意。从前还会偶尔视朝，从此以后闭门不出，唯与宦官宫妾寻欢取乐，一切政事都由赵高代理。赵高便往访李斯，有意提起关东乱事，李斯只是无奈地感叹。高便说道："关东群盗并起，日益嚣张，主上纵情声色，征调役夫，建造阿房宫，采办狗马无用等物，充斥宫廷，不知自省。君侯身为丞相，不比高等，人微言轻，为何坐视不管，眼见天下大乱！"李斯道："我并非不愿进谏，无奈主上深居宫中，避而不见，叫我如何面奏？"赵高道："这很容易，待我得知主上闲暇，就告知君侯，君侯便好进谏了。"李斯听着，还觉得赵高是个忠臣，当即高兴地答应了。

过了一二日，赵高果真派一宦官通知李斯进谏。李斯赶紧穿上朝服，匆匆至宫门外，求见二世。二世正在宫中宴饮，左拥右抱，逍遥自在，忽见内官趋入，报称丞相李斯求见，怒上心头："有何要事，败我酒兴？快叫他回去罢！明日也好进来。"内官出去，如实告知，斯不得不回去。第二天再次进宫求见，二世又拒而不见，斯便放弃了。偏赵高又派人声称主上此刻无事，正好进谏，不得再误。斯信以为真，赶紧前去，又碰了一鼻子灰。斯白跑三次，倒也罢了，不料二世发怒了，赵高借机煽风点火，声称李斯参与了沙丘矫诏，他一心想封王，却未实现，便与其子私下谋反。近日频频求见，居心叵测，不可不防！二世听了，正在思忖，赵高又接着说："楚盗陈胜等人，一律为丞相旁县子弟。为何能横行三川，李由却坚守不出？这足以证明。请陛下速拘丞相，消除后患！"

李斯为高官多年，又曾参与沙丘之谋，故亥对他多少有些敬畏，称得上胡亥的一块心病。因此胡亥对赵高的话深信不疑。他与赵高商量企图立案查讯李斯，又担心不足以使朝臣信服，便派使者去调查三川郡守李由勾结楚寇的情形，然后顺藤摸瓜，最终揪出了李斯。

李斯在朝中有很多耳目。赵高那里的一举一动都瞒不过他。李斯心想：好你个赵高，居然背地里跟我过不去。沙丘之谋，三人参与，本应一气。你竟想方设法，欲置我于死地，我绝不会坐以待毙。于是，李斯便先下手为强，争取二世皇帝的支持。

李斯想进谒胡亥，有话当面说。他得知二世皇帝正在甘泉宫观看力士角力，兴致勃勃。他接受了原来的教训。知道一当胡亥兴致正高时，绝不能扫了他的兴，不然胡亥必定大发雷霆，翻脸不认人。于是，他仗着自己的绝佳文采，当年一篇《谏逐客书》，得到秦始皇的赏识，从此官运亨通，今天何不故伎重施，便上书攻击赵高，奏章上写道：

"臣闻之：臣疑其君，无不危国；妾疑其夫，无不危家。今大臣在陛下左右，擅利擅害，与陛下无异，此甚有害。昔者田常为（齐）简公之臣，爵列宰辅，无敌于国，私家之富与公家均，布惠施德，下得百姓，上得群臣，阴取齐国，弑简公于朝，遂有齐国，此天下所明知也。今赵高有邪佚之志，危反之行，如田氏之于齐也，使天下皆知威信不在于陛下而在于高。陛下不图，臣恐其为变也！"

李斯在这篇奏章中提及田氏代齐的史实。齐国原是姜太公的后裔，姓姜。齐简公时期，齐国大臣田常夺权，收买民心，聚敛财富，最终除掉了齐简公，取而代之。此后的齐国，史称田齐。李斯借田氏代齐影射赵高效仿田常，迟早要篡权夺位。李斯这篇奏章有一定的预见性，后来赵高果然杀死胡亥，但当时胡亥正对赵高宠信有加，对李斯的劝谏充耳不闻。

二世大致看了一下斯的奏章，便对左右说："赵君为人清正廉洁，精明强干，通情达理，朕当然信任他！丞相自己心虚，还来诋毁赵君，真是可恶！"说着，即将原奏掷还。李斯见无法说服二世，又邀请右丞相冯去疾，将军冯

劫，联名上书，请求停止建造阿房宫，减免四方徭役，并影射赵高。二世愈发气恼："朕贵为天子，理应尽情享乐，尚刑明法，约束臣下，然后可平定天下。试看先帝起自侯王，吞并四海，攘外安内，内筑宫室，所以尊体统，立千秋伟业。今朕登基二年，群盗并起，丞相等不能阻止，反而反对先帝所为，是上不能报先帝，下又不能为朕尽忠，还有何脸面继续为官？"赵高在旁怂恿尽快将三人一并罢官，关押大牢。二世断然同意，于是由赵高派出卫士，将李斯、冯去疾、冯劫囚入牢中。

赵高原本就看不惯朝中那批宿臣老将，因为宿臣老将对他这出身宦官的郎中令尽管表面上礼敬有加，却打心眼里鄙视他。这次他仗着二世皇帝的诏旨，决心将他的异己全部铲除。他不仅抓了李斯，还下令逮捕右丞相冯去疾、将军冯劫，诬蔑他们勾结李斯谋逆。冯去疾、冯劫都认为自己是大臣，不应受辱，先后自尽。李斯不愿自杀，被关在狱内，由赵高审讯。

李斯这次可要受罪了。他在狱中大发感慨："唉！无道之君，不义不仁。从前夏桀杀关龙逄，殷纣杀王子比干，吴王夫差杀伍子胥。此三臣，可谓忠心，然而俱不免于死，只因为他们所忠者乃无道之主也。我之智不及三人，而二世之无道过于桀、纣、夫差，今以忠而死，岂不是应该的吗？何况二世之治可谓乱矣！夷灭兄弟而自立，杀忠臣而贵贱人，作阿房宫而赋敛天下。三者已行，天下不听。今反者已有天下之半矣，而仍不醒悟，倚赵高为股肱，我必见寇至咸阳，麋鹿游于朝也。"

李斯只知抨击别人，却从不自省。李斯参与假托始皇令杀扶苏之事；二世宠信赵高，而他曾联合赵高扶保胡亥登上帝位。他有今日，完全是咎由自取。

李斯在狱中满腹不快，赵高自然得以闻知。赵高愈发痛恨他，他严刑审问李斯，声称李斯与其子李由谋反，一律拘捕李氏宗族与宾客。李斯自然拒不承认自己谋反，那可是诛及九族的大罪呢！无奈赵高严刑逼供，实在难以忍受，最终被迫承认。但是，内心却大叫冤屈。

李斯不肯自杀是由于他仍寄希望于胡亥。他自认能言善辩，又有功，并且确实没有反心，一直指望借上书来讨回清白以自救，于是，李斯从狱中上书，写道：

"臣为丞相三十余年矣。先王之时，秦地不过千里，兵数十万。臣尽己之薄材，修甲兵，施政教，官斗士，尊功臣，终于吞并六国，立秦为天子，此其罪一也。北逐匈奴，南定百越，拓地千里，此其罪二也。尊大臣，盛其爵位，以固其亲，此其罪三也。立社稷，修宗庙，以明主贤，此其罪四也。统一度量文字，布之天下，以树秦之名，此其罪五也。修驰道，兴游观，以见主之得意，此其罪六也。缓刑罚，薄赋敛，以遂主得众之心，万民戴主，死而不忘，此其罪七也。若斯之为臣者，罪足以死固久矣！愿陛下察之！"

李斯在上书中自列七条大罪，条条罪都是功劳，言下之意自己极其效忠于秦廷。然而，赵高主管这件案子，他得到李斯的上书便下令狱吏将其烧毁，嘿嘿冷笑说："囚犯凭什么上书！"可怜李斯费尽心机，写了这封书简，原以为足以打动胡亥，谁知中途被毁，胡亥根本全然不知，反遭到赵高一阵讥笑，这绝对大大出乎他的意料。赵高为防李斯翻案，派十几个他的门客有的装作御史，有的扮成谒者，有的化为侍中，多次审讯李斯。李斯把他们当真，便趁机叫屈，要求他们禀明主上，为他平反。但一旦他吐露心声，那些假冒官员们便下令严刑拷打，李斯受尽了折磨。后来二世果真派人去审问李斯，李斯见使者，早已吓破了胆，以为同前几个审讯的使者一样，便不再叫冤了。不管你说什么，我一概承认，至少能少吃点苦头。

复审员回禀二世，二世高兴地说："若非赵君，已被李斯算计！"于是斯被判死罪。及三川调查员返回，先报知赵高李由战死，死无对证，正好伪称谋反。赵高大喜，遂令他虚报。二世怒不可遏，下令对斯施加五刑，并诛三族。

可怜李斯所有族人，全被牵连，与李斯共赴刑场。斯对次子泣不成声地说："我已不可能与汝再牵黄犬，出上蔡东门打猎了！"说着，号啕大哭，众人亦哭成一片。不一会儿监刑官至，先下令将李斯刺字，然后依次割鼻，截左右趾，枭首，斩为肉泥。用毕五刑，斯早已命赴黄泉。其他子弟族党等，全被处死。李斯一门，除长子由为三川守外，诸男多娶秦公主，诸女多嫁秦公子，盛极一时。李斯也曾感慨物极必反。终因贪图功利，倒行逆施，落得如此悲惨的下场。

李斯贪生怕死，恬不知耻，贪恋禄位，直到临死时，才后悔当年不该西行入秦觅封侯。实际上，李斯无须后悔。李斯求权势得权势，此生足矣。至于想长保权势，却谈何容易。贵如白起，权势重如商鞅，最终还不都不得善终。一旦你登上高位，祸患也就相随。

李斯不敌赵高，并不说明他的能力在赵高之下。相反地，不管是从政治经验、官场阅历、玩弄权术乃至见风使舵等各方面来看，赵高都难以望其项背。然而，赵高最终获胜，却是为何？李斯同学韩非在其所著的《说难》中指出：

非其时，非其地，非其人，不可说。谁说谁倒霉，即使你说的是真理，并且十分有利于对方，其结果必定自讨没趣，甚至会有性命之忧。韩非为此深刻地指出："凡说之难，在知所说之心，可以吾说当之。""非知之难也，处之则难也。"（《韩非子·说难》）

恰是在这一点上李斯犯了致命的错误。赵高是宦官，君主将他视为奴才使唤，并不防他篡位，况且胡亥从小师从赵高，赵高极善于迎合他，深得胡亥的信任和欢心，而宦官的身份又使赵高能与胡亥朝夕相处；李斯却不同，先朝重臣的身份使君主十分敬畏他，对他始终存有戒心，防他夺权。况且李斯参与了废扶苏、立胡亥这一篡改遗诏的密谋，胡亥对此耿耿于怀。虽然李斯能言善辩，足智多谋，又极会见风使舵，但他所处的地位决定了他必败于赵高。尤其是他向胡亥进言抨击赵高，可谓聪明一世，糊涂一时。

然而，李斯毕竟与赵高不同。他是荀卿的学生，韩非的同学，是当时著名的政治家；而赵高仅仅是善弄权术的宦官。李斯为秦谋划，分裂六国君臣，辅助嬴政并吞各国，统一天下，功不可没；建议统一文字，统一度量衡，功在千秋。

所以，清人谢启昆有诗咏李斯道：

鹿禽视肉鼠窥囷，挟策西行遂相秦。
篆法千秋传妙手，纬书一炬是功臣。
沙丘矫诏谋谁定，上蔡临刑狱未申。
太息仰天遭乱世，怀惭荀学布衣身。

4. 项梁败亡

且说赵高除掉了李斯后，便接替李斯，做了中丞相，他一人独揽政权，二世则是个完全不能做主的傀儡。高见世事日乱，特命章邯平定天下。章邯困守濮阳，也想出奇制胜，建功立业，每日派人打探项梁军情，以伺机而动。项梁驻兵定陶城下，恰逢阴雨连绵，不宜强攻。沛公、项羽，自雍邱返回攻打外黄，也因雨受阻，便围住外黄城，再从长计议。项梁屡胜而骄，既不召回两军，慢慢松懈下来，只在营中饮酒消遣，军纪弛废，全营将士，也都快活逍遥了几天。秦探早已探明，向章邯回报，邯担心兵力未足，不敢轻举妄动，但向各处调集兵马。待至各军集合完毕，誓与项梁决一死战。

实际上，项梁低估了章邯。他坚守濮阳城，在城内整顿残军，重整旗鼓，迅速恢复了战斗力。同时，章邯派人向秦廷求援。章邯军是秦廷的军事支柱，朝中群臣都要求增援章邯，赵高只好四处征兵，派遣一支支援军进驻濮阳城内。章邯吸取了教训，再也不敢轻敌。他积极整训来援的秦军，增强其战斗力，并不急于反攻，而是蓄势待发，伺机而动。

项梁手下有一谋士宋义，探得秦兵日增，感到忧虑，便进谏项梁道："公渡江到此，屡破秦军，威震四方，然而自古骄兵必败。试看各营将士，日益骄情，秦兵虽败，秦将章邯，毕竟久经沙场，不容小觑。最近听说他不断增兵，必将与我拼死一战；若我军不作好充分准备，一旦被他袭击，恐难以抵挡！所以义日夜为公忧心。"项梁道："君太多虑了。章邯连吃败仗，不敢再战，即便他不断添兵，也只是守着濮阳罢了；何况连天阴雨，路上泥泞不堪，怎能攻我，天一放晴，我就立即攻城，将章邯一举歼灭！"说完哈哈大笑。

宋义还有话说，项梁先开了口："我原打算联合齐军攻秦，田荣却为己私利，忘恩负义，我本想派人去斥责他，但无暇顾及而耽搁了，现在如果担心章邯增兵对我不利，不如再召田荣，领兵攻秦。荣如果依然拒绝，我却要移兵攻齐了。"宋义见梁有意移开话题，知道不会听他的，眉头一皱，有了主意，对项梁说道："我愿为公出使齐国。"梁欣然答应，义便立刻出发。

半路上遇到了齐使者高陵君。相互行了礼，宋义问高陵君道："君此去，是否去见武信君？"高陵君答道："是。"宋义道："我正从楚军中来，见武信君骄傲轻敌，而秦兵实力日增，估计十天之内，楚兵必败。君此行将非常危险！如果按程前进，数日即可抵达，必遭其难。我以为，不如慢行，一路上注意探听消息，则可以避祸。"高陵君听了，心想："军情多变，胜败难测，此言不可尽信。但我此来并无急事，不如听他的，更为妥当。"

于是辞别宋义，缓缓而行。

高陵君未到楚营，武信君果然已经败亡。原来项梁遣去宋义，依旧军纪松弛，对秦军毫无防备。时当秋季，秋雨绵绵不尽，定陶城下的几座楚营，笼罩在一片阴沉之中。这好像是不祥之兆。楚军也无人防守，过得逍遥自在。一天晚上正当他们在营中睡得正酣时，忽闻营外好似千军万马奔涌而来。楚军如梦方醒，只见到处火光冲天，一队队的敌军，径直杀入，左冲右突，楚军吓得躲闪不及。匆匆持了军械，却根本无法招架，死伤惨重。后面大将最为厉害，披坚执锐，所到之处，血肉横飞，楚军被打得落花流水。还有这位武信君项梁，

仅穿一身常服，手持一把短剑，仓皇出帐，夺路而逃。不料与敌军中大将狭路相逢无从逃生。两人便正面交锋，一个是长刀乱劈，气势正旺，一个是短剑难支，心惊胆颤。才几个回合，项梁就成了刀下亡魂，敌帅正是秦将章邯。邯率军趁着夜雨发动突袭，项梁措手不及，全军覆没，这便叫作骄兵必败，正中宋义之言。

章邯打了个大胜仗。见项梁败亡，心想："楚地虽未大定，但残兵败将不足为惧。"于是率军北渡黄河伐赵去了。

项梁战死。

章邯又恢复了如虹的士气。

这一沉重打击使楚军元气大伤。同时各地起义的蓬勃发展的势头也被遏制下去。

第五章 巨鹿鏖兵

一、杀宋夺权

1. 怀王揽权

项羽、刘邦这一次出师不很顺利，外黄城久攻不下，不断传来恶讯。

吕臣军突破定陶之围后首先抵达外黄项羽军营。他将定陶被章邯袭破的情况告知项羽、刘邦。项羽非常挂念叔父项梁的安危，但吕臣先行突围，只知道秦军人多势众，武器精良，士气旺盛，牢牢围困定陶城。他拼死才得以逃生，却不知主帅项梁的情况。

项羽听了，忧心忡忡，挥手命吕臣退下歇息。

英布随后来到，全身血迹斑斑，乃是经过一场激战，血染战袍，尚未更换，便匆匆而至。英布确实是昼夜兼程赶来的。他一见项羽面，便上气不接下气地请罪道："末将无能，未能救出主帅武信君，望将军恕罪！"

吕臣向他报告时，项羽尚不在乎。章邯不过是个手下败将，过去吕臣被章邯打怕了，才会如此畏惧，以致叔父被困，生死不明。他本想斥责吕臣，但转念想到紧要关头，更应加强团结，斥责他也无济于事，徒伤感情，所以欲言又止。但英布一到，就不得不对章邯刮目相看。英布之勇猛仅次于项羽，他所率领的军队屡立战功，乃精锐之师，现在竟如此不堪，这一仗的惨烈可见一斑，看来章邯确实不可小觑。这一次的偷袭蓄谋已久，先是支开项羽、刘邦，然后集中兵力趁夜攻其不备。项羽命英布坐下，详细说明。英布喘过气后，说此番章邯偷袭，定陶城内有很多内应相呼应，而项梁军骄惰大意，才吃了败仗。他说定陶中军帐被围，主将项梁被困。他多次发动强攻，不料章邯军变得异常蛮勇，无法让他近前。眼见秦军越围越多，关于武信君的各种消息也接踵而至，真假难辨。他眼见

再不突围，自己也必陷落，便奋力冲出，率领残部迅速报知项羽，途中方知武信君已死于秦军之手，并被枭首旗杆。秦军声称所有反抗者也都是死路一条。

项羽听后，暴跳如雷。他下令全军身穿丧服，撤去外黄之围，整训军队，立刻进攻定陶，誓与章邯拼死一战。刘邦认为如此过于唐突，他屡打败仗，比较沉得住气，知道如何应付新败局面，觉得目前仓促出征，军心不稳，难以取胜。安定军心，重振士气实乃当务之急。两军交战，到底与擂台比武不同，不是单靠个人蛮勇之力就能取胜的。项羽虽英武绝伦，但军队人心涣散，士气低靡，军纪弛废，如何能敌纪律严明、士气如虹而又训练有素的章邯大军？

刘邦久经江湖。他见项羽被怒气冲昏了头，如果劝阻，必定自讨没趣。所谓事不关心，关心则乱。项梁是项羽的叔父，两人情同父子，项羽要为其报仇，根本无法劝阻。假如自己执意劝阻，项羽不仅不听，甚至可能翻脸不认人。

刘邦正不知如何是好，中军帐卫士报称范增求见。范增是项梁身边的谋士，自然比较清楚项梁殉难的经过。所以，项羽下令暂时搁置刚才所传的命令，先见范增，再作打算。

范增进中军帐后，一见项羽，便伏地号啕大哭。项羽赶紧上前扶起他，请他就座后再细说。

原来，范增当时见情况危及，便化作商贾。他见项梁已被杀死，便趁乱出逃。秦军见他乃年迈商贾，没有留心，因而得以逃生。范增摆脱秦军后，便在市集买了一匹马，昼夜疾驰奔赴外黄。项梁对范增有知遇之恩，因而范增痛心疾首，老泪纵横，自责道："都是我的错，明知军纪松弛，什么防备都没有，却未劝谏武信君。秦军退守濮阳城内，军队有进无出，其中必有阴谋，我却未及时发现。我枉为谋士，无脸再见将军！"说完，泪流不止。项羽、刘邦也都黯然神伤。项羽强忍心头悲愤，倒去安慰范增，顺便问起秦军情况。范增仔细观察称章邯已恢复元气，重整旗鼓，又从关内大批调集援军，实力大增。项羽此时心中也有几分忌惮。

楚军长期围外黄，后方根据地陷落，粮草不足。项羽与刘邦商量，撤去外黄之围，转攻陈留，因为陈留素有秦军粮仓之称，城内囤积有大量粮食。

陈留守军深受章邯打了大胜仗的鼓舞，再加上工事坚固，守备森严，项、刘联军难以攻克。刘邦与项羽商议道："武信君已死，军心不稳，不能再驻扎这里了。我等只好东归，保卫怀王，抗击秦军。"项羽表示赞同，于是撤外黄围，率军东归。经过陈县，又联同吕臣军一道抵达江东，择地分驻。吕臣军驻彭城东，项羽军驻彭城西，沛公军驻砀郡，互成掎角之势，以便相援。后又担心怀王居住盱眙，为秦所攻，于是请他迁都彭城。怀王于是来到彭城。

楚怀王到彭城后首先合并项羽、吕臣两军，亲自指挥。楚怀王虽只是个牧童，但他楚国王室出身，幼年时也曾努力读书，长大后足智多谋。这次当上楚王后，谋士纷至沓来，为他谋划。他虽为项梁所拥立，但项梁独揽大权，项羽更是骄横跋扈，根本无视他这个楚王，心中虽然忿忿不平，但无奈没有军权，只有忍气吞声。此时章邯大破楚军，项梁被杀，楚军损失惨重，因而对主将项梁很是不满，连带项羽也威信扫地，于是怀王便借机夺回了军权。项羽与吕臣不和，怀王有意合并项、吕两军，以相互牵制。怀王还封吕臣为司徒，吕臣之父吕青为令尹，地位反而高于项羽。而战功显赫的项羽虽被封为长安侯，号鲁公，但任何实权都没有，只徒有空衔。抬吕压项，制造吕臣与项羽之间的矛盾的意图显而易见。刘邦平时十分敬重楚怀王，怀王任命他为砀郡长，封为武安侯，统帅砀郡之兵。

部署完毕，只等与章邯决一死战。偏章邯不来攻楚，反去攻赵，他认为项梁败亡，楚已不足为惧。怀王得知秦军北行，心想魏地空虚，于是派魏豹往略魏地，率军千人，立刻动身。豹却也顺手，占领二十余城，派人报捷。怀王于是封豹为魏王。

楚怀王低估了项羽。项羽豪放粗暴，但绝非草包。他骁勇善战，并非依附于叔父项梁的权势。他此刻只能忍气吞声。项梁新死，项氏失势。楚怀王是名正言顺的正统楚国王室。江东八千子弟虽直属于他，但吃了大败仗，尚不知是否追随他反怀王。吕臣军必定与楚怀王站在一边。刘邦军则态度暧昧。虽然刘邦感恩于项梁，对项梁之死十分痛心，但人心隔肚皮，很难确信他是否肯随他去反楚怀王。

范增一直处于深深的自责之中，暗地立誓一定要辅佐项羽继承他叔父的遗志，完成霸业。他十分不满于楚怀王此举，虽然最早由他提出立楚怀王。他表面与项羽疏远，私下却暗通声气，力劝项羽忍一时之气，等待时机。

楚军当时犹如鸭子划水。鸭子在江面上看上去很平静，但鸭子的爪蹼在水面下划得可凶呢！

且说齐使高陵君显，缓缓而行，果得项梁死讯，才服宋义先见，得以避祸。只因尚未完成使命，不便回齐，且在途中打探楚人消息，再作打算。后来听说楚怀王迁都彭城，刘项等同心辅助，恢复元气，于是前往彭城，入见怀王，传达

使命。

项梁虽已败亡，但楚怀王仍气愤难消。只要项梁亲近的，他便疏远，如在项梁手下英布是红人，如今以定陶之败为借口，置之不理。却偏偏重用项梁疏远的，如吕臣及其父吕青。项梁生前不满于齐国，因为他率兵援齐，而齐国田荣却一直不愿发兵攻秦，因此项梁不太喜欢田荣，两国也只是表面上交好而已。楚怀王却偏偏与他作对，他亲自接见齐国使者，优待高陵君显。

显问及宋义使齐是否返回，怀王答称未返。显又提及途中相遇，多亏宋义指示，才得以免祸，怀王愕然道："义怎么知道项君必败？"显答道："据宋使言，武信君骄傲轻敌，后来数日之内，果然败亡。此乃骄兵必败。"

怀王听后，点头称是，认为应重用宋义。项梁虽死，项羽犹在。此人骄横比其叔有过之而无不及。宋义足智多谋，必能牵制项羽。齐使告辞后，他派人打听宋义回来没有，如已归彭城，则迅速召见。

不料恰好宋义回来，怀王立刻召见，问明使齐情形，义如实相报，无非说是齐愿修好，只因国内未定，尚不宜发兵。怀王又告知项梁败状，义答道："此乃臣意料之中，武信君不听劝谏，才落得如此下场。"怀王于是与他商议如何拒秦，义建议西进，声称必须择一良将，恩威并施，治军有方，才能获胜。宋义撇开项羽、刘邦，而是建议怀王选择他人，怀王十分满意。

遂留宋义居侍左右，经常与他商议。一面遣回齐使复命。宋义暗中告诉齐使自己颇得楚怀王信任，楚、齐应当修好，暗示高陵君显进言田荣，齐国如果以其子宋襄为齐相，齐、楚同盟便可结成，拥有令秦军畏惧的实力。

高陵君显不住点头，回齐国后报知田荣。田荣得知老友宋义在楚国得势，喜出望外，果然派人去楚国邀宋义之子宋襄为齐相，私下做成了这笔交易。

秦军大将章邯在定陶大破楚军，并除掉楚军主帅项梁以后，觉得楚军已不足为惧，率军北上攻赵。章邯军趁士气高涨迅速攻下赵国的邯郸，迁徙邯郸的百姓到河内，然后焚烧全城，繁华的邯郸被夷为平地。

章邯企图以此恫吓赵国军民，使他们不敢反抗。但事实恰好相反。赵国军民不但没被吓倒，反而同仇敌忾，激烈反抗。赵相张耳拥赵王歇退入位于邯郸东北约二百里以外的巨鹿城，坚守等待援兵。张耳派人去各国求援，他清楚秦一旦灭亡赵国，下一步将轮到其他各国，唇亡齿寒，各国必将援赵以求自保。假如能联合各国的兵力，在巨鹿城下与章邯军决战，方有一线生机。

至于章邯，他命秦将王离领军二十万人，牢牢围住巨鹿城，他亲率二十万人在巨鹿城南数里之遥的棘原驻扎，作为王离的后继与声援。他还派人从黄河边上一直到巨鹿城外的军营建造甬道。甬道两侧有土墙，在甬道内行动，既可抵御流矢，又可隐藏行踪，外人无从得知。章邯通过甬道，向王离军营源源不断地运输粮秣以保证供应。他并不急于强攻巨鹿，一来是强攻即使取胜，代价也不小，他攻下巨鹿后还得攻打齐、楚、燕、魏等各国，恐难应付；二来是他要借巨鹿之围吸引各国援军，他便可一网打尽。所以，他命王离率二十万兵围城，自己率二十万兵作为后援，旨在必要时截断各国援军的退路，与王离前后夹击，里应外合，一举歼灭各国主力。

从楚国方面来看，楚怀王夺回军权以后，虽因定陶战败，损伤惨重，但若不救赵，反秦义军就可能被各个击破，待齐使去后，召集众将商议攻秦。怀王首先开口道："天下苦秦久矣，今二世尤为无道，前武信君西向进攻，连连破敌，不幸失算惨遭败亡，今当齐心协力，铲除暴秦，还问何人敢当此任？"说到这儿，即顾视两旁，见诸将皆瞪口呆，没人主动请命。怀王又大声说："诸君听着，今日凡能鏖兵西向，先行入关者，便当立为秦王。"话音未落，即有一人应声道："末将愿往！"往字刚落又有一人大声说："我亦愿往！须当让我先去。"怀王瞧着，乃是沛公首先应声，随后就是项羽，两人都坚持西行，怀王反陷入两难，沉思难断。项羽又进说道："叔父梁战死定陶，不报此仇，末将誓不为人！今愿请兵数千，直取秦关，报仇雪恨，如果刘季愿往，末将愿与他共同杀敌。"怀王听着，方徐声道："两将能同心灭秦，再好不过。即刻布置兵马，择日动身。"

沛公、项羽，奉命而出。尚有几名老将未曾告退，进谏怀王道："项羽生性残暴，前次攻打襄城，费力攻克，他因日久怀恨，大肆屠城。后来转攻城阳，又涂炭生灵。所到之处，血流成河，如此凶暴，如何能统军？况楚兵举事以来，陈王、项梁，皆无所成，都因残暴无度，人心尽失，所以终归败死。今既决议攻秦，单靠武力不行，须得忠厚之人，约束军士，安抚父老，轻易不得加诛，秦地百姓，苦秦已久，若遇义师，必争相投靠。所以，决不可遣项羽，宁可独遣沛公！沛公宽宏大度，必不至如项羽的残暴。"怀王道："我知道了！"诸老将这才告退。怀王返入内室，不觉犹豫难决，自思若不遣羽，乃出尔反尔；若遣令同往，则其残暴难服民心。前思后想，终决定不遣。

次日集会议事，沛公、项羽都来请示出兵的日期。怀王命项羽滞留彭城，不必西行。项羽怒由心起，正要与怀王争辩，正好外面有人入报，说是赵国使臣求见。怀王想正好借机打断项羽，立刻命人召见。赵使跟跄进来，行过了礼，便呈

上国书。怀王虽做过牧童，毕竟未尝忘却幼时读书识字，而且天资聪敏，所以看到来书，就知赵国求援。原来秦将章邯，移兵攻赵，赵王歇派将军陈余迎战，大败而归，退至巨鹿。赵相张耳，亟奉赵王歇入巨鹿城，令陈余驻扎城北，守卫城池。章邯在城南扎营，修建甬道，打通粮路，日夜亲自率军攻城。城中危急万分，被迫遣使向各国求救。怀王看完来书，传示诸将，项羽雄心勃勃，又想去攻杀章邯，报仇雪恨。立刻请命欲行，怀王说道："此行正要烦君，但须有人同往，我才放心！"遂即命宋义为上将，加号卿子冠军，作为统帅，项羽为次将，范增为末将，率兵数万，前往救赵。

2. 诛杀宋义

赵使先归，宋义等随后动身，行至安阳，不再前行。怀王对宋义十分信任，一切由他自定，惟另遣沛公西行。沛公辞别怀王，立刻动身，半路上收容陈胜项梁散卒，约得万人。又到砀郡召集旧部，共同西进，过了成阳、杠里二县，连破秦军二成，驱逐秦将王离，继续赶赴昌邑。时已为秦二世三年了。

秦将王离，溃败后投奔章邯军，邯令他协助攻打巨鹿，巨鹿守兵，更加心惊，急切等待楚军。偏宋义滞留安阳，裹足不前，甚至赵使多次催促，仍然不行。

宋义是谋士，而非将才。这种人洞察力强，善于冷眼旁观，能发觉倾向性的问题，适合在统帅身边出谋献策。但是，这种人实际作战的经验缺乏，长于言而短于行，遇事犹豫，真的要他去带兵打仗，后果不堪设想。

宋义与赵括同类，甚至不如赵括。他内心十分惧怕章邯所率之军，认为去巨鹿城下解围是自寻死路。因此，他率领楚军抵达安阳以后，离彭城大约只有五日行程，立刻命令全军停止前进，就地驻扎宿营。

这一下便停了四十六天。

安阳是个小镇，尚远离巨鹿城。这里人少粮乏，五万楚军停留于此，只能靠彭城补给，士兵们每天只能吃一顿，饥肠辘辘，颇有怨言。项羽帐下龙且、桓楚、英布等将领，都不断来向项羽抱怨，项羽更沉不住气，对宋义说："秦兵围赵甚急，我军既然出发，应该早日与秦交战，我与赵里应外合，便可消灭秦兵，为何停军不前，坐失时机呢？"宋义不以为然："公此言差矣！古语说，当搏牛虻，不当破虮虱，虻大虱小，我等应着眼大处，方得大功。今秦兵攻赵，即使战胜，也疲劳不堪，我可乘机攻打，必可破之。若秦兵不利，我便直捣秦关，哪里用担心章邯？我所以按兵不进，以等秦赵两军，决一胜负，再作打算，公应沉住气，伺机而动。总之战场杀敌，我不如公；出谋献策，却在公之上。"说完大笑不止。

羽忿忿而出。

范增将这一切看在眼里。宋义虽想方设法笼络范增，但范增深感故主项梁的知遇之恩，自然偏向项羽一边。何况，宋义贪生怕死，欺上瞒下，只为一己私利。他久留安阳，只为该地处于齐、楚交界之处，便于联系齐国使者。看来宋义与项羽之间一场你死我活的斗争在所难免。

宋义防范项羽甚于秦军。实际上，他在出征之前，就同楚怀王密谋，要借援赵之役削弱项羽的实力，而项羽当面向他抗议，更证实了此人骄横，不易控制。因此宋义不想轻易放过这件事，必须严厉处置才行，无论如何必须挫一挫项羽的锐气。于是，过了一会儿，军中传出军令道："猛如虎，狠如羊，贪如狼，强不可使，俱应处斩！"

这个命令一下，全军为之一震。大家都在议论纷纷：莫名其妙突然下令，杀气很重，简直是在镇压反叛者，但又没指名道姓，这到底指谁呢？有的人就猜想是领导层里的内讧，两方都惹不起。因而没人敢说出来。

这几句话分明针对项羽，项羽怒不可遏，恨不得把宋义一劈两段，立即渡河。

但他决非莽夫，而是粗中有细，此时此地，他忍下来了。但是，他加紧联系部下龙且、桓楚、英布等人，范增也常常主动来访他，也不多言，只是相对感叹，闲聊几句士兵们艰困的生活状况便告辞了。而双方都心知肚明，这是抗议主帅宋义行事不当。

沉默的楚军内部一场猛烈风暴即将来临！

当局者迷，宋义没能正确理解这种沉默。他竟自以为所下的这道杀气腾腾的军令，镇住了桀骜不驯的项羽，和他手下的那批骄兵悍将，乃至慑服了楚军全军。他在楚军中的统帅地位已坚如磐石。于是，宋义毫不放在心上，且遣子襄去做齐相，亲送至无盐地方，沾沾自喜。恰逢天气严寒，雨雪纷飞，士卒又冻又饿，苦不堪言，独宋义堂皇高坐，与诸将大吃大喝，高谈阔论。如此行为，众人岂能心服？楚军九月动身，穿得甚是单薄，加上阴雨连绵，又食不裹腹，个个都在瑟瑟发抖，眼见主将宋义为了送子赴齐，终日饮酒高会，士卒们忍不住怒火中烧，纷纷抱怨。

项羽尽管列席，内心却烦闷不已，便借酒浇愁，数大觥已下肚。待至散了酒

席，宋襄东去，宋义归营，大概是夜餐时候，士卒共同进餐，独羽难以下咽，自出巡行，听得士卒怨声载道，不由得怒气冲天，就要发作。他等到士兵吃完，立刻对众人说："我等冒寒前来，旨在救赵破秦，为何长驻于此，停滞不前？如今军中缺粮，士卒不饱，上将军却饮酒高会，不思进兵，反说要乘他疲敝。秦兵强悍，攻一新立的赵国，轻而易举，怎会疲敝？况我国新败，主上寝食难安，尽发境内兵士，交由上将军，国家存亡，在此一举，今上将军一心私谋，岂忠臣所为？"大众听了，虽未敢高声响应，但一致赞成。项羽了解了众意，才回去休息。宋义已经酒醉，回营便睡，人事不省。

到了翌日清早，羽借口进谒，大踏步进入义帐，义正在洗漱，羽走近身旁，拔剑一挥，义已身首异处。

项羽杀死宋义，把他的首级向大众展示，且号令军中道："宋义勾结齐国，有谋逆之心，我奉楚王命令，将他斩杀。"众将士已多怨言，更见羽说话神色犹如黑煞神一般，从而望而生畏，屏住呼吸。当即有数将士应命道："楚国乃将军家首立，今将军诛乱有功，理应出任上将军，发号施令。"羽接入道："这也须报知我王，静候旨意。"将士又说："军中不可无将，将军不如先代行职务，再候王命。"羽答应下来，大众便一致拥立羽为假上将军。羽为斩草除根，干脆派遣心腹，追而杀死宋襄，然后使属将桓楚，回报怀王，谎称宋义父子，通齐叛国，激起众愤，已被处决，怀王亦明知项羽夺权，但也无可奈何，只好将错就错，遣使任命项羽为上将军。统帅当阳君英布与蒲将军这两支兵。

二、巨鹿之战

1. 破釜沉舟

项羽除掉宋义以后，声名大振。他派遣当阳君英布与蒲将军两人，领兵二万，渡过漳水，火速援救巨鹿。项羽总共五万兵力，英布与蒲将军带走了将近五分之二，因此项羽千叮万嘱，必须谨慎用兵，避实击虚。自为后应，缓慢前行。

巨鹿受围，各路人马前来支援，陈余率领的赵军，最先来到巨鹿城下。当时陈余在外领兵，没有与张耳、赵王歇共同退守巨鹿城。这时得知巨鹿被围，在恒山郡征得数万援兵。但是，陈余自从败于秦军，不敢正面迎击，只是召集常山兵数万人，驻扎巨鹿城北，虚张声势。

围城的王离军对陈余军置之不理，加紧了攻城。巨鹿城中粮缺兵少，王离军兵精粮足。张耳多次派人向陈余求援，希望陈余能突破王离军的包围圈，打开巨鹿城对外的通道，假如难以实现，则应进城会师，共同抗敌。但陈余认为自己总共才几万兵力，而章邯军却有四十万人。他不希望千辛万苦组建的一支军队，自投罗网，所以借口推辞，不肯发兵。

这样经过几个月的相峙，巨鹿城内日益危急，张耳极其不满于陈余，两人素称刎颈之交，现在火烧眉毛，陈余竟袖手旁观，太不仗义了。

余迟迟不进攻，耳愈发心焦，又使张黡、陈泽二将，往责陈余，道："耳本与君为刎颈交，同生共死，今王与耳被困多日，性命堪忧，所望惟君，君拥兵数万，坐视不救，岂非有负前盟！假如心诚，何不进击秦军，誓死一搏或可置之死地而后生，请君细思。"

陈余感叹说："我并非不愿相救，但兵力未足，仓促进军，必定败亡，且余所以不愿轻易赴死，乃为赵王张君着想，破秦报怨，此番若一同丧命，实在不值！"张黡、陈泽道："事已万急，只能以死相拼，也顾及不了那么多了。"余又道："据我意见，同死毫无益处，两君必欲尽忠，不妨先行攻秦。"黡、泽齐声道："公如出兵相救，死又何惧！"余于是派兵五千人，跟随二人进攻。

张黡、陈泽率领五千人，抱着必死的决心，攻击秦军。秦军将领苏角正驻守此处。苏角自随章邯出征以来，以骁勇而著称。他见赵军来援，布置成口袋阵地，等到五千人全部自投罗网，立刻发兵斩断张、陈的退路。转眼秦军从四面八方气势汹汹杀来。赵军势单力薄，五千人非死即降，被秦军消灭殆尽。陈余见势不妙，不敢轻举妄动，听任张、陈全军覆没。

这一下，陈余愈发不敢出战了。

秦兵益振，巨鹿益危。燕齐诸国，在赵使一再乞援下，各派兵救援。张耳、子敖，也从代郡召集一万兵马，援助巨鹿。然而都因害怕秦军，只在远处驻扎，不敢轻易出兵。虽然张敖与张耳父子连心，但张敖迫于严峻的情势不敢正面攻击秦军，只游移在包围圈外，伺机而动。无奈秦军包围严密，部署得当，兵力又强。张敖知无法突破包围圈与城内守军会合，被迫沿着陈余所立之壁，与各诸侯援军一起，坚守不出。而楚军因为内部矛盾和种种原因，在途中长时间耽搁，此时尚未到达。

当时，陈余与各诸侯军总共不过六七万人，并且士气低靡，畏惧秦军。而王

离、涉间、苏角三人所率围城秦军有二十万人，章邯在棘原驻扎的秦军也有二十万人，并且乘着大败楚军的余威，士气如虹。章邯对驻在巨鹿城北的各诸侯军根本不屑一顾，认为这些人贪生怕死，不堪一击，根本不足为患。他关注的是楚军。项梁死了，但楚军中还有项羽和刘邦。项、刘联军曾经将他大败。他在前一段时间内集中全力攻赵，破邯郸，围巨鹿，有意不理睬残余楚军，是因为他估计项梁死后，楚军群龙无首，内讧必定会发生。假如他率秦军攻打楚军，楚军反而会上下一心一致对外。如今放任他们不管，楚军主将麻痹大意，必定会进一步加剧内部的争权夺利。依据打探回来的消息，楚军正重组内部。项羽没有能取代其叔父项梁，而是由楚怀王亲任最高统帅。项羽被夺兵权，没有实权。宋义的地位日益上升，刘邦则坐壁上观。他的预料得到了证实。章邯估计楚军在暂时结束内部争斗后，必定要出兵援赵，不会一直袖手旁观。项、刘军对他威胁很大，他要借巨鹿城内的赵国君臣和各国援军吸引楚国援军到达，然后以逸待劳，一举歼灭。假如此刻攻下巨鹿城，击溃各诸侯军，楚军见势不妙必放弃援赵，到那时就更难捕捉楚军了。因此，章邯下令王离等无须急于攻城或袭击各诸侯军营垒，而应等待楚军来到，再决一死战。

英布与蒲将军率兵渡河以后，一面派人集合大小船只，开赴南岸，供项羽大军过江，一面从虚处着手专门攻击防御不足的甬道。甬道内空间狭小，施展不开兵力，只能用于交通运输。英布、蒲将军将二万人分成十几支攻击兵力，每股兵力约一两千人，逐渐破坏甬道。在壁垒中驻守的秦军冲出来迎敌，楚军集中兵力、以多击少，秦军非灭即退。秦军遍地都是壁垒，战线过长，联络因甬道破坏而中断，粮道遭截，造成军心不稳。英布为了报定陶之败的仇，作战异常英勇，始终冲锋在前。蒲将军也不甘落后，奋力杀敌。这次作战，虽然没有大量地歼灭敌军，但小胜不断，足以大快人心。在城北壁垒中驻扎的各诸侯军，见楚军前锋如此英勇，受到了鼓舞，不像过去那样畏缩不振。

陈余因听说楚兵已发，长期未到，便派人催促，一直到了项羽营中。羽正打算进兵，又接到英布、蒲将军的捷报，要求后军接应，羽于是同赵使约定军期，一面率大军渡河。

全军渡河以后，项羽随后下令，凿沉全部船只，砸掉所有烧饭的瓦釜、铁锅，烧掉全部沿河的房舍，每人携带的干粮只能维持三天，即单程走向巨鹿所必需的口粮。军中将士都不明白主将项羽为何如此下令。假如兵败巨鹿，必将走投无路。但是，军令难违，只有依命行事。

司马龙且见军中有怨言，便拜见项羽，想进言劝说。项羽一见龙且来访，便知来意，目光炯炯地注视着龙且的眼睛，沉声说道："司马为何前来？是不是不理解我所下的军令？"

龙且说道："想不通的是全军士卒。末将追随上将军多时，愿以死相报。无奈全军士兵不明白上将军为何如此，末将不知如何是好！"

项羽沉声说道："你立即集合全军，我要召告全军将卒。"

龙且奉命而去。全军队伍迅速集合完毕，只见空地上站了黑鸦鸦一大片人，队伍井井有条，肃静无声。

项羽登上将坛，对全军宣布说：

"这次破釜沉舟，表明我军有进无退。进则生，退必死。釜舟又有何用？本将与全军同生共死，誓破秦兵以解巨鹿之围，为武信君报仇雪恨，重振我楚军雄风。后退者定斩不赦！"

项羽说完下坛，跨上乌骓马，领头前行。全军随后跟进，上下被一片肃杀之气所笼罩。人人都把生死置之度外，誓破秦兵。

行了半天多，便遇到了英布、蒲将军。两人见了项羽，称已数次攻打秦兵，杀死多人，但秦军士气仍旺，粮运不绝，须先截断粮道，方可制秦。项羽点头道："断截粮道，固然重要；但秦将章邯、王离等人，必定防备森严，且待我直救巨鹿，杀他一阵，再作打算。"说着，又率军直奔巨鹿。途中遇到秦兵拦阻，但被项羽杀得落花流水。抵达巨鹿城，城上守兵已溃不成军，城下的秦营，则密密麻麻，杀气冲天。羽毫不畏缩，继续进军。

秦将王离等，得知楚军远来，居然迎战，也不敢小觑，同时又有败兵回报，声称楚兵难敌，于是亲自率军出击，留他将继续围城，命裨将苏角看守甬道，径直杀向楚军。离城仅及里许，已遭遇楚军前队，连忙布阵，不料正由项羽统帅前队。一声令下，楚军便杀将过来。羽亦跃马入阵，王离率军截击，却被击退。再加羽一杆长槊，在秦阵里面，东冲西突，秦兵便纷纷落马。离知不敌，掉头撤退，羽则穷追不舍。王离被迫回身再战，偏项羽越战越勇，其他的将士也受到激励，奋勇杀敌。离连连败退，被迫回本营。

这场厮杀甚是惨烈。

在巨鹿城北驻扎的各诸侯军，仍旧作壁上观，不敢出战，连巨鹿城内的赵国守军，也只站在城头上观看而没有勇气伸出援手。如此残酷而惨烈的战斗场面谁也没有见过。

楚军的攻击在诸侯兵的眼里如山崩海啸，电闪雷鸣，令他们大为震惊。这与其说是一支军队，不如说是一群扑向羊群的饿狮。

秦兵无法招架楚军的猛烈攻击，开始撤退了。

"嗬，嗬……"楚军发出一片吼声，刀枪所到之处，血肉横飞。被砍的秦兵凄惨地号叫，夹杂着断筋错骨的声音，兵刃交接时发出的铿锵声，楚军杀向秦兵震天的呼吼，这些声音使人毛骨悚然。

王离假如集中兵力发起强攻，那么也许还能抵御一天、二天。楚军长途跋涉，又缺乏粮食，假如连续冲锋却不能占优势，士气一定会衰落，而驻在棘原的章邯大军来援，前后夹击楚军。项羽虽然英武绝伦，但孤军奋战，必然败亡。然而，王离起初太轻敌，又将兵力分散逐批上阵作战，上去一批，被消灭一批，楚军越战越勇了；而秦兵由于连连败阵，士气越来越低落。所以失败也是必然的。

章邯见王离不敌，亲自率军攻打楚军。这时候的各国援军仍在作壁上观。遥见秦楚两方的将士，步步趋近，秦兵队伍整齐，人强马壮，气势汹汹。楚军衣服简陋，步伐紊乱，三五成群，也没有甚么阵式，只是冲杀过来。各国将士，还以为楚军没有纪律，只靠蛮勇，必败无疑，哪知项羽是杀星下降，只命士卒奋勇向前，什么阵式也不要。况且楚兵只相当于秦兵的一半，若要一一对应作战，必须得长出三头六臂来。所以羽命令士卒各自为战，互不相顾，违令立斩。一班楚军，全部抱着必死的决心，奋力向前，一当十，十当百，气势磅礴。不但战场上的秦兵无法招架，个个心惊肉跳，连壁上旁观的将士，也禁不住毛骨悚然。章邯曾败于项羽，此次见楚军愈发凶悍，料难持久，赶紧撤退，已损失了三成的兵力。项羽见章邯退去，才令部众回营休息，到了夜间，仍然严阵以待。

一夜总算过去了，令军士填饱肚子，准备再战。羽且下令道："今日若不歼灭秦兵，就没粮食了，是生是死，在此一举，大家全力以赴！"众将士齐声相应，就拥出营中，直奔秦军。秦将章邯，被迫迎敌，这次交锋，邯也令将士拼死一战。无奈士气已经低靡，章邯无论如何都无法改变这一局面。章邯屡令前进，部众却进少退多，直至五进五退，已溃不成军。项羽至巨鹿城下，已先后九次大战秦兵，秦兵全部败阵，章邯逃回城南大营，王离、涉间守住本寨，不敢再战。项羽于是命令英布、蒲将军，堵截甬道，亲自攻打王离、涉间。王离哪能招架，便试图夺路逃生，却被项羽撞个正着，只得迎战，战了不过三回合，手中的枪便被项羽打飞了出去，离赤手空拳，掉头就逃，楚兵一齐赶上，将他生擒。涉间见王离被擒，自知必死无疑，将全营连同自己放火焚烧殆尽。

羽见秦营起火，吃了一惊，忙令军士后退。不一会儿火势渐衰，秦营已化为灰烬，秦兵非死即降。各国军将，相继出兵，求见项羽，愿共击章邯军，羽冷笑说："现在才来见我吗？"说完命令各国军将，在自己营前等候。羽整辔回营，升帐上坐，才传见各国军将。各军将正要入营，忽然看见一班人马，拥着两员大将，气势汹汹而来。一将手持长枪，枪上挑着一个血淋淋的首级，令人不寒而栗。既至营前，两将同时下马，命部兵候于营外，交付弁目枪械，只提着首级进去。不一会儿即有一人持出首级，挂在营门上展示。各国军将心慌不安，打听后方知进营两将，就是英布、蒲将军，布杀了秦将苏角，所以携其首级前来报功。各国军将听了，愈发恐慌，个个胆战心惊趋至项羽座前，俯首自报家门，不敢仰视。羽有意刁难，好久才命他们起身，各军将又恭敬致谢，缓缓站起。羽令他们坐在一旁，众人异口同声说："上将神武绝伦，末将等愿意追随！"羽也不推辞，即答道："诸公且回营静守，若有战事，自当告知。"各军将于是全部告退。

秦兵的这次惨败空前未有。

一朝解除了秦军前后将近三个月的巨鹿之围。

各诸侯军吐气扬眉，近日来的郁闷情绪一扫而尽，极其尊奉在此战中起决定作用的楚军，而对项羽更是佩服得五体投地。

巨鹿之战，气吞山河，成为历史上以少胜多、以弱胜强的典范，各国诸侯并因此公认项羽为共同盟主，反秦义军的领袖。他统一调动指挥各国诸侯的军队，从楚国的上将军进而成为各国诸侯联军的上将军。

巨鹿之战，奠定了项羽一代霸业的基础。

那一年，项羽二十四岁。

混乱的时势，造就了这位杰出的青年统帅。他那破釜沉舟的勇气和决心，在历史上永远熠熠生辉。

2. 章邯乞降

巨鹿之战后，赵王歇与张耳出巨鹿城，先到楚军营拜见项羽，对他率兵破秦救赵感激不尽，并表示赵兵愿听命于项羽。项羽略表谦逊，说救赵是为了维护各诸侯的共同利益，同时欣然接受了对赵军的指挥权。赵歇与张耳称谢后，辞别项羽，去感谢各诸侯。虽然各诸侯军在楚兵于巨鹿城下大破秦兵时袖手旁观，按兵不动，畏缩不前，但当项羽先后击退章邯援军和王离军之时，各诸侯军相继发兵，痛打落水狗，总算发挥了作用。况且，各诸侯军为援救赵国，长途跋涉，尽管出力不多，但赵国也该去各诸侯军营中称谢慰问，以尽地主之谊。

赵王歇与张耳逐一谢过各诸侯后，返回巨鹿城中。张耳对陈余坐视不救极其不满，没有跟随赵王回城，而是直接去质问陈余究竟为何按兵不动，不肯救赵。陈余道：

"我军与秦军实力悬殊，所以按兵待援，绝没有其他的用意。换了别人指挥也是这样，没有必要小题大做。"又问及张黡、陈泽二人，陈余道："张黡、陈泽劝余拚死，余认为白白送死不值得，他两人坚持出城，余乃拨遣五千人由他们指挥，结果全军覆没，两人俱死，实在可惜！"张耳变色道："恐怕并非如此。"陈余道："余与两人毫无过结，根本没必要暗中加害，何况人人都知道他两人出兵一事，我如何能信口开河，请公勿疑。"张耳始终不信，依然问长问短，喋喋不休，余不觉动怒道："公既然如此怨余！余不如缴出将印！"说着，便解下印绶，交与张耳，耳并不想同陈余决裂，没有接受。余将印绶放在案上，出外如厕，张耳随员于是轻声对他说："古人有言，天与不取，反受其咎。今陈将军将印还交于公，公若不受，恐有违天命，不必推辞！"耳于是把印佩在身上。陈余回来后，见张耳居然佩印，心中更加气恼，一句话也不说。率数百士卒忿忿离去，自谋生路。天下都知张耳、陈余两人交好。如今多年交情因兵权之争而毁于一旦，从此反目成仇。

陈余离开后，张耳身兼将相，收整陈余部，仍奉赵王歇返回信都，后来又率军追随项羽攻秦。张耳、陈余之间的矛盾属于赵国的内政，对此项羽自不便过问。但张耳一人掌握赵国兵权，他又愿听命于项羽，项羽对此很满意。因此，项羽对张耳慰勉有加。于是项羽攻打章邯，邯坚守棘原，尚有二十余万部众，楚军虽然在巨鹿之战中大胜秦兵，也付出了很大代价，五万人损失了一万余人，剩下不足四万兵力，加上三万左右赵兵，各路诸侯兵力总共五万余人，总兵力大约十一二万。

羽又打算发动强攻，还是范增建议缓战，待章邯粮绝势灭，不攻自破，无须多费兵力。羽于是驻扎漳南下寨，与邯对峙。

齐、赵两军都愿联合攻秦，燕、魏等军也争相追随。项羽见已收服各诸侯军，楚军经过一段时间的休整，也补充了兵力，恢复了元气，认为破秦时机已到。邯也不敢出战，只是向咸阳报知败况，请旨定夺。

赵高独揽大权，竟搁置邯奏报，根本不上呈给二世。偏有一班宦官宫姜，私下议论章邯败耗，被二世听见了。二世于是召见赵高，询问军事。

赵高入宫谒见二世胡亥，胡亥厉声责问他："丞相总是说关东群盗仅仅是几个小毛贼，已被章邯大军剿灭。如今秦兵大败于巨鹿城下，丞相作何解释？如此大事，丞相为何竟不奏告？"

高回话说："现在章邯一人掌握兵权，臣为内相，不能远察军情，章邯亦没有什么军报，只是近来传言他大败，尚不知晓事情真相。臣正打算上奏，不料陛下已先查明，臣想关东群盗不足为惧，为何章邯重兵不能扫除，请陛下降诏切责，以免误事。"二世听着，深信不疑，嘱使颁诏出去。

胡亥昏庸无能，赵高信口雌黄，他却信以为真，觉得章邯屡传捷报，怎会在巨鹿城下大败？一定是因为骄傲轻敌，章邯手握重兵，理当轻易击溃关东群盗，如果一再对他增兵，势必形成尾大不掉之势。于是，他下诏由赵高全权处理此事后，自己仍沉溺于享乐之中。

实际上是赵高对章邯有猜忌，认为他通过宫里的内应告知二世，所以给他定了个纵盗玩寇的罪名，于是派人写好诏书迅速送达邯营。

赵高权力欲极强而又心胸狭窄。他认定章邯想不经由他直接联系二世皇帝，就无法容忍，不禁对章邯越想越气，决心要还以颜色。尽管已颁严诏切责，但还是不满足。他派大批使者假托二世皇帝之名，严责章邯作战不力，玩忽职守，命令立刻扫除关东群盗。否则将下狱治罪。

章邯实在是两头受气。面临在项羽率领下的楚军，士气如虹，锐不可当，章邯不敢轻举妄动；背后朝庭又猜忌他，认为他不忠，不仅不肯增援，反而严诏切责。如今进退两难，无处容身。

他召来长史司马欣，两人经过一番商议，最后决定章邯坚持固守原地，整训残部；司马欣则迅速返回咸阳，向二世如实禀告军情，要朝廷大量增援。秦二世三年四月，司马欣率领五十名轻骑，离开棘原军营，赶赴咸阳。

欣不敢怠慢，一抵达京城便急于求见。不料二世久不视朝，一切听命于赵高，闻知章邯派使前来，故意不见，只让他在外伺候。欣只好耐心待着，连续三天仍不传见。只好贿赂门吏，打探消息。门吏才告诉他丞相赵高阴忌章邯。

司马欣听了门吏的话，不觉心惊胆战，心想赵高此人长期把持朝政，阴险毒辣，无所不为，不宜久留京师。于是，他连忙返身上马，率领五十名轻骑，出了城门，向东奔归棘原。他走了三十里路，转念一想，赵高既然疑忌章邯，不让章邯使者接触皇帝，当然也害怕邯知悉朝内情况，章邯手中毕竟有几十万大军，假如杀个回马枪，后果不堪设想！赵高老奸巨猾，如果得知他已离开京师，必然派人追杀，司马欣想到这里，就命带来的五十名轻骑仍从原路驰回军营，叮嘱假如

丞相派人召回，千万不可从命，必须迅速返回棘原军营。如果来人以武力阻止，则进行反击，一切由章将军担待。

他自己却离开随从，独自从小路奔向棘原。

待赵高得知欣离开，派人追杀，但从官道赶去，一无所获，只好返报。那司马欣奔回本营，便如实报知章邯，且皇然道："赵高独揽大权，对将军不利，将军性命堪忧，请将军自图良策。"章邯听到欣言，不免忧心忡忡，一时也束手无策，只有喟然长叹。忽一书自帐外传入，立刻取过展阅，但见上面写着：

白起为秦将军，尽灭楚赵，坑二十余万赵卒。平日战功显赫，竟被秦王赐死。蒙恬为秦将军，抵御胡人，得数千里地，竟被杀于阳周。这是为什么？只因功高震主，因而借口诛杀。今将军为秦将已二年矣！损失十余万兵将。而各国并起，敌兵日多。况且赵高一向迎合二世，今世事日危，担心被二世所杀，所以企图把罪名推到将军身上。将军长期在外，与朝臣不和，不论功绩，终是一死。且今日秦气数已尽，天下人皆知。将军在内无法尽忠，在外为亡国之将，孑然一身难以保全！将军不如反向倒戈，弃暗投明，灭秦分地，自立为王，总好过身首异处，祸及家人！

原来，陈余自从与张耳决裂，率领数百亲信将士居于河上泽中，以渔猎为生，但仍旧未尝忘怀国事。张耳抢夺他的军权，他忿忿难平。但他由于贪生怕死在巨鹿城下坚守不出，拒不迎战秦兵，落得个坏名声。陈余尚且自知，很想有所作为以洗雪巨鹿城下的耻辱。他见项、章两军相持，章邯军士气日衰，觉得正好趁机劝降章邯。如果事成，他必然吐气扬眉。他曾与范增商议此想法，范增大力支持，声称此举若能成功，他必然名扬天下。于是，他费尽心机写了一封书简，命人送到棘原秦营呈交章邯。

章邯看罢书简，感慨万千，心中思量：陈余虽是敌人，话语却句句属实。自己为秦军统帅三年，南征北战，功勋卓著，但朝廷没有任何封赏。兵败巨鹿，请兵增援，竟遭严斥，看来赵高企图杀他以自保。但若投降楚军，又担心祸及留居京师的合家眷属，这又如何是好？犹豫不决，陷于两难。

于是，章邯开始征求心腹司马欣的意见，司马欣主张降楚。

长史司马欣是章邯的心腹，章邯必然重视他的建议。况且，咸阳之行有着极深刻的教训。国事如此，大丈夫又能怎样！章邯迟疑许久，终于决定私下派遣军侯始成作为使者，去项羽营中请订和约。

羽恼羞成怒："章邯杀我叔父，此仇未报，我正想取他首级，祭我叔父，居然敢请和？本该先斩汝，今暂借汝口还报，速叫章邯来受死，汝全军尚且可保！"说罢，喝令左右驱逐始成。始成踉跄回报，邯愈发愁闷。正在犹疑不决之际，突有探回报："由蒲将军带领，楚兵已渡三户津，想是要来攻营了。"邯忙说道："不可让他进逼我营！"一面说，一面发兵出去堵截。刚过半日，便有败兵回报："楚兵凶悍，我军不敌，被迫撤退，请主帅迅速援救。"章邯一想，项羽不来总还招架得住，不如亲自迎敌。便立刻披挂上马，率军出战，刚到汗水岸旁，便已遭遇楚军，双方立即交战，约有一两个时辰，胜负难分。突然听到楚军后面，鼓角喧天，喊声震地，乃是项羽亲率大军前来。邯不禁心慌，秦兵更加畏惧，纷纷后退。楚军以迅雷不及掩耳之势突过战线，冲破秦兵阵脚，秦兵顿时溃不成军；章邯亦掉头逃命。好容易逃入本营，但军士伤亡惨重，幸好楚军赶了数里，没有继续追击，尚得收整残兵，守住军营。

章邯一筹莫展。出战，力不能及；固守，无法长久；投降，项羽断然拒绝。现在看来真的走投无路了。这时，都尉董翳拜见章邯，劝他降楚。章邯皱眉说："上次始成前去媾和求降，不料项羽记恨杀叔之仇，拒不答应，有什么办法？"

董翳道："可教司马欣前去，便无他虑。"邯乃召入司马欣，命他使楚求降，欣竟不推辞，即刻前往。很快欣便回报，声称项羽已不念旧怨，肯收容了。原来欣曾当过栎阳狱椽，对项梁有救助之义。此次拜见项羽，便重提旧事，且劝羽从大局出发。羽本不答应，由范增旁敲侧击，并言兵多粮少，难以维持，收降章邯乃为上策，羽于是应允，订立和约，不加害于邯。

项羽又召集帐下诸将议事，宣布因为军中粮少和减少伤亡，打算接受章邯军的投降。众将闻讯齐声欢呼。

秦二世三年七月，洹水之南，殷墟。

项羽相约与章邯在此处会盟。二十余万秦兵投降，这可非同一般。这是大泽乡举事以来义军所取得的最大胜利，表明秦主力军的覆灭，因此，举行了盛大的仪式。

当地盟坛高筑。行伍整齐、训练有素的楚军精锐部队布满盟坛前的旷野上。那一天，章邯命随从的卫队在五里以外停驻，自己与司马欣、董翳徒步沿着蜿蜒的道路来到盟坛所在地。楚军的甲士立于道路两旁，手持寒光闪闪的戈矛戟斧，他们站姿笔挺，衣甲鲜明，威风凛凛，纹丝不动，但他们却好奇地注视着章邯。这并非普通人，而是威震四海的秦军主将章邯，是自出函谷关以来所向披靡的章邯，是他们心目中的英雄统帅项羽手下败将的章邯。如今，不可一世的章邯来投

降楚军了，投降他们的统帅项羽了。楚军兵将们感到吐气扬眉，自豪不已。

章邯像突然间衰老了十岁。他弓着身子，像个老人，往日的英武气概荡然无存，步履维艰，心中百感交集，不知在会盟时项羽将会怎样侮辱他。项梁是被自己杀死的，还悬示项梁的首级，这条通往盟坛的道路似乎如此漫长，章邯每走一步都在心痛！战败投降的滋味竟是这般难受。

章邯在楚军的如林矛戈中行进，终于抵达盟坛之前。

项羽在坛上望见章邯来到，大踏步走下盟坛。

章邯等见羽到来，赶紧下马，长跪道旁。羽让他起身，方起立道："邯为秦臣，理应效忠秦室，无奈赵高当权，二世昏庸，秦气数已尽，邯不能随他俱亡。今仰将军神威，战无不克，铲除暴秦，入关称王，建功立业。邯早欲弃暗投明，不过前时冒犯将军，自知负罪，未敢请降。现蒙将军宽宏大量，誓当以死相报。"说至此，泣不成声。羽抚慰他说："君无须多虑，既知投效于我，我也不会计较私仇；若得乘此灭秦，富贵与共，一言为定。"章邯拜谢，秦将士并皆叩首。

盟誓已毕，双方下坛。项羽就地摆宴款待章邯等三人。章邯万万没想到项羽如此礼遇，对比秦廷苛责于他，心中百感交集，泪水夺眶而出，呜咽着向羽表达他的感激和悔恨。他自然提及秦廷的昏庸和腐败，赏罚不分，尤其当提到赵高对他的疑忌和陷害时，更是深恶痛绝。

等到项羽逐一登录，方敢起立，羽即封司马欣为上将军，令他带领二十余万秦兵，作为前锋，封章邯为雍王，留守营中。自己亲率楚军，及各国将士，共计四十万人，按程进军，关中大震。

第六章　先入关中

一、长驱直入

1. 智取陈留

项羽始终在主战场正面攻击秦军的主力。巨鹿之战，以少胜多，沉重打击了秦军主力，士气日盛。随后，从秦二世二年冬到三年七月，楚军在漳水对峙章邯军，足足八个月时间，牵制着秦军主力，直到章邯投降，这种局面才结束。

刘邦在这段时间内，以少量兵力避实就虚，趁机向西进发，直奔咸阳，作战指挥的灵活性充分体现了出来。

宋义、项羽率军救赵时，刘邦西进途中收整陈胜、项梁兵败后的余部，一共才只有数千兵。他从砀县动身，转战于砀郡、东郡，在城阳、成武两次大破秦军，于成武南攻破秦东郡尉与王离军。王离率军溃逃至巨鹿城下投奔章邯，因为他出身将门，乃祖王翦、乃父王贲都是秦国名将，所以章邯命他统领围攻巨鹿的秦军。当时宋义正滞留安阳，按兵不动。

沛公途经昌邑，守将坚守不出，只有率军进攻。恰好昌邑人彭越，率众来见沛公，沛公甚喜，便联合攻城。城上万箭齐发，几百攻城兵受伤，沛公下令暂停，与彭越从长计议。

越小字为仲，素来以捕鱼为生，身强力壮，被泽中少年推为渔长。及陈胜起事，项梁继起，反秦义军风起云涌，越的手下也劝他自立为王。越却称要静观其变，等待时机。一年转眼间又过，泽中有百余少年，投奔彭越，坚持拥立他并发动起义。越无法推辞，乃与诸少年约定，翌晨会议，迟到者斩。诸少年应声而去。到了次日，越早起等候，诸少年先后相继到来，最后的竟迟至日中。越发怒道："我原不欲为诸君长，诸君乃坚持立我，理应听命于我。昨与诸君约定日出会议，今已快日中了，共计有十余人，违约迟来，理应全部处斩，但念人数太多，不可尽诛，只有斩杀最后一人。"诸少年没等他说完，都不以为然地说："不至于如此严重，以后遵约就是了。"哪知越已将后至的少年推出斩杀了。

彭越拎着人头，设坛祭天，宣誓起兵，然后对徒众发号施令。徒属惶惶不安，将彭越视为神明，纷纷俯伏在地，无人敢抬头仰视。彭越下令攻城略地，收整各支溃败起义军的残部，得千余人，由他指挥成为一支军纪严明、战斗力强的部队。

越于是集合各地散卒，得千余人，得知沛公过境，前来相助。

刘邦尽管有彭越相助，但两支军队的总兵力仍然不足，而昌邑城兵精粮足，工事坚固，刘、彭两军联合进攻，仍难以破城。当时是秦二世三年二月，项羽已在巨鹿大败秦军，正与章邯两军相持。刘邦尽管无后顾之忧，但天气严寒，粮食缺乏，长期顿兵昌邑城下，不是长久之计。刘邦决定撤去昌邑之围，引兵西向，彭越则率众返回巨野泽中，收集魏地散卒，但他分了一部分兵力援助刘邦。两人短期相处，但甚为投缘。后来楚汉相争时，彭越投奔刘邦，在击败项羽的战争中发挥了十分重要的作用。

刘邦率兵到达沛郡栗县，与柴武率领的一支独立起义军相遇，刘邦吸收了这支军队，得到了四千余人，收编柴武在手下为将。这时，刘邦军超过万人，便联合魏将皇欣、武蒲所率之军再攻昌邑，却依然不克，反而损失二千余人，兵力又降到一万以下。当时，秦军主力虽于巨鹿一带被牵制，但关东南部诸郡仍驻扎不少秦军，昌邑县城的秦军就有较强的兵力。

沛公见难破昌邑，打算改道进兵，与越商议。越建议改道高阳。沛公便与越作别，自率部兵直趋高阳。

高阳有一老儒，穷困潦倒，但担任里中监门吏，姓郦名食其。监门吏虽地位卑微，但郦平日爱说大话，豪气逼人，县中贤豪都不敢使唤他，在本县以轻狂而出名。

项梁等楚中起兵，曾先后派几十人去往高阳。郦食其问明姓氏，认为他们才疏学浅，难有作为。旁人笑他信口开河，于是叫他狂生。至沛公到了高阳，手下有骑士与郦生是同乡，彼此相熟，见面后，自然一番长谈。郦生对骑士道："我听说沛公高傲自大，目中无人，是不是真的？"骑士道："这种传说，倒也不假；但却喜欢求贤纳士，对与其相谈的智士从不怠慢。"郦生道："照汝说来，沛公的确与众不同。我想跟随于他，汝可否为我引荐？"骑士默不作答，郦生道："汝觉得我年迈无用吗？汝可去见沛公，就说同里中有个郦生，年过六十，身长八尺，爱夸口，被称狂生，却自认不狂，足智多谋，可以相助。"骑士摇头说："沛公最不喜儒生，若儒冠文士，前来求见，沛公便命他免冠，当作溺器，平时也常说儒生迂腐，公却偏要以儒生名义进见沛公。"郦生道："汝不妨为我进言，我料沛公一定召见。"

骑士欲试郦生才能，于是拜见沛公，如实告知。刘邦觉得好奇，便派人召见郦生。郦生至刘邦军门，告诉守门的使者："高阳贱民郦食其，听说沛公领兵伐暴秦，烦请使者通报。"使者进去通报，刘邦正在洗脚，问使者说："来人什么模样？"使者回答："儒衣儒冠，看上去是个老儒。"刘邦说："让他走吧！就说我忙于天下事，没空见儒生。"

使者转告郦生，说："沛公敬谢先生，正忙于天下事，无暇相见儒生。"郦生听后，瞪起炯炯有神的双眼，手按长剑，铮的一声，半截出鞘，喝斥道："滚！快进去告诉沛公，我乃高阳酒徒也，根本不是什么儒生！"

使者吓得双手发抖，掉落了郦生求谒的名刺，连忙跪下拾了起来，返身入内禀报刘邦："来客好凶呢！他自称是高阳酒徒，叱臣入报，两眼一瞪，甚是凶悍，臣吓得都掉落了他求见的名刺。此人真乃天下壮士也！"

刘邦得知来客是这样一个人，便高傲地说："叫他进来！"

郦生进谒时，沛公正坐在驿馆中的床上，两个女子在给他洗足。郦生瞧着，有意不慌不忙地走到沛公前，长揖不拜。沛公依旧不动，视而不见。郦生大声说："足下引兵到此，是攻秦还是助秦？"沛公见他一身儒生打扮，已没有什么好感，并且举动粗俗，说话唐突，不由得动了怒意，大声喝斥："竖儒！天下苦秦难道不知吗？诸侯统欲灭秦，我难道独助秦不成！"郦生接着说："足下如果真的想灭秦，为何拒不相见！试想行军不可无谋，若怠慢贤士，何人肯来献策！"刘邦听后，为之一震，赶紧命侍女擦干双脚，穿着停当，请郦生上坐，向郦生道歉。

郦生仍不罢休，继续指责说："足下欲成就大业，却以貌取人，说什么没空见儒生。若不改变这种态度，天下贤士将与足下失之交臂。我看足下之智在我之下，足下之勇亦在我之下。足下想得天下却拒绝见我，我认为足下大错特错。"

郦生如此狂妄，换了别人早已忍无可忍，但刘邦却好生赔罪，说："起初只闻先生之容，如今方知先生之意，请先生不要计较我的浅薄无知。到底怎样才能得到天下，请先生赐教。"

郦生道："足下兵不足万，如果直接攻秦，无异于自寻死路。据仆愚见，不如先占领陈留，陈留乃战略要地，交通便利，进可战，退可守，且城中粮草丰足，仆与该县令相熟，愿往招安，如果该令不从，请足下率军夜攻，仆为内应，则可破城。陈留既得，然后招兵买马，进军关中，乃为上策。"沛公十分欣喜，即请郦生先行，亲自率兵跟随。

郦生抵达陈留，进见该令。几句寒暄之后，郦生便详述利害关系，偏该令不以为然，宁可与城同归于尽。郦生于是转口假装与县令议守，谈得十分投机，县令便设宴相待。郦生原本嗜酒，百杯不醉，那县令饮了数大觥，却酩酊大醉，自去就寝，留宿郦生署中。郦生等到半夜，乘县令睡熟，将他杀死，割下首级，用物包好，持在手中，偷偷溜出城外。直到沛公军中，见了沛公，如实相告。

刘邦大喜，第二天率军攻城，用长竹竿悬示陈留令的首级，命士卒向城上人喊话："快投降吧！已经斩下了你们县令的头，这就是陈留令的首级！若不投降，攻克城后格杀勿论！"陈留守军见县令已死，便打开城门投降。刘邦占据陈留后，用兵库中储存的精良武器武装部下，又获得足以补给军队的大量粮食。于是，刘邦率军在陈留进行了三个月的休整，兵强马壮，达到几万兵力。刘邦封郦食其为广野君，命他常常穿梭于各诸侯间，为刘邦充当说客。

郦生有弟名商，智勇不凡，由郦生举荐给沛公，召为裨将，派他征集士卒，得四千人，沛公遂命他统领，共同西进，围攻开封。

2. 直逼咸阳

开封城严加守备，难以攻克。这时，秦将杨熊听说开封被围，出兵援救。刘邦撤去开封之围，亲自迎战，在白马遭遇杨熊军，双方便正面交锋。刘邦军兵虽不多，将领却个个骁勇善战，杨熊军难以招架，迅速撤退，已折损不少前队兵马，勉强退到曲遇东边，熊借平旷的地势就地布阵，准备迎敌。沛公率军前来，两阵交锋，各不相让。正杀得难解难分，忽赶来一支生力军横冲向杨熊阵内，熊军被拦腰斩断，一下子溃不成军。再经沛公乘胜追击，根本不敌。杨熊夺路逃入荥阳，全军覆没。沛公此次交兵，多亏有人夹攻杨熊，才能取胜。正打算派人致谢，来将已到面前，下马俯首拜见沛公。沛公也下马答礼，亲自扶起，这才发现原来是韩司徒张良，故人相逢，不胜欢喜，立刻驻扎军队，促膝长谈。良称拜别以后，与韩王成往略韩地，占领数城。可恨秦兵屡次侵犯，致屡失数城，只好作为游兵游移在颍川左右。今听说沛公经过，特来相助。沛公道："君来助我，我亦当助君攻打颍川，再攻荥阳。"说罢，便率军南攻颍川。

颍川守兵，在城上破口大骂。沛公大怒，亲率兵攻城，几天才将城攻破，全部剿灭守兵，又打算进兵荥阳。恰有探骑来报，秦将杨熊，已被秦廷诛杀。沛公喜道："杨熊已死，暂时已无忧患，我等且夺还韩地，再作打算。"张良欣然赞同。

又听说赵将司马卬，也打算渡河入关，沛公惟恐落于人后，便北攻平阴，一时难破，又转攻雒阳。雒阳秦兵势众，难以攻克，于是又转攻辕辕。辕辕乃是山名，山路蜿蜒崎岖，须要盘旋环行，故名辕辕。秦人认为该地险要，无须防守，沛公因而得以畅行无阻。一过辕辕，接连夺回韩地十余城。恰好韩王成来见沛公，沛公便令他留守阳翟，自与张良等向南攻打阳城，阳城县秦军防御力量不足，刘邦率军轻易攻破，得到一千余匹马，不仅补充了夏侯婴所率车兵所需的马匹，还组建了骑兵。

当时，曹参、周勃、樊哙等刘邦军诸将都出身市井，不善于骑马。惟独灌婴年少，虽不善骑，却愿充当骑兵。灌婴是睢阳人，原来贩卖丝绸。他是在章邯除掉项梁以后，刘邦还军驻砀之时才追随刘邦的，并非刘邦在沛县的老班底。他虽年少，资历也浅，但却异常骁勇善战，在杠里、开封、曲遇之役中奋力杀敌，颇有战功。刘邦答应灌婴的请求，让他成为骑兵。后来楚汉相争中，刘邦坚守荥阳时，为了对付楚军的骑兵，在军中选拔骑将。大家都举荐过去秦军中的骑士李必、骆甲，认为他俩善骑并富于经验，如今担任汉军校尉，最适合做骑将。刘邦想封他俩为骑将，他俩却推托："我俩是秦人，恐难得军中士卒信任，不易指挥。望大王派左右善骑者为将，我俩愿意追随。于是，就选了灌婴，因他年少，有骑术基础，每次作战中都一马当先，战绩辉煌。于是，刘邦命灌婴为中大夫，李必、骆甲为左右校尉，率领骑兵迎战楚军骑兵，在荥阳城东大败楚军，灌婴成为汉军中著名的骑将。

刘邦在阳城建立骑兵后，乘胜进攻南阳郡。南阳郡守吕齮率军中途阻击刘邦军。刘邦出步、骑两军，迎头痛击，南阳郡守所率之军被杀得落花流水，退守宛城。刘邦率军追至城下，发现城上守备森严，不打算强攻。以免使兵力过

度损伤。于是，他便放弃宛城，率军继续西进。约行数十里，张良叩马进谏道："公放弃攻宛，急于入关，但前途多险阻，秦兵更多，若不攻破宛城，则有后患，一旦秦兵前后夹击，进退两难，则情况危及。不如回去攻打宛城，出其不意，攻其不备，则后患可除。"沛公表示赞同，经过良一番周密策划，传令各军乘夜不动声色悄悄回宛。静悄悄地到了城下，天仍未亮，便围住宛城，里外三层。部署停当，便点放号炮，响声震天。

南阳守齮，心想沛公已去，便放心睡了个安稳觉。及城外震天作响，方才惊起，登城俯视，见已被敌军严严实实地包围，吓得魂飞魄散，束手无策，心想只有一死了之，禁不住凄然道："罢！罢！"说到第二个罢字，便拔出佩剑，打算自刎。忽后面有人急呼道："不必，不必，死时尚早呢！"齮回头发现是舍人陈恢，便惊问道："君叫我不死，有何计策？"陈恢道："沛公宽容大度，公不如投奔于他，既可免死，也可不失身份，保全人民。"齮好一会儿才回答："君言也是有理，可否为我请降？"恢欣然同意，便下城，当被攻城兵拘住。恢声称进见沛公，军士便押至沛公座前。

沛公问他来意，恢道："仆听说楚王约定，先入关中，便可封王。今足下留攻宛城，宛城地广人多，自知投降必死，被迫坚守，足下虽兵强马壮，一时也难攻克，反徒伤士卒；若舍宛不攻，继续西进，则留下后顾之忧，一旦腹背受敌，胜负难料，恐难以立即入关。为足下计，不如招降郡守，给他封爵，命他仍守宛城，供作补给，一面带领宛城士卒，共同西进，前方各城，知君宽容都将不战而降，则足下进关之路便畅通无阻。"沛公深以为然，对陈恢道："如果郡守出降，必定给他封爵，有劳君回报。"恢便立刻返回城中，报知郡守。

郡守齮打开城门迎接沛公入城。沛公封齮为殷侯，恢为千户，依旧驻守宛城。随即率宛城兵将共同西进，沿途城邑，果然不战自降。后来经丹水，出胡阳，下析郦，严令各军不得抢掠。秦民得以安身立命，欣喜不已。沛公于是直接抵达武关。关上守将因沛公兵忽然从天而降，仓皇失措，不及征兵，但令数千老弱残卒迎战，却根本不堪一击，守将落荒而逃，把好好一座关城，拱手献与沛公。沛公安然入关，咸阳震动，谣言四起，人多逃亡；那阴险毒辣的赵高，如今也不知如何是好。

二、沛公纳降

1. 赵高伏诛

秦二世三年八月。刘邦军攻破武关，进入关中。这时，秦军主将章邯已率二十余万秦军主力在殷墟投降项羽。

秦廷眼见就要毁于一旦。

就在这一个月，赵高把胡亥除掉了。

一个拥有权力而又没有监督的人，一旦用权力谋取私利就会愈发狂热地追求权力。他对权力的欲望如滚雪球一般永不休止，赵高正是这样一个人。他在秦廷的权力斗争中相继除掉了蒙恬、蒙毅、李斯、冯去疾等大臣，诱使二世深居宫中，自己独揽大权，但他仍贪心不足，权力欲更加膨胀。

赵高威权日重，已像软禁一样把二世深锁宫中，不问外事。又担心朝臣有不满情绪，于是借口献马，入报二世。二世道："丞相一定献的是好马，可以马上牵来。"赵高于是命从吏牵入。二世发现是一只鹿，而非马。便笑说道："丞相说错了！这分明是只鹿。"高仍坚持是马，二世不信，顾问左右，左右都默不作声。几个胆大的侍臣在二世的诘问下承认这是只鹿。二世哈哈大笑说："我说呢，分明是鹿，怎么会是马？丞相花了眼，朕可是看得清清楚楚的呢！"

赵高面有愠色，什么也没说，掉头便走。

过了几天，赵高诱骗那几位说是鹿的侍臣出宫，抓捕后借口"妖言惑主"立即斩首。胡亥对此居然不闻不问。从此以后，宫内的近侍和朝中的大臣，更加害怕赵高，对他唯命是从。赵高更是肆无忌惮，越发嚣张。

赵高又献给二世一束蒲叶，声称是"肉脯"。甚至指青色为黑色，指黑色为黄色，整天在二世面前胡说八道，二世左右都随声附和，二世越加疑惑不解。便召太卜，令他问卜。太卜早已听从于赵高，便谎称："陛下当祭祀天地、宗庙、鬼神之时，未尽洁净斋戒，所以会这样。如今只有修明斋戒，才能消除。"二世信以为真，便到僻静的上林中斋戒。

二世虽处斋宫，但一向纵情享乐，根本不可能认真斋戒。于是，在上林中每日打猎行乐。一日，正在射猎之际，一个行人突然误闯进来，被二世发现，

亲手将他射死。二世，平日杀人如麻，本不足为怪，不料被赵高得知，又生一计，密令其女婿咸阳县令阎乐，上奏说："不知是谁将人射死？又移尸上林之中。"既上此奏，二世自然说："是我杀了此人。"赵高于是有意进谏道："天子将无罪之人无故杀死，有背于天命，天将降祸，应该暂时离开宫殿，去远处避灾。"

原来赵高一味迎合二世，经常说道："关东群盗，不足为患。"不料自己身为丞相，世事日危。项羽既擒王离，章邯屡败，多次请求救援，又派司马欣来京，赵高担心被责问，从不上报。等到章邯被迫降楚，项羽更加增强了实力，关外群起而响应。沛公又已领军入关，赵高见火烧眉毛，无法继续隐瞒，唯恐二世见责，于是佯装卧病在家。沛公又私下派人要求赵高作为内应，赵高答应了。于是想办法让二世移居上林，后来又移居"望夷宫"。一则使之避不见人，便于蒙骗，并且远离自己，免受责罚；二则万一到最后关头，就出卖二世，以换取富贵。因为此调虎离山之计，可以应付紧急情况。

然而就在这时，刘邦率军攻陷武关，进军咸阳，一路上畅通无阻。刘邦要求赵高立刻投降。

赵高善于内部的争权夺利，但却根本不懂内政、外交，调兵遣将、指挥战争更不用提。此时他急得像热锅上的蚂蚁。他平时一直声称关东群盗不足为惧，如今关东群盗就要兵临城下，军情无法再隐瞒。他很害怕二世得知实情，降罪于他，自己难保性命，只有装病，在相府终日宴饮，得过且过。

二世平日，事事依靠赵高，偏赵高连日不至，感到惊慌失措，心烦意乱，噩梦缠身，模模糊糊地，看到一只白虎，直奔过来，竟咬死他的坐骑，还要跳跃起来，二世从梦中惊醒，心仍狂跳不止。翌日起床，更加心慌，乃召太卜入宫解梦。太卜声称泾水作怪，须二世亲祭水神，方可消灾。二世信以为真，直趋泾水岸旁的望夷宫，斋戒三日，然后亲祭。二世既离开赵高，有左右侍臣告知他天下大乱，且楚军已入武关。二世大惊，赶紧派人责问赵高，叫他立刻派兵平乱。

二世昏庸，话说起来容易，赵高若有办法，也不致于如此了。他派人责问赵高，只能是促使赵高动杀心。

高没什么本事，只善于钻营，夺取大权，根本不知如何调兵平乱，何况敌军逼近，大势已去，回天无术。高便企图出卖二世，嫁祸于他，便可与楚军议和，以保全性命。立刻召入季弟赵成及女婿阎乐，私下商议。

　　成为郎中令，乐为咸阳令，是赵高最亲的心腹。高于是告诉二人："主上向来不知乱势，如今要降罪于我，我现在只有先下手为强，改立公子婴才能不致灭门。婴素得人心，也许能化险为夷。"成与乐唯唯听命。高又道："你二人里应外合，则大事可成！"阎乐听了，反而犹豫地说："宫中也有卫卒，怎样进去？"高答道："就说宫中有变，率兵捉贼，便可进宫。"乐与成奉命而去。高又怕乐改变主意，便派人拘禁乐母作为人质。乐于是率千余吏卒，直抵望夷宫。

　　宫门里面，守着卫令仆射，忽然发现阎乐引兵前来，忙问何事。乐命人反绑住他两手，然后大声斥责："汝等难道不知宫中有贼吗？"卫令道："宫外驻扎卫队，严加防备，贼怎敢擅闯！"乐怒道："汝还要狡辩！"说着，便一刀将他斩首，随后长驱直入，令士卒射箭开道。内有侍卫郎官，及宦官仆役，纷纷仓皇而逃，几个卫士也都被斩杀。赵成又出来招呼阎乐，同入内殿，乐仍放箭恐吓，直到二世面前。二世大惊，忙命左右护驾，左右反而逃跑，二世吓得转身跑入卧室。回顾左右，只留下一个太监，因急问道："汝为何不先告诉我，现在怎么办？"太监道："臣不敢言，才能活到现在，不然早死了！"

　　话没说完，阎乐已经追入，对二世大声喝斥："足下残暴不仁，天下皆反，何去何从，自行定夺！"二世道："何人派汝而来？"阎乐回答说丞相。二世又道："可否见见丞相？"阎乐连称不可。二世道："丞相是想让我退位，我愿做一个郡王，不做皇帝，可好吗？"阎乐不许。二世又道："那做个万户侯可好？"乐又不许。二世抽泣说："愿丞相准我与妻子同为布衣。"乐怒道："臣奉丞相命，为天下诛足下，足下无须多言。"说着，向前欲杀二世。二世自知性命不保，只好一狠心，拔剑自刎。在位总共三年，年二十三岁。

　　阎乐报知赵高，高得知二世已死，十分高兴，立刻进宫抢得传国玉玺，佩带身上。本想自己做皇帝，又担心天下不服，于是便立公子婴，等到同楚军讲定和议，再作打算。于是召集一班朝臣，及宗室公子，宣布："二世不肯从谏，暴虐无道，人神共愤，已自刎而死。公子婴忠义仁厚，应该嗣立。惟我秦本一王国，自始皇统一天下，乃称皇帝，如今六国复兴，又陷于分裂，秦地不比以前，不应空沿帝号，应当仍然称王。"大众心中都觉不满，但慑于淫威，勉强答应。赵高便令子婴斋戒，择日正式继位。一面收敛二世尸首，如草民一般草草下葬。可怜二世只作了三年皇帝，不得善终，也是咎由自取！

　　公子婴虽被推立，心想赵高杀君，大逆不道，如果不除掉他，将来一定会

篡位。旁顾大臣公子，都不可信，只有膝下二子，可以相告，于是召入对他们说："赵高敢弑二世，当然不会怕我！只是尚未部署妥当，暂借我做个傀儡，终会废我篡位。我不先杀赵高，定被他所杀。"二子听着，不禁落泪。

这时一个人突然踉跄走进来说："可恨丞相赵高，派人去楚营求和，将要大杀宗室，自称为王，与楚军平分关中了。"这人正是子婴心腹太监韩谈，可与之商议，于是低声嘱咐道："我知道他居心叵测，今使我斋戒数日，祭祀祖先，分明是企图在庙中除掉我，我应该称病，以避祸。"韩谈答道："公子只说有病，恐怕还不行。"子婴道："我若不去告庙，高必亲自前来，汝可与我二子，在两旁埋伏，等高进来，伺机杀死他，则可无患了。"谈欣然领命，与子婴二子做好准备，只等赵高送上门来。

高派人到沛公营，打算与沛公平分关中，偏沛公拒不答应，叱还高使。高奸计不能得逞，又担心人心益散，急于让子婴继位，以安定局势，因此定了日期，派人告知子婴，子婴并不推辞。到了这一天，高先至庙中，很久仍不见子婴。多次派人催促，回称公子因病不能前来。高愤然道："今天是什么日子，怎么能不来？我当亲自前往。"说毕，立刻赶至斋宫。下马入门，遥见子婴睡在案上，便大声呼道："公子今已为王，应该即刻入庙告祖！"话没说完，杀出三个人，持刀大声喝斥。赵高还没反应过来，已一命呜呼。子婴见已除掉赵高，立刻召集群臣入宫，指示高尸，历数罪恶。群臣都称子婴英明，并说高死有余辜，应诛三族。子婴表示赞同，便派兵捉拿赵高家属，包括赵成、阎乐，全部处死，随后往告祖庙，继承王位，派兵镇守峣关。

2. 约法三章

刘邦于八月攻下武关，九月进抵峣关。峣关秦军早已做好准备。刘邦军这时有了三四万兵力，已今非昔比。因此，刘邦决定以二万兵攻打峣关秦军，以显军威。刘邦正要下令，张良进见，劝他暂时不要发兵。刘邦疑惑不解，便相询问。张良说："秦兵尚强，不可轻举妄动。良听说守关秦将，系一屠家子，必然贪利，愿公暂留营中，只需派人用金银财宝前去收买，一面就峣关四近，虚造声势，秦将既怕强兵，又贪恋财宝，必然投降。"沛公便依计行事，命郦食其前去诱降，同时派数千兵上山悄悄遍列旗帜。秦将登关东望，只见楚旗到处都是，不由心惊胆战。正好郦生又前来送上厚礼，秦将心花怒放，爱不释手，询问缘由。郦生道："沛公久仰大名，所以特送礼并告知将军秦气数已尽，将军若仍效愚忠，必然败亡，但沛公知将军乃识时务之豪杰，故而先礼后攻，还望将军三思。”

秦将贪生怕死、唯利是图，他原本就是买来这个将军的官职的。因此，他毫不迟疑地答应了，愿联合沛公进攻咸阳。

郦生立刻回报沛公。沛公甚喜，又派郦生入关订约，却有一人出来阻止："不可！不可！"沛公回头一看正是前日献计的张良，不禁大为不解，问是为何。张良道："这秦将一人，惟利是图，他部下未必尽从。我如果与他贸然联合入关，万一他们趁机偷袭，岂不危险！最好是攻其不备，立刻出击。沛公欣然赞同，便令部将周勃，引步兵潜逾黄山，绕出崤关后面，径袭秦营。秦将心想郦生去后，必来订约，便静候消息。猛听得营后杀来大批敌兵，喊声震天，秦兵惊慌失措，溃不成军，秦将亲往营后察看，不料一大将突然持刀杀来，不容他反应过来，已一刀要了他的命。

这大将就是周勃。勃乃沛邑贫民，少时靠织蚕箔为生，又因他善于吹箫，也能做乐工挣钱糊口。壮年后身强体健，身手不凡。沛令得知他英勇，便任命为中涓。及沛公起兵入城，勃便投奔于他，身先士卒，战功显赫。沛公为砀郡长，拜勃为虎责令，及西向进军，战果累累。这次又杀死秦将，踏平秦营，驱逐关上守卒。沛公率军入关，接应周勃，追杀秦兵。到了蓝田县南境，又大败戍将。后来便一路畅通无阻，直抵灞上。

咸阳地处关中盆地的渭水岸边。灞水是渭水的支流，它发源于蓝田县东秦岭北麓，流经咸阳，通过灞桥后流进渭水。灞上是灞水上游的小镇，附近土地贫瘠，被当地居民称为白鹿原。刘邦大军在灞上驻扎时，全军人数已从三四万人猛增到十万人。

这时正是夏正十月间，秦王子婴依照秦旧例，更改年号，大庆一番。不料秦兵连连败退，报称沛公军已兵临城下。子婴大惊失色，忙召集大臣商议。臣下都束手无策，沉默不语。子婴心急如焚，不久军书递入，乃是沛公招降。子婴前思后想，无奈之下，只好依书出降。于是乘素车，骑白马，用带套颈，捧着传国玉玺，泪流满面地出城，守候沛公于路旁。沛公率全军整队驰入，无比威武。既至子婴面前，子婴跪倒在地，俯首请降。沛公接了玉玺，命他起身，一同进入咸阳，众将中有人建议除掉子婴，以绝后患，沛公道："怀王遣我入秦，正因我宽大容人，况人已投降，又岂能再杀！"说着，派人看管子婴，亲自率将进了殿。子婴总共只做了四十六天的王，便丢了江山。这并非子婴误国，而应当归咎于始皇二世造孽太深。

再说刘邦进了秦官，与众人一起休息，将士们乘着间隙取财，分别去各处府库，一起分用。

萧何却不同，他并没有大肆劫掠，而独自带人进入丞相与御史的官署，接管秦朝的律令、图籍，收藏起来，以备日后检索。后来在楚汉相争中，这些律令、图籍发挥了重要作用，使刘邦得以详知天下的山川形势、关隘险要、户口多少以及强弱之处等。同时，萧何通过研究这批律令、图籍，深刻了解了秦代的政治制度、官僚机构、法令法规等，建立汉朝后，兴利除弊，建立健全西汉初期的政治体制，被称为汉承秦制。沛公也趁着闲暇，巡视宫中，但见雕楼画栋，曲榭回廊，别具一格，引人入胜，到了内外便殿，真是壮美非凡，巧夺天工，所有鲜艳帷帐，珍奇古玩，数不胜数，目不暇接。

其中几种最为奇异，列记于下：（各物见《西京杂志》）

青玉五枝灯：此灯用青玉琢成蟠龙盘曲之状，高七尺五寸，口中衔灯，以火点灯，满身鳞甲皆动，如星光万点，照满一室。

铜人奏乐：此为铜铸之人十二个，列坐一筵，座高三尺，铜人手中各执琴、筑、笙、竽等乐器，皆用花彩点缀，形状俨如生人。筵下有铜管二个，伸出后面，皆高数尺，管口向上，一管中空，一管内有一绳，粗如人指，使一人口吹空管，一人以指扭转其绳，立时众乐皆作，其音与真乐无异。

璠玙（fán yú 二种美玉）之乐：此系一琴，长六尺，上安十三弦，有二十六徽，皆用七宝饰之。上有铭曰：璠玙之乐。

昭华之琯：以玉为管，长二尺三寸，上有二十六孔，人若吹之，则见管上有山林隐约、车马络绎相连不绝之像，吹息之后，亦不复见。上有铭曰：昭华之琯。

照胆镜：此镜为长方形，广四尺，高五尺九寸，表里通明，人直来照之，其影倒见。若以手扪心而来，则见腹中肠胃五脏，历历可观，毫无隔碍。遇有内病，掩心照之，能知病之所在，又女子若有邪淫之心，则胆张心动，秦始皇常用以照官人，见胆张心动者，立命杀之。

一班美人儿，羞答答地前来迎接，有的千娇百媚，有的柔情似水，有的娇羞可人，有的婀娜多姿，沛公左顾右盼，色心油然而生，一面命令免礼，一面步入正寝，将身坐定，长久不见出来。

众人皆醉我独醒。张良看到咸阳城内如此混乱，担忧不已，如此将民心尽失，岂不与秦二世殊途同归？射人先射马，擒贼须擒王。要改变这种局面，首先必须劝刘邦从秦宫搬出。但张良聪明过人，知道不易劝止刘邦，于是他找樊哙，问他如何看待当前局势。樊哙粗中有细，也认为必须改变局面，否则成了一群草寇，如何夺天下？他很赞同张良的看法。于是两人一道进入秦宫。

刘邦正在饮酒，怀里搂着一个妙龄宫女，那宫女喂他饮酒，刘邦的手却在那宫女身上乱摸。一旁侍候着另外几个宫女。

突有一将趋入道："沛公是想夺天下呢？还是只满足于做个富家翁？"沛公看是樊哙，便呆坐着，默不作声。哙又道："沛公一入秦宫，竟如此沉迷！秦所以败亡，正因有如此奢丽，沛公要这些干什么，请立刻还军灞上！"沛公慢慢地说："我累了，就在这儿休息一夜吧！"哙有些恼火，又恐失言，便转身趋出，寻找张良。张良正好进来，便告知他刚才情形，要他进谏。良于是进去对沛公说道："公因秦无道才能在此，公铲除暴秦，首先应该革除弊政。如今刚进入秦都，便急于享乐，只怕公要步秦的后尘，功亏一篑。古人有言：良药苦口利于病，忠言逆耳利于行，愿公听樊哙言，免得自取灭亡。"

刘邦可以不理会樊哙，却必须重视张良的意见。他一声不响推开怀中的宫女，起身离开，封府库，闭宫室，派人看守，任何人不准入内。同时，他率兵还军灞上，只留少量部队在城里维持治安。咸阳城内，从此井然有序。

刘邦返回灞上以后，在萧何的建议下集会各县父老豪杰，并当众宣布："各位乡亲父老已经受够了暴秦的严刑峻法。我今奉怀王之命，诛灭暴秦，怀王曾约定，先入关者即为秦王。今我已入关中，当在此地称王，从此与诸父老约法三章：杀人者死，伤人与偷盗抵罪。只对犯罪者判刑，决不累及父子兄弟。废除一人获罪，举家与邻里都得连坐的秦法。"

刘邦说到这里，环顾四周，见秦地父老表示满意，便继续说："除了这约法三章以外，废除暴秦的一切苛法。关中官吏全部照常奉职。我军进入咸阳，旨在除暴安良，决不会侵掠百姓。大家完全可以放心安居乐业。我军之所以还军灞上，只为等候各诸侯军到来，共商大计，别无他意。"

说完这一席话，父老豪杰欢呼雀跃，纷纷拜谢别去。刘邦严禁三军将士侵扰居民。他同时派人和秦吏一道安抚各县乡邑，告知乡民约法三章。秦地百姓

欣喜不已，积极拥立沛公为秦王。

　　秦地百姓见沛公宽大仁义，视这支军队为仁义之师，纷纷牵着牛羊、携带酒食去灞上犒劳刘邦军的士兵。刘邦谢绝了，说："咸阳仓粟多，军需并不缺乏，乡亲父老不必再破费了。今年收成不好，百姓正受饥荒之苦，请大家带回牛羊酒食！大家的盛情，刘邦已心领了！"百姓们见刘邦如此通情达理，体恤百姓，更加拥护他了。

第七章　西楚霸王

一、直入函谷

1. 坑杀降卒

项羽自收服章邯，继续西进，沿黄河岸率领各诸侯联军，一路上所向披靡，秦地官吏不战自降。然而大军抵达新安时，却进行了大规模坑杀秦卒。

大秦帝国有着十分沉重的徭役。绝大多数诸侯联军中的士卒都曾到关中秦地服徭役，或者是经由秦中屯垦戍边。当时秦国的官吏与士卒自认为是天之骄子，苛刻对待关东六国来服役的徭徒或屯戍士卒，呼来喝去，又打又骂。如今可好了，双方角色对换。秦军吏卒是降兵，和俘虏差不多，而各诸侯军的吏卒却成了赢家，一副主人的架势，任意使唤秦军吏卒。他们要把心中长久以来郁结的恶气全都发泄出来。

两军吏卒相遇时，各诸侯军的吏卒便冷嘲热讽："堂堂的大秦吏卒，竟然会有如此下场，投降的滋味怎么样？""哼，怎么威风不起来了？你们就会狗仗人势！""呸！秦二世快完蛋了，你们给他陪葬去吧！"有的人还对秦军作出侮辱的手势，或者是用唾沫吐秦军。

秦军忍气吞声，不敢反驳，但也有人忍无可忍，反过来讥讽说："你们神气什么！过去还不是输给我们！""真打起来，胜负还不一定呢！"

诸侯军的吏卒听了，怎么气得过，今时不同往日他们便一哄而上，几个人打一个，拳打脚踢，大叫大骂，直打得对方半死不活。在旁的秦军怕被认为要反叛，只能眼睁睁看伙伴挨揍而袖手旁观，但个个忿忿不平。上将军司马欣过去长期当僚属，未曾独立统兵，而章邯又被留在楚军营内，无从商议，不知道如何是好。他欲禀报项羽，又担心项羽叱骂他无能。虽说自己曾有恩于项氏，但时隔多

年，而今项羽已统率诸侯联军，已今非昔比了，轻易也不能进见。多蒙他念旧恩，任自己率领二十万秦军，岂能为这些鸡毛蒜皮的小事去烦扰他。何况，即便反映这些情况，项羽也必定维护楚军与各诸侯军一方，何必自讨没趣！因此，司马欣只有劝慰部下加以忍耐，说是灭秦后，迟早各诸侯要东归。到那时，秦军就可以解脱了。

司马欣能忍，投降的秦军却不能忍。章邯被封为雍王，长史司马欣被任命为上将军，一个个加官晋爵，尽管没有了实权，但表面上风光无限，日子很是惬意。但是，堂堂大秦帝国的精锐之师，骁勇善战，所向披靡，如今手下败将却任意凌辱，还要忍气吞声，这日子简直没法过！

秦兵于是私下商议："章将军无端投楚，哄骗我等一同归降，给各国充当奴隶。如楚军早日入关，我等还能与亲人团聚，死也瞑目；不然，各国吏卒，掳掠我等东归，秦必杀我父母妻子，这可如何是好！"

于是，秦军便有人打算逃亡，但暂时还没有人主张反叛。倒不是没有人这么想，只是楚军收缴了全部武器。虽说有二十万秦军，但手无寸铁又如何抗衡全副武装的诸侯军？因此，秦军吏卒尽管心中极度不满，忧心忡忡，但也只是说说而已，没有人真的去做。

各国军中渐渐得知了这种议论，各国军将，便向项羽报告。项羽道："我自有办法！"说着，即召英布、蒲将军入帐，告诉他："秦兵尽管投降，但听说他们私底下很不服气，若我军到了秦关，降兵拒不听令，生有二心，作为内应，我军危矣！只有先下手为强，杀掉他们，只留章邯、司马欣、董翳三人入秦，则无后患。"英布原出身江盗，杀人如麻，蒲将军也嗜血成性。他们本来就认为秦军人多势众，是个祸害，因而十分赞同项羽的决定，当即依令行事。

当时，大军还没有抵达新安。可怜被蒙在鼓里的二十万秦军降兵，不知道自己将葬身于新安。

英布、蒲将军，奉命准备就绪，等到半夜，趁着月色无光，率兵偷袭降兵。降兵在新安城南，依山扎营，睡得正酣。英布率军从三面围住他们，单留后面山路，有意放他们走。又分兵与蒲将军，埋伏在山上，用石头攻击逃上山的秦兵。蒲将军依计而行，英布与兵士休息片刻，估计蒲将军大约已上山，于是驱兵直入。降兵从梦中惊醒，不知外兵从何而至，司马欣也全然不知，慌忙出来，与英布迎面撞上，英布道："君统领全营，营中谋变，怎么还睡得安稳！幸亏我军已侦破逆谋，奉命铲除，君可速往项上将营中，方可避祸。"司马欣信以为真，立刻骑马飞奔而去。同时，英布下令一律斩首随从司马欣逃出营地的数十名秦军卫士，一个不剩。

英布放出司马欣，便堵住营门，逃出的秦兵，格杀勿论。可怜秦兵无法向前逃生，只有转向后面，后面都是山谷，高低不平，即便白天行走，也十分危险，何况天黑，匆匆忙忙，辨不清路，多半跌落谷中。忽见山上一片光亮，还以为来了救兵，不料却是死神降临，箭石齐发，一班逃兵，非死即伤。到了天明之际，二十万人都已命赴黄泉。

这是一次灭绝人性的集体大屠杀。在事后英布派上万士卒，花了好几天时间，才全部掩埋这二十多万人的尸体。这是仅次于秦将白起坑杀四十万赵国降卒的一次坑杀。从襄城到新安，规模越来越大，手段也愈发狠毒。战争能够改变人的本性。项羽随着地位的上升，战斗经验的丰富，也越来越冷酷无情，动辄屠城、坑杀，试图借杀戮来维持他在军中的威信，产生对敌人的威慑力。

司马欣被押送到楚军中军帐后，项羽温言劝慰他，解释此番镇压实在迫不得已。司马欣昔日有恩于项氏，这次又成功劝降，他必不会亏待。司马欣见事已无法挽回，也无可奈何。项羽送他到章邯处。他见了章邯、董翳后，三人谈到此事，感慨万千，愧对被坑杀的秦军士卒。

人生在转折点上绝对不容有失。章邯既已投降，往日英名亲手葬送了，此时也只能紧随项羽，苟且偷生，任凭二十万人全部被灭。如今的章邯，当年叱咤风云的英武气概已荡然无存，如行尸走肉一般，成了无所作为、寄人篱下的庸人。

而项羽在新安将秦朝二十万降卒全部坑杀时，刘邦却与秦朝百姓约法三章。

2. 屯兵鸿门

英布、蒲将军，完成了任务，回报项羽。项羽早已接见司马欣，劝慰一番，留置本营，自己等待回音。及两将返报，才放心率军西进。途中秦垒已无，一路通畅直至函谷关，却是紧闭关门，楚军守在上面，只见随风飘扬的旗帜，当中都写着刘字。羽在途中，已听说沛公入关，至此发现刘字旗帜，更加心慌，便仰面问道："汝等为谁守关？"守卒答道："奉沛公令，镇守在此。"羽复道："沛公是否已入咸阳？"守卒又答道："沛公咸阳早破，如今驻于灞上。"羽急说道："我率大军前来，汝等快开门，使我入见沛公。"守卒道："沛公有命，不放入任何军队！"羽大怒道："刘季无礼，连我都敢拒！"便令英布等强行攻关，自在后面监督，退后立斩。英布等率兵发起强攻，沿关高架云梯，冒险攀登。守兵不过数千，难以相顾，招架不住。不到一日，英布等跃登关上，击溃守兵，即刻开关迎

入项羽，进至戏地。

天黑下来了，于是项羽大军驻扎戏地西首。这地方叫作鸿门，羽在营中设宴，犒劳士卒，同时与众将商议如何对付沛公。众人各持己见，有的主张与刘邦决裂，索性趁机消灭刘邦军，斩除后患；有的认为刘邦驻灞上，不进咸阳城，不住占秦宫，无可挑剔，应当获知详情后再定夺。项羽听了双方的意见，犹豫不决。忽一使者前来，说是沛公左司马曹无伤，传报机密事。羽即召他入帐，那人上前跪禀，声称奉命于曹无伤。羽问何事。那人道："沛公想在关中称王，任秦子婴为相，试图占据秦宫府中一切珍宝。"

这并非事实。刘邦刚进咸阳时，秦地百姓得知项羽率领各国联军逼近函谷关，非常担心，因为项羽新安坑杀二十万降卒震惊了天下。百姓担心项羽进关后故伎重施，关中百姓岂不劫数难逃？当地有个叫解生的谋士，主动献计于刘邦："秦地富甲天下，地形又险要无比。如今听说项羽收服章邯以后，封他为雍王，答应他在关中为王。如此，沛公秦王恐怕当不成了。请沛公立刻镇守函谷关，阻止各国诸侯军进关。假如兵力不够，可以在关中征兵以增援，把他们堵在关外。"

刘邦听了，为之一动。关中如此富饶，自己又深受百姓拥戴，况且，还有怀王立约在先，他为什么要让他人进入关中呢？于是，刘邦发兵守关，禁止各诸侯军入关。

然而，刘邦有些得意忘形了。他的兵力根本敌不过项羽，人数与战斗力都很悬殊。刘邦之所以能先入关，并非靠强大的兵力，而是项羽正面攻打秦军主力给了他可乘之机。

在张良、樊哙的劝阻下，刘邦打消了这一想法。曹无伤故意挑拨离间，是见项王势大，认为沛公靠不住了，得另谋生路，于是派人暗中讨好项羽，顺便从背后捅旧主子一刀，以此表示对新主子的效忠。羽不由拍案而起："可恨刘邦，目中无人，我明日定要灭他！"范增在旁进言道："沛公在山东时，贪财好色，今入秦关，听说他不取财物，不近妇女，前后判若两人，必要有所作为，不可低估！且增已让相士遥观彼营，声称营上笼罩着天子气息。宜尽早除去！请将军率军，立刻攻打！"羽悍然道："我破一刘邦，轻而易举！今日大众饮宴，且时候已晚，且让他多活一夜，明晨就出兵。"说罢，遣回来使，嘱他回去告知曹无伤，明日发兵，请作内应，来使答应后便返回了。

项羽兵力达四十万，号称百万，声势浩大。沛公只有十万兵，仅相当于项羽军的四分之一。并且鸿门四十里之外便是灞上，甚么险阻也没有，羽兵可轻易而至，难以阻拦，两军实力悬殊，沛公面临生死存亡的紧要关头。

二、鸿门之宴

1. 义气用事

项羽军中已做好了次日一早进军灞上一决雌雄的准备，但有一个人为此忧心忡忡。

这个人就是项伯。他是项羽最小的叔父，名叫项缠，项伯是他的字，为楚左尹。项伯为人侠肝义胆，他在秦朝时候，一怒之下杀了人，为免获罪，逃往下邳，幸好遇着与他同病相怜的张良，收容了他才得以消灾。后来便一直感恩图报，时正在项羽营中，听说范增计策，不由得担心张良。心想攻沛公与我无关，只是可惜殃及张良。立刻乘夜出营，快马赶至沛公营前，求见张良。幸好沛公营内，听说项羽入关，驻扎鸿门，也担心夜里遭到偷袭，所以严加防备，不敢安睡。张良也坐在烛边，得知项伯求见，知道有急事，便立刻迎接。项伯入见张良，悄悄地对他说："快走快走！明日便大祸临头了！"

张良见项伯惶恐不安，料是必发生大事，便从容不迫地说："大哥不必慌张，多日未见，且去帐中小酌几杯，再慢慢道来。"

项伯："你还有这个闲情逸致！项王准备明天全力进攻，沛公兵力太少，难以抵挡。你快快跟我走吧，岂可坐以待毙。白白丢了性命！"

良问完原委，沉吟道："我不能急走！"项伯道："何必同死呢，还是跟我走吧！"良又道："韩王命我送沛公，沛公大难将至，我私下逃走，就是不义。君稍安勿躁，待我禀明沛公，再作打算。"说着，便离去，项伯无法阻止，又不便离开，只好候着。

张良连忙入沛公营，沛公正好未寝，即向沛公说道："项羽明日要来攻营了！"沛公吃了一惊："我与项羽无怨无仇，为什么来攻我？"良答道："谁劝公守函谷关？"沛公道："解生说应当派兵守关，阻止诸侯，方可称王关中。我依言而行，莫非我听错了吗？"良便问道："公自认为手下兵力是否能敌项羽？"沛公说道："只怕不能。"良接口道："项羽有四十万，我军只十万人，怎么敌得过！今幸项伯到来，邀良同去，良不敢负公，便来报知。"沛公顿足道："如今该怎么

办？"良又道："看来只有请求项伯转告项羽，只说公无意拒他，只是守关防盗，别无他意。项伯乃是羽叔，羽军当可止住。"沛公道："君何时认识项伯？"良答道："项伯曾经犯下死罪，良救了他，今遇着急难，所以相告。"沛公道："与君谁较年长？"良答项伯年长。沛公道："君快请来项伯，我愿视他为兄长。如能助我化险为夷，必然相报！"

良于是邀项伯会见沛公。项伯道："这不好。我出于私情而报君，怎么能直接见沛公？"良急说道："君救沛公，正是救良，况天下未定，刘项二家，岂可自相残杀？他日两败俱伤，不利于君，所以请君共商和平大计。"项伯在良一再相劝下，方入见沛公。沛公整衣出迎，请他上坐，一面设宴，款待项伯，自与良殷勤点灯一旁陪坐。喝了一会儿酒，沛公说："我入关后，未敢私取分毫，封府库，录吏民，特意等项将军到来。只因未靖盗贼，才派兵守关，不敢疏忽，绝不是拒绝将军。愿足下代为相告，就说我热切等待，真诚之致，绝无二心。"项伯说："我若能进见，一定代为转达。"张良见项伯有心推辞，又想出一法，问项伯有几个儿女。项伯如实相告，良说道："沛公亦有几名子女，愿与伯联姻。"沛公明白良的意图，赶紧承认。项伯仍然犹豫，托词不敢高攀，良笑说道："刘项二家，情同手足，曾联合讨秦，今得入咸阳，大事已定，正好结为婚姻，何必推辞！"沛公于是站起来为项伯斟酒，项伯难以推辞，一觞饮尽，也回敬沛公。良待沛公喝完，从旁笑谈道："以酒为盟，一言为定，他日结为秦晋之好，良亦可喝杯喜酒。"项伯、沛公，都十分高兴，彼此又饮了数杯。项伯起身道："时候不早，应该告辞了。"沛公又说了刚才的一番话，项伯道："我回去立刻转告，明日早起，公请来相见！"沛公应允，亲送项伯出营。

项伯快马返回本营，快三四更天时了。营中多已就寝，趋入中军，见项羽仍然未睡，于是进见。羽问道："叔父有什么事？"项伯道："我有一故友张良，曾有大恩于我，如今追随刘季，我担心明日灭刘，亦难保良，所以去请他来降。"项羽一向沉不住气，瞪着眼问："张良已来了吗？"项伯道："良亦有降之意，只因沛公入关，不曾负于将军，今将军反而攻打，良说将军此举不妥，所以不敢轻投，担心将军如此，会失去民心。"羽气愤地说："刘季把我拒之关外，还不是负我吗？"项伯道："沛公假如没有先攻占关中，将军也不能轻易至此，今人有大功，反而攻打，不合情理！况沛公守关，只为防备盗贼，财物分毫未取，一律封锁，府库宫室，专待将军入关，共商大计，也未尝擅自发落降王子婴。怎可辜负如此厚意？"羽犹豫很久，方回答："据叔父意见，不进攻灞上了？"项伯道："沛公明日当来谢罪，不如以礼相待，笼络人心。"羽点头称是。项伯方才退出，刚睡了一会儿，天就亮了。

2. 张樊救主

第二天一早，项羽营中将士，都已起来，吃过早餐，等待项羽下令，攻打沛公。不料未见羽令，沛公却率张良、樊哙等人，驾车到来。到了营前，便下车站住，请人通报。守营兵士进去报知项羽，项羽传令相见，沛公等走入营门，见两旁士卒围成一圈，杀气腾腾，禁不住惴惴不安。独张良镇定从容，引着沛公，慢慢入内。至中军营帐，让沛公走在前面，留樊哙在帐外守候，自随沛公趋入。项羽帐中高坐，项伯、范增分立左右，待沛公已到座前，才稍稍动一下身子，算是礼仪，沛公进入险境，只有处处恭顺，便向羽下拜道："邦未知将军入关，故而有失远迎，今特意登门谢罪。"羽冷笑道："沛公亦自知罪吗？"沛公道："邦与将军联合攻秦，将军战河北，邦战河南，尽管分兵两路，邦却依靠将军虎威，得以先行入关。废除暴秦苛法，但与民约法三章，除此未作任何更改，静待将军主持，将军不先告知邦入关期间，邦无从知晓，只好派兵守关，防止盗贼。今日幸见将军，邦得以表明心迹，了却心事，只是有人从中离间，才造成将军误会，还望将军明察！"

项羽原本粗犷，没什么心计，喜怒无常，觉得沛公言之有理，与项伯说的差不多，反觉自己刻薄，错怪了沛公。于是起身下座，握沛公手，和颜悦色地说："这是沛公左司马曹无伤，派人来说，不然我绝不会这样！"沛公又巧言辩解，说得项羽怒气全消，与他重归于好，请沛公坐下客位。张良也拜见项羽，侍立沛公身旁。羽坐定主位，命大摆宴席邀沛公入席。沛公北向，羽与项伯东向，范增南向，依次坐定，张良西向侍坐，帐外军乐奏起，好不热闹。在这场鸿门宴上，项王、项伯东向坐，亚父范增南向坐，沛公北向坐，张良西向侍。我国历来尊崇坐北朝南。范增这时虽已颇有地位，被尊称为亚父，但总不及项羽，但他却是坐北朝南，成了鸿门宴上最尊贵的位置。这又是什么原因？

这里牵扯到了古代的堂室礼仪。古代的房舍，有堂有室，堂是厅堂，室是内室。登堂不一定能入室，所以古代以登堂入室代称弟子学得师父精髓。在朝堂上天子或皇帝接见群臣，一定坐北朝南，文臣武将分立东西两侧，故又以南面之尊称呼天子或皇帝。这是指的堂上礼仪，以坐北朝南为尊。而室内之礼不是这样，以坐西向东为尊，坐北朝南次之，坐南朝北再次，地位最低的是坐东向西的位置，因为这个位置接近门口。项羽是在军帐之内并非在朝堂之上宴请刘邦的，行

的并非堂上之礼而是室内之礼。因此，项羽在鸿门宴上坐西向东，最为尊贵。项伯是项羽的叔父，项羽又重亲情，所以与项羽坐在一边。范增是亚父，地位比刘邦高，所以坐北朝南。刘邦是客人，但项羽并不视他为贵宾，因此坐南朝北。张良是刘邦的随从，则根本没有座位，只能在门的入口处面对项羽、项伯侍立，随时听从召唤。

沛公喜欢饮酒，至此却忐忑不安，不敢多喝。羽却真情相劝，不停与沛公赌酒，兴致勃勃。范增可无心饮酒。他认准刘邦是项王的最大威胁，越早除去越好。昨天晚上还一言为定，今天痛击刘邦军，全部歼灭。不料项王一早变了卦，竟不再追究，还被刘邦骗得牵着鼻子走，竟然痛饮起来。张良呢，一直心惊胆战，纵然这位张子房先生机智过人，也不知接下来会发生什么。他发现范增的目光，牢牢盯住沛公，隐藏杀机，简直是老鹰觑准了小鸡。

范增欲害沛公，多次向项羽展示身上所佩玉玦。一连三次，羽竟置之不理，只知道喝酒。增急了，借口出去，召过项羽从弟项庄，悄悄告诉他："我主外刚内柔，沛公自投罗网，却不动手，我已三举玉玦，毫不理睬，决不可坐失良机。汝可入内敬酒，借口舞剑，刺杀沛公，则后患可除！"

项庄听罢，便大步趋入。先斟酒给沛公，然后进说道："庄愿舞一回剑，为各位助兴。"羽也不阻拦，任由项庄自舞。庄手持剑，运动掌腕，来回盘旋。良见庄所执剑锋，逼近沛公，赶紧顾视项伯。项伯心领神会，也起座出席道："剑须对舞才好。"说着，即拔出剑，与庄并舞，一个是要致沛公于死地，一个却要保护，沛公身旁，只靠项伯一人挡住，项庄无法近身，沛公才不致受伤。但沛公惶恐不安，惊慌失措。

虽有项伯保护刘邦，但项庄剑法精湛，有好几次突破项伯的遮掩，剑直接掠过刘邦的面上，险些刺中咽喉。幸亏项伯及时解救，以身抵挡，项庄被迫收剑回舞。刘邦心惊胆战。在这时羽也瞧出来了，但他并未制止。他左右为难：一方面，他也认为刘邦威胁很大，应尽早铲除；另一方面，他觉得即便是对敌人，也应当在战场上决一胜负，这种席间刺杀似乎非大丈夫所为，传扬出去对自己名声不好。

张良见情况紧急，项伯剑术远在项庄之下，难以长久障蔽刘邦。张良心急如焚，便借口出帐。见樊哙正在探望，便对他说："项庄在席间舞剑，想必欲加害沛公。"哙愤然道："如此危矣！待我入救罢！"张良表示赞同。哙左手持盾，右手执剑，便往里面闯。帐前卫士见状还以为他要去动武，当然上前阻拦。哙本来力大，况且现在抛开一切，一心保护沛公，只向前乱撞乱推，击倒几名卫士，直接来到席前，怒不可遏。项庄、项伯，见突然进来一壮士，都停住了剑，站着发呆。项羽也吃了一惊，便问唶道："汝是何人？"

这时，张良也已赶紧进来，听得项羽问话，唯恐樊哙失言，赶紧代他答道："他是樊哙，沛公的参乘。"参乘又称车右，相当于后世的侍卫副官或卫队长，通常都孔武有力、武艺高强。

项羽见他身强体壮，气宇轩昂，禁不住赞道："好一个壮士！可赐他卮酒。"左右于是立刻将一斗酒递与樊哙。樊哙先拜谢项王，起身后将长剑拄地，腾出右手接酒，仰头一口气喝完。

项羽见他饮酒如此豪迈，便命左右："赐彘肩。"左右奉命拿来了一方生猪腿肉，故意刁难樊哙。不料樊哙对此不以为然，放下盾牌，生猪腿放在上面，拔剑逐片切割生猪腿，边切边送进嘴里，狼吞虎咽，眨眼间竟将一方生猪腿肉全部消灭。在座的人无不惊骇于他这副吃相。项羽接着问："还能再喝吗？"哙朗声答道："臣死都不怕，更何况是酒！"羽又问道："汝是要为谁而死？"哙严肃地说："暴秦无道，天下皆反，怀王与诸将约定，先入秦关，便可称王。今沛公先入咸阳，却未称王，独驻扎在灞上，风餐露宿，只等将军，将军受了小人蒙敝，欲杀功臣，这无异于暴秦。臣认为将军不应如此！臣冒昧入帐，虽为沛公申冤，毕竟冒犯了将军，还请将军恕罪！"

樊哙慷慨陈词，掷地有声，项羽听了也为之一震，一时间无言以对，只有挥手说："坐。"樊哙便坐在张良的旁边。

张良又用眼神示意沛公，沛公慢慢起来，谎称要去厕所，并且令樊哙出去，不得在帐内无礼。两人于是一同出帐。既至帐外，张良也即出来，劝沛公速返回营中，不可耽搁。沛公道："我还没告辞，怎好离开？"张良道："项羽已醉，无暇顾及，公正应趁机离去。良愿代公告辞。公随身携带礼物，留数件作为赠品就可以了。"沛公于是交给张良一双白璧，一双玉斗，自己另乘一马，带了樊哙，及三名随员，从小路快马返回灞上。

当时，两军驻地相隔四十里。刘邦留下随带来的车骑包括那百余名骑士，只同樊哙、夏侯婴、靳强、纪信四人骑马返回灞上，他们都是刘邦麾下著名勇士，也是亲信，这样做是防止暴露目标。这四人步行持剑保卫刘邦，来时骑的马都留在鸿门了。刘邦告诉张良："我现在从骊山下走小路，从这条路回去只有二十里路。你估计我已抵达时，再入见项王。"他叮嘱完，便骑马离去。樊哙等四人快

步紧随其后，转眼之间便不见了踪影。张良又过了好一会才慢慢走回军帐，坐在自己的席位上装睡。羽据席坐着，醉意甚浓，好一会儿方才旁顾道："沛公去哪儿了？怎么还没回来！"良故意不作声。项羽于是派都尉陈平去寻找沛公。陈平既而入报，称沛公车从尚在，沛公却不知去向。羽乃问张良道："沛公为什么离开了？"良答道："沛公不胜酒力，不能当面告辞，命良奉上一双白璧，献于将军，还有玉斗一双，敬献范将军！"说着，即取出白璧玉斗，分别献上。项羽瞧着一双白璧，又问张良道："沛公现在哪里？"良直说道："沛公惟恐失态，将军责罚，现早已脱身离去，现在可能已经还营了。"羽吃了一惊："为什么不告而别？"良又道："将军与沛公情同手足，相信不会加害；只是将军部下有人欲置沛公于死地，嫁祸将军。将军今日，刚刚入关，理应以诚相待，收服民心，为何要疑忌沛公设计加害？沛公若死，天下必对将军有所非议，将军得到恶名，诸侯却坐收渔利。正如卞庄刺虎，一计两伤，沛公不便讲明，只好自行逃生，静待将军自悟。将军英武绝伦，定能顿悟，不会责怪沛公。"

项王听了，真是啼笑皆非，能有张良这样的智者与樊哙这样的勇士辅佐刘季，对此不能不佩服。今日鸿门宴上，自己大出了风头，而刘季对自己却毕恭毕敬，看来亚父对刘季这个无赖估计过高了吧。算了吧，得饶人处且饶人。天下已是我项羽囊中之物，一个刘季不足为惧！他想到这里，便命人接过张良献上的玉璧，放在座位的旁边。

项羽急躁多疑，听了张良的话，反而怀疑范增，向他注视。增没有得计，已怒气冲冲，再见项羽顾视，知道他怀疑自己，更是怒不可遏，立刻取过玉斗，扔到地上，拔剑砍破，并两眼盯住项庄，忿忿不平地说："唉！竖子不足与谋！将来必是沛公夺项王天下，我等命不久矣！"项羽见增发火，不欲跟他计较，拂袖而去。范增等也离开，只剩项伯、张良相视而笑，徐徐引退。

张良与项伯相顾一笑，但却有着不同的意味。项伯笑，是为了项、刘和好如初，双方不必争个你死我活。张良笑，是因为刘邦不仅得以脱险，而且必将以此为转折点，统一天下。他还认为鸿门宴是项羽由盛而衰的转折点。项羽性格上的弱点在鸿门宴上充分暴露了：骄傲，轻信，犹疑不决。张良看透了这些，认为项羽必将因为这些性格上的弱点而败亡。到了营外，良谢过项伯，同随从一道返回。沛公早回灞上，召来左司马曹无伤，责他叛变。无伤无法狡辩，沉默不语，当即被沛公斩首示众。待张良等返回，沛公感慨万千，且再驻扎灞上，从长计议。

三、政由羽出

1. 火烧阿房

鸿门宴几天以后，项羽自鸿门进入咸阳。项羽争强好胜，急躁多疑。秦降王子婴主动投降刘邦，刘邦得以顺利进入咸阳，使项羽非常被动，大失颜面。项羽对此一直耿耿于怀，十分忌恨子婴。因此，他一进入咸阳，便迁怒于子婴与秦地军民，二话不说，除掉了秦降王子婴，并全部诛杀秦国的王族。他要为他死难的部下报仇，为他死去的叔父项梁报仇，为他死去的祖父项燕报仇，以杀戮来宣泄心中长久以来的怒气。

宏伟壮丽的秦宫，尤其是由秦始皇、秦二世两代修筑的阿房宫，占地三百余里，巧夺天工。但是项羽并没有怦然心动，也不想居住于此。他怀念故乡的美景，春回大地的江南，广袤无垠的绿色田野，杂树丛中飞舞的群莺，都令他魂牵梦绕。他不愿留居咸阳，他要返回故乡，回到原来的楚国境内。这是他和他部下的共同心愿。楚兵来自江南，对北地的苦寒生活很不习惯。但是，项羽不愿让别人去居住和享受秦宫。他搬走了秦宫中来自六国的不计其数的奇珍异宝，以及那些后宫佳丽，然后焚烧宫殿。这把整整烧了三个月的大火将一座包括二百七十座离宫在内的阿房宫，化为废墟。

可怜秦朝数十年的心血，数万人的辛劳，数万万的金钱，就这样化为乌有。羽又令三十万兵士，至骊山挖始皇墓，收刮其中财物，输运入都，整整搬了一月。所剩下的只有一堆任意抛露的枯骨。本来咸阳附近十分富庶，繁盛已极。此次项羽一来，竟把它变得面目全非，一片荒芜。羽为了出气，恣意妄为，及见咸阳已破落不堪，也觉没趣，不愿再呆下去，便欲率兵东归。

关中地形险要，土地肥沃，物产丰饶。适韩生入见，劝羽留都关中，并对羽说道：“关中山川险要，土地肥沃，真是天府雄国，若定都于此，有助于成就霸业。”羽不以为然：“富贵后应当衣锦还乡，我已下决心东归！”韩生出去对他人说道：“我听说里谚有言，楚人沐猴而冠，今日总算相信了。”

他这句话打击面可大了，骂遍了楚军上下，说他们仅仅是一群戴着帽子的猴子，看起来像人，其实根本不配做人，就是说楚人不是人而是畜牲。楚军士卒听

到了他的牢骚，层层上报，楚军诸将群情激愤，齐声建议项羽，不杀此人不足以平民愤。项羽原本性急，听后暴跳如雷，竟命人抓来韩生，剥去衣服，投进油锅活活烹死。

项羽烹死韩生以后，便想踏上归途，但转念一想，沛公军仍驻灞上，如果我走了，他趁机据秦为王，那还了得？看来不如报知怀王此事，请怀王收回以前的约定，远调沛公，则后患可除。于是，他派使者迅速东归，向怀王转达他的意见。不料怀王也是倔脾气，他的回答只有两个字："如约。"这就是说，仍依照原先的约定，先入咸阳者称王。

羽立刻上了火，召集诸将商议说："天下方乱，兵起四方，我项家世为楚将，所以拥立楚后，诛灭暴秦。但向来只靠我叔侄两人，及将相诸君的辛劳。怀王仅仅一个牧童，由我叔父拥立，坐享其成，徒有虚名，凭什么封侯？今我不废怀王，已是仁至义尽，诸君辛苦奋战三年，怎得不论功行赏，分地封侯？诸君是否同意？"诸将皆畏项羽，也都希望当上王侯，当然一致拥护。项羽又道："怀王毕竟是我主子，应该立他为帝，我等方可为王为侯。"众又齐声应和。羽于是决定称怀王为义帝，另外论功封赏。但分封第一个出去，就感到为难，颇为迟疑。

却说项羽欲分封诸将，前思后想，难以决断，便请教范增。范增虽为了鸿门一役十分气恼，但总不忍离开，尚效忠项氏。既闻项羽召请，便立刻入见。项羽与增密议道："我欲论功封赏，别人都好办。只是不知如何封刘季一人，请君替我决断。"增答道："将军不杀刘季，已大错特错，今日又加封他，则后患无穷了。"项羽道："他并未犯罪，无故杀他，恐失人心，且怀王又坚持原约，君应体谅我的难处。我并非不肯从君！"增又答道："既然这样，不如让他为蜀王，蜀地甚险，易入难出，秦时因此而发配罪人去蜀中。且蜀也是关中余地，封为蜀王，仍然依照旧约。"项羽十分赞同。增又道："章邯、司马欣、董翳三人，皆秦降将，最好让他们在关中分别为王阻住蜀道，他必知恩图报，堵截刘季，即便将军东归，也无后患。"羽高兴地说："真乃妙计，应该马上执行。"说罢，又同增商量各将封地，及所有名称，一一决定，增才告退。

2. 分封诸王

分封天下的前夕，各路诸侯纷纷忙于想方设法打探消息，积极展开各种活动，以竭力使自己的封地更多更好。刘邦也是如此。项伯告知他被遣往偏僻的巴蜀之地，刘邦恼羞成怒："项羽无礼，居然背约？我愿与他一决生死。"樊哙、周勃、灌婴等，个个也都忿忿不平，要去攻打。独萧何进谏道："不可，不可！蜀地虽险，仍是求生之地，不致速死。"沛公道："去攻项羽，难道会速死吗？"萧何道："实力悬殊，兵败怎能不死？汤武曾侍从桀纣，只为忍辱负重等待时机。今如果能占领蜀地，招贤纳士，休养生息，然后还兵关中，统一天下，为时不晚哩。"沛公听了，稍平怒气，又转问张良。良也赞同萧何的看法，但请沛公重金贿赂项伯，使他向项羽求取汉中地。沛公于是取出财物，派人送给项伯，请求加封汉中地。项伯已私下帮助沛公，且可取财物，何乐而不为。项羽竟答应了，把汉中地封给沛公，且改封沛公为汉王。

金钱在权力斗争中，往往发挥着不可估量的作用。在这场瓜分天下的盛宴中，尤为如此。

秦宫仍在燃烧。项羽以各诸侯军上将军的名义，集会各诸侯军的主将。在会上项羽宣布：

"最初举事时，为了号召各地人民响应，必须借助各国诸侯以伐秦。我项家世代楚将，所以立楚后，诛灭暴秦。我叔父拥立怀王，今已定天下，可尊怀王为义帝，名义上统领天下诸侯。然而，今天暴秦之所以能推翻，四海平定，全靠诸位将相与我项籍三年来出生入死，浴血奋战，才最终获胜。灭秦定天下者，全靠诸位将相与我项籍之力。义帝没有任何功绩，岂可坐享天下？我等理应分地封王，不知诸位将相以为如何？"

各诸侯军的首脑尽管联合反秦，但人人存有私心，都想封王封侯。他们听了项羽的讲话，当然非常拥护。至于那位傀儡义帝，完全是个摆设。项羽分割天下，一共封了十八个王。于是颁发分封诸王的命令，列记如下：

沛公为汉王，得巴蜀汉中地，都南郑。秦降将章邯为雍王，得咸阳以西地，都废邱。司马欣为塞王，得咸阳以东地，都栎阳。董翳为翟王，得上郡地，都高奴。魏王豹徒封河东，号西魏王，都平阳。赵王歇徒封代地，仍号赵王，都代郡。赵将张耳为常山王，得赵故地，都襄国。司马卬为殷王，得河内地，都朝歌。申阳张耳嬖臣先下河南迎楚。为河南王，得河南地，都洛阳。楚将英布为九江王，都六。楚柱国共敖曾击南郡有功。为临江王，都江陵。燕王韩广徒封辽东，改号辽东王，都无终。燕将藏荼从楚救赵，且随项羽入关。为燕王，得燕故地，都蓟。番君吴芮为英布妇翁，曾由布招芮，从羽入关。为衡山王，都邾。齐王田市徒封胶东，改号胶东王，都即墨。齐将田都从楚救赵，随羽入关。为齐王，得齐故地，都临淄。田安故齐王建孙，下济北数城，引兵降楚，为济北王，都博阳。韩王成封号如旧，仍都阳翟。

这就是项羽所封的十八王。另外，除了没有封田荣以外，成安君陈余因负气于张耳，隐退民间，没有跟随项羽入关，但他以贤著称，于赵有功，当时他在南皮县居住，项羽便赐封给他环绕南皮的三个县。番君吴芮手下的将领梅鋗，战功显赫，赐封为十万户侯。

项羽自称西楚霸王，打算还都彭城，占据梁楚九郡。一面派兵强迫义帝迁往长沙，定都郴地。郴地靠近南岭，没有彭地富庶。羽欲自去建都，当然不会让义帝久住，所以逼走他，就像软禁一样。又派三万兵，借口护送沛公，让他向西入蜀。此外各国君臣，全部还镇。

这是灭秦以后首次大规模分配权力。这次权力分配以灭秦之战中的功绩大小与同项羽关系的亲疏为原则，突破了原来必须拥立六国之后的规矩，是一次观念上的革新。秦末的农民起义始于陈胜、吴广的揭竿而起，历经无数失败，三年的前赴后继，终于埋葬了暴秦。而项羽继承陈胜的事业，没有复兴六国，而是根据各人在灭秦战争中功绩大小，重新分配权力，摆脱传统观念的束缚，在这一点上，项羽的气魄令人称赞。

但是，从另一方面看，秦始皇原来所统一的天下，又再次陷于分裂了。战国时代，天下有七国，而如今进一步被分为二十国。除了项羽所封的十八王之外，他自封为西楚霸王，拥有最多的辖地和最强的军事实力。还有个傀儡义帝，被徙置往郴县去当国君。事实上的不稳定隐藏在表面上的稳定之下。动乱的因素始终蕴含于这种分封方式的本身。

第八章　彭城之战

一、韩信拜将

1. 纷争再起

结束了权力分配的盛宴。随之而来的却并非天下太平，而是重新进行的权力再分配。

项羽自己首先起来破坏他制定的这一权力分配格局。

从表面上看，战争和分封都结束了。英雄豪杰们各据一方，高高兴兴地离开鸿门，赶往自己的王国。

号令天下的军事统帅项羽，满载秦宫府库的金银财宝和后宫中的绝代佳丽，率大军东归彭城。

沛公既为汉王，此后叙述，应该称呼他汉王。汉王就从灞上出发，赐张良金百镒，珠二斗以犒赏他的功劳。良拜受后，却转送给项伯，并辞别项伯，还送汉王出关。连各国将士也觉得汉王仁义，有数万人愿意追随，汉王于是同他们一道启程。总算抵达褒中，张良想回到韩国，即告知汉王，汉王就让他东去了。告别之时却是依依不舍。良又请求退去左右，献上一条密计，汉王也答应了。良于是离去，汉王继续西进。不料后队人马，忽然一阵喧哗。当下询问怎么回事，有军吏入报道："后面起火，火势甚猛，听说栈道都被烧断了！"汉王也不回头，只是督促部众西行，声称到达南郑，再作打算，部众只好依命行事。后来又听说是张良烧了栈道，士兵纷纷咒骂，说他断绝后路无法与家人再聚，实在太绝。哪知张良毁灭栈道，却是别出心裁的妙算。一是向项羽表明永不东归，好让他思想麻痹；二是防范各国入侵。当时辞别汉王，便是与他谋定这条计策。汉王心中有数，自然从容不迫，安心地驰赴南郑去了，既至南郑，拜萧何为丞相，此外亦分

封将佐。

　　良向阳翟进发，等候韩王成归国。原来韩王成没有追随项羽入关，后来羽进驻鸿门，统率诸王，韩王成才去进见。羽虽嫌他无功，毕竟没有罪过，便仍封他为韩王。只是要求他召回张良。及韩王成告知良，良亦知项羽疑忌他，不希望他追随刘邦，所以有此要求，当时答复韩王，送汉王出境以后就返韩。韩王不便勉强，便答应了。偏偏项羽以此为借口斥责成违命放走张良，将他留住，不令归国，随军东行。

　　项羽一直气恼张良，召来张良，指责他既为韩臣，就不应再追随汉王刘邦，对抗自己。张良辩解说："汉王进蜀时烧绝栈道，表明他有心安居巴蜀为王，不打算东还。"项羽也获知了这一情况。素闻蜀道之难，难于上青天，与外交通全凭一线栈道。烧断栈道，则断绝了外界联系，只能拘泥于巴蜀的小天地之内。因此，项羽打消了顾虑，放心东归。成根本无法对抗项羽，被迫跟着他，羽后车满载秦宫中所得金银，及女子、玉帛等类，启程东归，到了彭城，贬韩王成为侯。数月后，干脆杀掉了他。

　　还有燕王韩广，不愿迁往辽东，藏荼率兵驱逐他，追至无终，将他杀死。派人通报项羽，羽不追究藏荼擅杀，反说荼诛杀有功，令他同时为辽东王。项羽因为此事由于韩广不服他分封的决定，公然抗命而引起，也就纵容藏荼的兼并行为。

　　本由齐将田荣拥立田市为齐王，田荣曾拒绝跟随项氏攻秦，遭到项羽的记恨，故羽徙封田市，改封田都、田安，独搁置田荣。荣个性倔强，不服羽命，居然留下田市，排斥田都，待田都快到临淄，率兵中途攻击，都败逃至彭城。田市闻田都溃败，担心他求救于羽，再次攻齐，因此悄悄逃到胶东。田荣恨他私逃，亲率军追杀田市，再西向攻打济北，刺死田安，自立为齐王，并有三齐。

　　田荣深知项羽决不会不理睬他的举动，干脆把局势搅乱，好使项羽难以兼顾。彭越在刘邦率军破秦时，曾协助刘邦攻昌邑。没有攻下昌邑，刘邦率军西进，彭越留居当地，收集魏之残兵。项羽入关分封诸侯时，因彭越未曾追随，又曾经帮助刘邦军攻秦，颇感不满，因此没有封赏他。项羽返回彭城后，彭越虽有一万余部众，却无所归属。公元前206年的秋天，齐王田荣反叛西楚霸王项羽，派使者任越为将军，命他在梁地反叛，攻破济阴城以击楚。楚派萧公角领军镇压彭越叛乱，但萧公角仅仅是个县令，不通军事，而彭越却是老奸巨猾。萧公角当然不敌彭越，吃了大败仗。

赵将陈余，隐居以后，仍然关注局势发展，常欲出山。他本与张耳齐名，项羽封耳为常山王，却有人建议项羽封陈余。羽因余没有追随入关，只封他南皮附近的三县。余怒说道："余与张耳有同等功业，今封耳常山王，余仅仅得到三县地方，充个邑侯，实在不公平！这三县地我要何用呢？"立刻派党徒张同、夏说，进见田荣道："项羽事事出于私心，所有部将，都封给好地方，独徙封旧王，偏居一方，太不公平，怎能服人？今大王崛起三齐，首先拒羽，声名远扬。赵地邻近齐，现赵王被徙至代，也感忿忿不平，臣余本赵旧将，愿大王出兵联合攻打常山，如果攻破常山，仍迎赵王归国，永远效忠于齐！"田荣听了，欣然答应，于是发兵协助陈余。陈余将三县士卒全部派出，联合齐兵进攻常山。张耳没有防备，仓猝迎战，败逃西去，陈余遂迎赵王歇还国，遣还齐兵。赵王封余为成安君，兼封代王。余因赵王初定，不便立刻离开，仍然留下辅佐，但命夏说为代相守代。

原本高举义旗只为推翻暴秦统治，但此时此刻，演变为一场各路英雄瓜分天下的盛宴。自然由项羽主持操刀宰割天下。但盛宴刚刚结束，天下又起烽烟，毕竟谁都有私心。还有那些没有参加盛宴的好汉们，最为不服，他们要求获得理应属于自己的一份利益。于是，各路诸候的鏖战重新开始了。

这场鏖战转变成为楚、汉两大阵营的较量。

2. 登坛拜将

且说汉王刘邦，到了南郑，休养生息了一两个月，将士却都思念故土，希望东归。汉王部下，有一韩故襄王庶孙，单名为信，曾追随汉王入武关，后又来到南郑，为汉属将。因见人心思归，自己也想回还，便进见汉王道："项王分封诸将，地方都很近，唯独让大王偏居南郑，这无异于迁谪。况军吏士卒都是山东人，归乡心切，大王不如乘势东归，争夺天下。如果等到天下民心都已安定，只怕难以再有所作为，只能老死在这里。"汉王道："我也同样思念家乡，但不是随便就能回去的，我有什么办法！"正议论间，忽有军吏入报，丞相萧何，今日一去不返。汉王大惊道："我正打算与他商议，怎么逃走了！难道有别的事吗？"说着，即派人追寻萧何。连续二日，萧何未见回来，急得汉王心神不宁，手足无措。正打算再派士卒去找，却有一人跟跄趋入，向王行礼，仔细一看，此人正是离开两天的萧何。心中喜怒各半，便佯骂道："汝怎么私下逃走？"何答道："臣不敢逃，而是去把逃走的人追回来！"汉王问他追什么人。何又道："臣去追都尉韩信！"汉王又骂道："我从关中出发，直至此地，一路上多人逃亡，这几天又有人逃去，汝都不去追，偏偏去追一韩信，分明是骗我了。"何说道："之前逃走的那些人无足轻重，任由他们去好了，韩信却是举世无双的贤士，怎么能让他逃去？大王如果希望久居汉中，就没有必要用信，如果要争夺天下，只有信能相助，所以臣特意去追回。"汉王道："我莫非不愿东归，久留于此？"何即接入道："大王果欲东归，应该立即重用韩信，不然信就要离开了。"汉王道："信真的这么有才能吗？君既然认为他可用，我就任他为将，试试他的才干。"何又道："只任为将，不足以留信。"汉王道："我就用他为大将。"何连声称好。汉王道："君为我召入韩信，我立即封他为大将。"何正色道："大王怎么可以轻召呢？大王用人本来就没有以礼相待。今欲拜大将，又轻易呼来喝去，所以韩信不愿久留，趁机逃走。"汉王道："当用何礼拜大将？"何答道："须先择吉日，进行斋戒，筑坛具礼，谨慎行事，才足以拜将。"汉王笑道："拜一大将，须如此隆重吗？我就遵从君的建议，按礼行事。"何于是告退，出去打点。

韩信究竟是什么人？信本淮阴人氏，幼年丧父，家境贫寒，因无善举可推，小吏也不能做，所以终日无所事事，乞讨为生。家中虽有老母，因为无法赡养，疾病缠身，很快就去世了。

淮阴县下乡的南昌亭长对韩信很欣赏，觉得他尽管外表破落不堪，内心却充满灵气，将来必定出人头地。韩信为衣食发愁，南昌亭长器重他，他便一连好几个月赖在南昌亭长家里寄食。亭长倒无所谓，但亭长妻对此却不满。堂堂一个汉子，整天游手好闲，非亲非故，赖着不走，实在不像话！她几次摔碗打盆，暗示不欢迎韩信。但韩信却镇定自若，照吃不误，真是不知趣。亭长妻见软的不行，索性来硬的。古代人一天只吃早晚两顿饭，几十年前中国北方农村仍保留这一风俗，特别在冬天更是如此。早餐通常在上午九点钟左右，晚餐通常在下午三四点钟左右。亭长妻为了把这个讨厌的韩信赶走，天刚亮就起床做饭，做好了躲在被窝里吃。等到韩信来她家吃早饭时，饭食早吃得一点不剩，连锅碗瓢盆早也收拾好了。亭长妻见了韩信，十分冷淡。韩信这次没法再装疯卖傻了。他清楚亭长妻这回下决心赶他走，心中很恼火，从此再也不去亭长家寄食了。

韩信一个人在淮阴城下水边钓鱼。有时钓几条鱼，卖钱过活，有时钓不到鱼，得不到一分钱，只有忍饥挨饿。有一群老妇人在水边漂絮，时常遇着韩信，大家见他穷困潦倒，自然不闻不问。

此时，有一位四十岁左右的漂母，发现这位青年看起来十分饥饿，但身穿长袍，腰佩长剑，俨然一个落魄的王孙，不由得同情他。于是，她走近韩信，递上饭篮，和颜悦色地说："王孙，请用餐吧！"

韩信一下子红了脸，心想自己实在太没出息了。堂堂七尺男子，竟要贫苦漂母施舍，不如一死了之。他本打算婉言谢绝，却被诱人的食物香味深深吸引，拒绝之话无法出口，他低头默默地接过饭篮，悄悄瞥一下漂母的神情。漂母那关切的目光激励着他，于是，他把手伸进饭篮中抓取食物，放入口中。

韩信吃完了一篮饭食，深深地吐了一口气，这样的饱餐好久没有了。就在这时，他突然感到四周一片寂静，空气都似乎凝固了。他瞥了一眼，发现许多漂母正盯着自己，有饱含同情与怜悯的目光，也有鄙夷的目光。韩信的心被那些刀子一样的目光刺伤了。他是一个有自尊心的男子，最受不了别人的同情与怜悯，更憎恨遭到别人的鄙视。然而此时此刻，他也无可奈何。他放下空的饭篮，匆匆离开，样子十分狼狈。

第二天，他尽管饥肠辘辘也不敢再去河边了。

人真的是很奇怪。许多事一旦有了第一次，并且尝到了甜头，那么，他明知不应该走这条路却依然不由自主。这种惰性作用是人性的弱点，韩信自然也是如此。他在经历了最初的一阵屈辱、痛苦之后，第三天又来到了河边，希望还能享受一顿饱餐。这一次，漂母仍然非常热情、递给他自己的饭篮，韩信默默地接过，默默地吃完，随后默默地放下饭篮离开。

漂母十分慷慨，连续几十天都供奉信饭食。信感激涕零，向漂母称谢道："承老母如此厚爱，信若能出人头地，必定相报。"漂母却说："大丈夫不能自立，才穷困至此，我见汝七尺须眉，好像一个王孙公子，于心不忍才给你饭食，并非指望你的报答！"说着，携絮离开。韩信不解地发了一会儿呆，但心中仍感恩戴德，待至出头之日，必定重谢。无奈未降福星，磨难尚多，只好浑浑噩噩地度日。

他虽没什么值钱的东西，尚有一把随身宝剑，始终挂在腰间，一天在街头闲逛，碰着一个屠人子，对他说："韩信，汝平日为什么总带着刀剑？我想汝身长体大，却怎么是个胆小鬼呢？"信默不作声，市人却一旁围观。屠人子又对众嘲信道："信有胆的话，可以刺我一剑，不然就从我胯下钻过去！"说着，便分开双腿站在市中。

韩信盯着那汉子，无数个念头闪过脑海。刺死他，保全了面子，但杀人偿命，不值得为此断送一生。他想到这里，便忍气吞声，俯伏在地爬过那汉子的胯下。

"哈哈，哈哈。真是个没有出息的胆小鬼！"大家哄堂大笑了，引以为乐。那汉子洋洋得意，旁观的人也兴致盎然。

韩信最倒霉、最屈辱的时期就是这段日子。然而，韩信有明确的志向抱负和百折不挠的意志，这无数磨难非但没有压垮他，反而铸成他的铮铮傲骨。

后来韩信成为楚王以后，曾经一一了断当年的恩恩怨怨。到了下邳，就派人寻找漂母，及侮辱他的恶少年。漂母先至，信殷勤慰问，赏赐千金，漂母拜谢离去。不一会儿恶少年到来，惶惶不安，俯伏请罪。信笑说道："我不会与你斤斤计较，汝无须害怕，我封你为中尉官。"少年叩首道："小人愚昧而冒犯大人，今蒙宽容大度，不加追究，怎能接受封赏？"信又说道："我愿授汝为官，汝不必推辞！"少年连连拜谢，方才告退。信对左右说："这也是个壮士，他辱我时，我也可以拼死与他一争，但徒死无益，所以忍耐至此，才有今日。"左右对信的大度都佩服不已。

信得知项梁渡淮便投奔于他。梁认为他很一般，只是编充行伍，给以薄秩。项梁败亡后，又跟随项羽，羽任他为郎中。但是，项羽并没有重用他。韩信多次献计于项羽，其中不乏很好的建议，但项羽出于偏见，对他的计策置之不理。韩信的上司钟离昧倒很欣赏他，曾经数次建议项羽重用韩信。但是，韩信胯下受辱人人皆知。项羽听说后，认为绝不能重用这种胆小鬼，让他任职军中已经仁至义尽了。因此，韩信始终没有得到项羽的重用。

项羽火烧咸阳，韩信觉得此举极其愚蠢。过去从不用他的献策，韩信已经有离开项羽的念头，而火烧咸阳之举更让韩信看透了项羽。他离开项羽，转而追随刘邦军一起进入巴蜀。

信依然没有被重用，不由得发起牢骚，偶与同僚十三人，饮酒谈心，酒后竟大出狂言，声称要自立为王。旁人恰好听到报知汉王，汉王对他有了疑忌，便下令拿下十三人和韩信，任命夏侯婴临斩。婴将众犯押赴法场，相继斩首，忽然听到一人狂呼道："汉王要得天下，怎么能杀死壮士！"婴吃了一惊，便命停斩，把那人带过来，见他仪表不凡，便有所怜惜。得知他是韩信，便问他有什么谋略。信于是全部道出腹中的经纶，婴赞叹不已。他接韩信到自己的住处，就天下大事促膝长谈，韩信分析精辟，有独道见解，夏侯婴大为赞叹。他便返报刘邦，极力举荐韩信，不仅不应处死，而应委以重用。

夏侯婴是刘邦的心腹，刘邦十分信任他。况且，他当时为了以儆效尤，一下子下令处死十三个人，现在也感到不妥。他不但赦免了韩信，尚未斩首的四名死囚也被赦免。但是，刘邦觉得夏侯婴是个粗人，没有什么真才实学。他欣赏的未必就是国士。不过，他为了顾全夏侯婴的面子，仍然把韩信提拔为治粟都尉。

治粟都尉的官职远远高于连敖，也多少有了些实权。但韩信并不满足。他希望大展才能，在天下的争夺中建功立业。他并不满足于现状。当时，丞相萧何注意物色人才，听说夏侯婴很器重韩信，便把韩信找来谈话。

果然满腹韬略，对答如流，才知婴言属实，当面称赞他为大将才。既然得到何的夸奖，丞相位高权重，一定会向上推荐，不致于埋没了才能。可过了很久却没有任何反应，心想终不会被汉王所用，不如趁机离去，另投明主，于是打点行装，独自出走，并不报知丞相署。等到有人看到信离去，告知萧何，何大吃一惊，赶紧快马疾驰去追。大约跑了百余里，才追上韩信。信不愿再回，何竭力相劝，并说自己还没有举荐，所以未重用他。信见他很有诚意，才答应回去。既入汉都，何禀报汉王，经过商议，决定拜信为大将。于是命礼官选定吉日，郊外筑坛。

汉王斋戒三日，到了吉期，清晨早起，丞相萧何，率文武百官，在王宫集合，等候汉王。汉王也不便迟慢，衣着停当，出宫登车。萧何等一同随行，抵达坛下。汉王下车徐步登坛。坛前大旗悬挂，迎风飘扬，整齐的兵队环列坛下四围，寂静无声，红日当头，全坛更显熠熠生辉，汉王心中顿时倍加欣慰。丞相萧何也登坛，捧上符印交与汉王。全副武装的将官，都希望快点知道究竟谁能接受这个符印。樊哙、周勃、灌婴诸将，久经杀场，战功显赫，更心想自己能得。忽由丞相何代宣王命，请大将登坛行礼，一人立即应声趋出。大众的目光均聚焦于他，装束十分庄重，面貌似曾相识，仔细一看乃是治粟都尉韩信，全军上下深感出人意料。

沉闷的南郑城内沸腾了。

汉王任命这位曾受胯下之辱的韩信来统帅全军实在太出人意料。

韩信登上将坛，向北伫立，乐工奏起军乐，鸣铙击鼓，响声震天。过了一会儿弦管悠扬，变成细曲，赞礼官朗声宣仪，由汉王亲授，第一次授印，第二次授符，第三次授斧钺，韩信逐一拜受。汉王对他说："由将军统领阃外军事，将军当不负我望，体恤士卒，除暴安良，统一天下。如有藐视将军，抗命之人，一律军法论处，先斩后奏！"说到末句，故意提高嗓门，使大众闻知。大众听了，人人失色。韩信拜谢道："臣必当竭尽全力，报答大王知遇隆恩。"

就这样，韩信被刘邦拜为大将，从此为刘邦东征西讨，尽显自己的军事指挥

才能，楚汉战争中汉军屡战屡败的局面终于得以扭转，最终使西楚霸王项羽被迫在乌江自刎。

3. 还定三秦

韩信并未立过显赫战功，也未曾担任高级指挥官。他被拜为大将后，就连汉王刘邦自己，对他也不尽放心，更不用说军中各高级将领不服了。因此，当行完登坛拜将之礼，两人之间便开始了一场长谈。命信坐旁，自己也坐下，开口问道："丞相多次称赞将军的才干，将军究竟有何良策，还请告知。"信答道："大王今欲东进争夺天下，不是敌对项王吗？"汉王称是。信又道："大王自认为英武，比起项王如何？"汉王沉吟道："寡人恐在项王之下。"信应声道："臣也认为大王在项王之下，但臣曾经追随项王，了解项王的为人。项王虽英武绝伦，却不知人善任，这乃所谓匹夫之勇，难成大事。项王有时亦颇仁厚，以诚待人，和颜悦色，遇人疾病，亦深表同情，至见人有功，理应加封，他却独揽封印，不愿授与，这乃所谓妇人之仁，亦难成大事。今日项王虽称霸天下，号令诸侯，却舍关中而都彭城，分明自失地利；而且无视义帝原约，恣意妄为，甚至放逐义帝，专分封善地给私人爱将，诸侯纷纷效仿，驱逐旧王，据国称雄，试想山东诸国，纷争不止难以治理。且项王兵到之处，大肆杀戮，民心尽失，但项王目前势力最强，所以受制于他，不敢反叛，将来各国实力逐渐增强，将不会再服项王，可见项王表面强实际却弱。今大王如能反其道而行之，专任天下谋臣勇将，则百战不殆；所得天下城邑，论功封赏，则人心尽服；率领东归将士，仗义东征，则无往而不胜。三秦诸王，虽然将我阻截，但他们都是秦朝旧将，带领秦士卒数年，伤亡惨重，被迫归降项王，项王却诈坑二十余万秦降卒，只剩章邯、司马欣、董翳三人。秦父老对这三人恨之入骨，今项王反立此三人为王，必然尽失秦地民心。惟大王先入武关，废除苛法，严明军纪，与秦民约法三章，秦民都拥戴大王，且义帝原约，天下皆知，大王被迫西行，秦民也深感忿忿不平。大王占据三秦，易如反掌，既下三秦，则可争夺天下！"汉王喜出望外："寡人悔不早用将军！今闻将军之言，茅塞顿开。此后还要多多倚仗将军！"信复答道："将非练不勇，兵非练不精，项王虽有败象，毕竟身经百战，不可小觑，如今先应整顿军队，约过旬月，才可东征。"

过了几天信升帐阅兵，定出数条军律，号令帐外。大小将士，慑于他的兵权，只能听命于他。信于是亲自讲明如何排列阵势，整齐步伐，奇正相生，首尾相应，如何可合可分，可常可变，樊哙、周勃、灌婴等人对此却从未听过，既得韩信训示，才了解信确有天才，非比寻常，于是对信心悦诚服。

汉军经韩信操练后，短短一月时间，已焕然一新。军中将卒得知即将东征，振奋了士气，没有人再逃亡。这时，韩信禀告刘邦，说是练兵已初见成效，下月即可出兵，并请求立即派人修复栈道。于是确定汉王元年（公元前206年）八月吉日，发兵东征。这时栈道全毁，行军不便。汉王却早听从了张良的计策，叫他明修栈道，暗度陈仓。立刻召入韩信，问明出路，信所言无异于张良。汉王高兴地说："真乃英雄所见略同。"遂派了数百兵士，假装修复栈道，自与韩信率领三军，悄悄从南郑出发。丞相萧何留守，作为补给。

时当仲秋，天气凉爽，将士等东归心切，日夜兼程，经故道直达陈仓。项王密令雍王章邯，堵住汉中，作为第一重门户，平日即戒备森严，以防汉王出来。然而他失算了，以为汉王东出，只能经由栈道，未曾修筑栈道，即使千军万马，插翅难飞，所以章邯静心等待，麻痹大意。不久听人回报说，已有数百汉兵，修理栈道，章邯微笑道："栈道烧毁容易，却难修筑，仅仅数百人，修到何年何月？汉王既欲东来，当初又何必尽毁栈道，真是愚蠢之极！"既而又有人报知章邯汉已拜韩信为大将。邯没有听说过韩信，派人打听后得知韩信曾受胯下之辱，遂又大笑道："如此胆小之辈，居然封为大将？汉王实在糊涂，难怪他行为怪异，栈道先烧后补，看他何时才能完工。"后来更加放松了警惕。

到了八月中旬，忽传来急报，声称汉兵已抵陈仓。章邯不相信，对左右说："并未修好栈道，汉兵怎能出来，难道有仙法不成？"虽然这么说，但仍派人一探究竟。没多久果有陈仓逃兵，报告说汉王亲率大军，占领陈仓，除掉守兵，很快就要进攻了。章邯这才发了慌，心想汉兵莫非绕开栈道，从小路出来，今不如亲自率军迎战。于是领数万兵直接奔赴陈仓，拦截汉军。一路上，不见难民只见逃兵。原来汉兵所到之处，秋毫无犯，所以民皆安居乐业。章邯收集逃兵，匆忙赶到陈仓，恰遇汉兵整队东来。两军便立刻交战，汉兵是积愤已深，士气旺盛，个个舍生忘死，拼命杀敌。章邯部下的兵士，尚有遗恨，不得已而追随，自然不会为邯以死相抗，没多久已溃不成军。章邯只有逃往好畤，汉兵则穷追不舍。

章邯毕竟久经沙场，也不愿就此逃亡。且看兵力尚存一半，不若回头再战，攻其不备，也许能反败为胜，因此率兵再次迎战。不料韩信已有防备，嘱令前驱谨慎追赶，自己居中发号施令，待至章邯返回再战，汉兵前队，从容应付，邯兵根本没有可乘之机，邯见汉兵镇定自若，自知失算，懊恼不已，不料刚招架一会儿，偏汉中军又调出左右两翼，援助前驱，前锋就是樊哙，灌婴是左翼主将，周

勃是右翼主将。这三人都乃名将，夹攻一个章邯不在话下！可怜许多士卒命丧黄泉。邯却趁机逃脱，令长子平镇守好畤，自己率残兵返回废邱。

汉军两战两胜，即攻打好畤，章平自知不敌，怎敢迎战？只有召集兵民严防死守。汉将樊哙等率兵围城，全力进攻，过了两天，见城上守兵逐渐懈怠，哙便派兵架起云梯，督令登城。城上矢石齐发，兵士难以登上，樊哙动了怒，左持盾，右执刀，率先登梯。还没有登上，那城上一阵喧嚷，一时间箭石乱射，哙用盾抵挡，乘机飞身而起，斩落数人。守兵仓皇失措，再经汉兵陆续登城，杀散守兵，立刻打开城门，放入余军。章平忙从后门落荒而逃。县令、县丞，不及逃命，都被处死。城中百姓，不抗自降。汉兵一民不杀，当即平定。韩信也即入城，给哙记首功，禀报汉王。汉王已封哙为临武侯，这次又授郎中骑将。哙与周勃、灌婴等，分徇下郿槐里柳中诸地，全部平定。乘势进入咸阳，驱逐守将赵贲。只有章邯镇守废邱，难以攻下。

韩信闻知，亲至废邱城外，经过考察，已有计策，于是告知樊哙等分头行动。章邯因汉兵攻城，严加戒备。长子章平，已从好畤逃至废邱，父子共同竭力防守，所以汉兵尽管强大，一时也难攻克。一日夜间，城中忽然大肆喧哗。章邯父子，赶紧巡视，但见平地上面不知从何而来数尺深的水。水势很快就无法控制。转眼间已有丈许，真乃内忧外患。章邯知道无法再守，急同长子平率家人部众，从北门水浅处逃往桃林。奇怪的是章邯一走，城中水势，便即退下。原来废邱城两面环水，自西北流向东南，韩信令樊哙等，堵住下游，使水向上流，涌入城中。恰逢秋季涨水，水势凶猛，一座城墙难以抵挡。章邯只知作战，不知预防，韩信才得以成计。章邯既然离去，便撤去阻拦，水势便退。汉兵陆续入城，安抚城民，又去追击章邯父子，走投无路的章平被擒，章邯自刎而亡。

汉收复了雍地，乃率兵攻打翟塞二王。翟王董翳，塞王司马欣，原本追随章邯，勇武远在章邯之下。邯败走后，曾派人求助于二王，二王害怕引火烧身，不敢出兵。得知章邯败死，愈发惶恐不安。况且民心不服，纷纷降汉。董翳先知不敌，投降于汉，司马欣更加孤立，不得不向汉俯首称臣。不到一月，汉王已平定三秦，项羽第一招完全失算了。赵相张耳，西行入关，恰逢汉兵平定三秦，也投奔汉王，汉王兵力进一步增强了。

项王已听说齐赵都反，恼恨不已，如今又得知汉占据三秦，怒发冲冠，急欲西向击汉。一面命故吴令郑昌为韩王，牵制汉兵，同时派萧公角率数千兵，攻打彭越。萧公角败于越，项羽越发恼火，心想彭越是仗着田荣声势，才如此嚣张，必须先除田荣。于是想同时攻打汉齐。可巧一封书函来了，接过一阅，署名乃是张良。他原本记恨张良，偏这次看了良书，又中了张良之计。张良声称汉王失职，但既然平定三秦，就不继续东进，齐梁却企图联合赵国灭楚。良分明是为汉计，使项王北向击齐，以给汉王东进可乘之机。那项王有勇无谋，听信了张良，先去攻齐。良又回到汉，为汉王策划东行。

汉王派韩庶子信率军攻韩，许诺平定韩地后，封为韩王，信便奉命而去。张良又打算跟随信，被汉王挽留，受封为成信侯。汉王又派郦商等攻打上郡北地，都获成功，再派将军薛欧、王吸，率军赶赴南阳，联合王陵徒众，东入丰沛，把眷属接入关内。陵亦沛人，与汉王相熟，很有胆识，汉王因陵较年长，视之为兄长。及起兵西进，经过南阳，恰好陵集结数千徒众，在南阳独立一帜，汉王于是派人招陵，陵不甘心追随于汉王，拒绝前去。此次薛王二将，又来邀请王陵，陵得知汉王已得三秦，威名远扬，才决定投奔他。且有老母在沛，正好借机迎接，于是一道东行。到了阳夏，楚兵将他们拦住，无法前进，只好暂时驻扎，命人禀告汉王，时已为汉王二年（公元前205年）了。汉王闻讯，本打算立刻东进，只因未挫项王兵威，实乃强敌，不便轻举妄动，所以广招兵马，待筹足三五十万，才向东进发。

那项王却已亲率大军，讨伐齐国，临走前，征召九江王英布联合出兵。英布称病只派偏将前去。项王也不加诘责，另寄一道密嘱与英布，叫他立刻启程，不可抗令。布接着密令，知道事关重大，不能屡次抗命得罪项王，只有召来亲信，给他看过密书，并命依令行事。心腹将士，便去乔装打扮，乘了快船，日夜兼程。大约赶了数百里，发现前面有大小船只，鼓棹西行，立即加速前进，追行数里，已得与前船相并，正好天黑了，一班乔装打扮的九江兵，竟跳上前船舱中，拔剑挥去，前船也有军人，措手不及，白白受死。还有一位身着龙袍的主子，走投无路，也一命呜呼。此人究竟为谁？就是前号怀王，后号义帝的楚王孙心。

自从项王回都彭城，驱逐义帝，义帝只能照办。但左右群臣，乡情甚浓，不愿速速离去，义帝也须打点行装，不慌不忙启程。至项王将到彭城，拒绝再见义帝，多次派人催促。义帝被迫上路，所有从吏，相继逃亡，即便舟夫水手，也不把义帝放在眼里，一路上不断耽搁，因此出都多日，还未到郴地，终被九江兵假扮强盗，杀得一个不剩。九江兵既然完成了任务，劫掠舟中财物，满载而归。路上又遇着好几艘来船，互相询问，乃是衡山王吴芮，临江王共敖。这两处的兵士，也是奉项王密令刺杀义帝，得知九江兵已然得手，便各自返回。九江兵还报

英布，布又还报项王。项王尚沾沾自喜，不料援人以柄，反被群起而攻之。

项羽为何要杀义帝？因为项羽一直放不下心。虽然义帝对天下的指挥权已被他剥夺，并被他流放到偏远的郴县，但仍觉得心里不踏实。他仍然记得，正是在他叔父项梁在定陶阵亡的时候，楚怀王趁机独揽大权，尤其是把本属项羽的兵权据为己有。随后重用吕青、吕臣父子，后来又重用宋义，处处排挤他，使自己受尽了窝囊气。要不是他趁宋义驻兵不前、不恤士卒之际将他除掉，重掌军权，现在可能命都没有了，更别提什么西楚霸王。今天的义帝尽管对他唯命是从，可万一风云突变，谁知他会不会以天下诸侯共主的名义，故伎重施呢？这个牧童不容小觑，能屈能伸，会审时度势，留着始终有后顾之忧，必须除掉他。

4. 陈平走谒

却说汉王招兵买马，指日东进，又听说项羽攻齐，正处于相持阶段，正好趁机发兵，遂与大将韩信等，出关至陕郡。关外父老，纷纷表示欢迎，汉王安抚民众，父老都欣喜不已。河南王申阳，见风使舵，投降汉王，改置河南郡，申阳继续镇守。韩地又传来捷报，乃韩庶子信大破郑昌，昌投降，韩地大定，汉王于是封信为韩王。郑昌失势，只是追随韩王，苟全性命罢了。

这时已是深冬时节，雨雪纷飞，道路不畅。汉王因远征不便，返回关中，暂都栎阳。开放秦时苑囿，令民耕作，大赦天下，减赋税，凡五十岁以上，具有善行的人，得选为三老，每乡一人；又从乡三老中，选拔一人作县三老，辅助县令丞尉，关中大安。等到春回大地，汉王又出师东进，从临晋关渡过黄河，直抵河内。殷王司马卬镇守河内，得知汉兵入境，被迫迎战。却根本不敌汉军，白白损兵折将，败回朝歌。汉将樊哙等率兵攻城，司马卬自然督守，不敢怠慢。同时派人报知项王，请求增援。

项王方攻入齐地，所向披靡，进逼城阳。齐王田荣，不会用兵，只靠蛮勇之气欲与项羽一决高下。究竟实力悬殊，所以田荣连吃败仗，守不住城阳，只带数百残兵，逃入中原。荣未曾施恩于中原百姓，反而叫他们输粮纳刍，不能耽搁，民众恼羞成怒，万余人群起而攻之，荣手下仅仅数百残兵，根本不敌，只有奔命于黄泉。项王乘势直入，大肆屠城，坑杀降卒，拘系老弱妇女，毫无仁义之心。

项羽对待齐国军民如此霸道，范增也认为不妥，曾经规劝项羽，但项羽却充耳不闻。他认为田荣反叛在先，必须严厉镇压，方能威慑其他诸侯，以儆效尤。况且，刘邦已定三秦，随时会东归，齐地必须速战速决，只有大肆屠戮，方能尽快平定齐地。

范增无法说服项羽，只有作罢。

项羽动辄屠城、坑降卒的残忍行径，使齐地百姓怨声载道。降而死，不如战而亡。齐地百姓陆续反叛，各处行踪不定，遍地皆兵，与楚军展开了游击战争。楚军陷于游击战的泥潭，进退两难。项羽在这时有点后悔了，便立田假为齐王。田假是故齐王室的子孙，田儋死后齐人曾立他为齐王，后为田荣驱逐，投奔楚军，倚仗项氏叔侄庇护。项羽在这时搬出田假，旨在在齐国建立傀儡政权，平定齐地。不料齐人因为反对西楚霸王屠杀齐地百姓，他所封立的傀儡齐王很自然也遭到反对。田荣之弟田横受到齐地百姓拥戴。田横收集数万残兵，驱逐田假，拥立田荣之子田广为齐王，由自己任齐相，收复了城阳。假再次投奔楚营，项王斥责他无能，不能自立，干脆一刀要了他的命，亲自率军攻打城阳，毕竟田横新立，铲灭容易，不料兵民拥护田横，奋力相抗，坚持到底，因为齐兵都知项羽暴虐，拼死抵抗，坚持到底，因此楚兵尽管强大，却久攻不下，项王又不忍放弃，总想荡平城阳，才解心头之恨。连接数旬，仍然两相对峙。及河内求援，只派几名将士援救，并派人先归，虚张声势，说楚军将全师转移援助朝歌。

司马卬闻讯受到了激励，奋力守城，忽见汉兵逐步撤退，一日一夜，已不见一人。他猜测汉兵无故退去，肯定是因为项王亲自到来，此时正好追杀，以立功。于是司马卬毫不犹豫地率城中将士，出城追赶。跑了约五六十里，什么动静都没有，天已黑了，四面山林环绕，司马卬担心有埋伏，命令退兵。话音未落，两员汉将闪出，各带精兵一队，攻打司马卬。司马卬掉头便走，士卒仓皇失措，丢兵弃甲，随卬奔回。卬惟恐汉兵赶来，策马先奔，终于抵达城下，突遇一猛将据住吊桥，大喝一声："司马卬往哪里走？快快投降以保性命！"卬吓得魂飞魄散，想逃，又担心不敌身后追兵。无奈之下被迫迎战，才经三个回合，已做了俘虏，及卬众逃回来，卬早已被擒。猛将厉声呼降，没有人敢再战，纷纷乞降。这猛将便是汉先锋樊哙，林中埋伏的两将，就是周勃、灌婴，这三将依韩信之计，兵分三路。他料司马卬逃回城中，必求救于项王，如果援兵骤至，里应外合，反而不敌，于是撤围诱敌出城，使樊哙埋伏在城隅，周勃、灌婴埋伏于林中，只等司马卬送上门来，便好前后截杀，生擒他，司马卬贪功果然中计，被樊哙活捉，交给汉王。汉王下令松绑，又劝慰他一番，卬拜伏地上，表示归顺，当由汉王率兵，偕卬入城，城中兵民，见卬已投降汉王，自然全体投诚。

汉兵又进攻修武，恰好有一英俊男子，前来投奔，军吏问过姓名，乃楚都尉陈平。自称阳武县人，与汉王部将魏无知相熟。经他一说，便有人通报魏无知，

无知便将他迎入。久别重逢，甚是高兴，为陈平设宴洗尘，私下问道："听说你已追随项王，怎么会到这儿来？"陈平道："差点儿就再也见不到君了，多亏平急中生智，才得以逃生。"无知吃了一惊，追问原由，陈平道："平自从跟随项王，受官都尉，项王虽不宠信，也不算薄待。前因殷王司马卬反叛，项王派平讨伐，平不想损兵折将，只将厉害与殷王说明，殷王总算谢罪了事。平回报项王，项王却赐平二十镒金。近日汉王攻殷，项王发兵援助，半路上听说殷王已经降汉，于是返回。项王得知后勃然大怒，便欲治平之罪。平被迫封还金印，逃到这里。"无知道："汉王宽容大度，知人善任，深得民心。今足下转投明主，无知立刻为你举荐，以大展才华！"陈平道："平深感君深情厚谊，但平尚有一难事，容待说明。平逃出楚营，幸好没被人察觉，才得以生还。到了黄河，雇舟西渡，舟子是四五个粗蛮大汉，平顾及不了那么多，下船坐着，催他快走。舟子一面摇船，一面盯着我，大概是想谋财害命。我身旁只有一剑，而且不善武功，自然不敌数人。君想如此情景，岂不是万分危险吗？"无知道："那你怎样脱险？"平笑道："我想舟子动疑，只是图财，我干脆脱下衣服，赤着身体，帮他摇船。他看我一无所有，也就罢休，一到对岸，我仍穿好衣服，给了船钱，跳上河岸，赶紧跑到这儿，算是侥幸。"无知道："足下真是才智过人。"说着，又与平畅饮多时，等时候不早了，便留平住宿营中。

翌日早起，无知便进见汉王，向他举荐陈平。汉王于是召见平。平从容进见，行过了礼，汉王没有问及，便在一旁站着。到了吃午饭的时间，汉王命令左右把陈平引到侧厢就餐。共有七人同席，都是有事求见汉王，被留下吃午饭，吃完饭后，平又想进见汉王，请中涓石奋转告，恰好汉王喝醉了，不愿相见，只令他住宿馆中。石奋告知陈平，平答道："臣今日有要事求见，不能耽搁。"奋于是再次通报汉王，汉王于是召见平，问有何事，平进言道："大王诚欲讨楚，不如乘项王伐齐之机东进攻打，如果攻破彭城，截断他的退路，则会军心涣散，溃不成军，项王必然败亡。"汉王大喜，又问他怎样进军。平把路线清清楚楚一一道来，汉王喜出望外，便问平在楚做什么官。平回答曾为都尉。汉王道："我亦任汝为都尉，怎么样？"平当然拜谢。汉王道："且慢！我还要使汝参乘，兼掌护军。"平欣然受命，拜谢而出。

帐下诸将，对陈平平步青云颇有微词，议论纷纷，说是陈平刚来，对其尚不了解，怎么能轻易信任，委以重用。汉王听到这种议论，全不放在心上，更加厚待平。同时整备部队，准备东进。平奉命部署，严格筹备。众将有意试探陈平，向他行贿，请求延缓期限，平并未严辞拒绝，而且对贿金来者不拒。于是众将找到了理由，并推周勃、灌婴进见汉王道："陈平空有一副英俊外表，却无真才实学。臣等听说他在家时，与其嫂关系暧昧，今掌护军，又大肆收受贿赂，如此淫邪之徒，大王万不可被他蒙骗！"汉王听了此言，动了疑心，遂召入魏无知，斥责他说："汝荐陈平可用，现在听说他盗嫂受贿，行为不端，你怎么能举荐这种人呢？"无知道："臣是看重平的才干才举荐他，他的为人作风，并非当今首要考虑的，今日楚汉相争，要成大事，应不拘小节，即便如尾生一样诚信，如孝子一样贤，又有什么用？大王只需要辨明平的谋略是否可用，没必要追究盗嫂受金等事。如果平确实无才，臣甘坐罪！"汉王听着，仍半信半疑，待无知告退，又召平入责问。平直截了当地说："臣本为楚吏，得不到项王重用，因而投奔于汉，沿途经磨难，一无所有，来投大王，若不受金，怎么能有费用谋划策略？大王今日，如果认为可用臣的计策，不妨听臣行事，不然的话，所受之金都在，尽可收回，请大王降罪！"

刘邦听了这一番话，尽释前疑，反而作自我批评，不该轻信，而疑忌陈平。他赏赐陈平重金，以保障他的费用。刘邦还任命陈平为护军中尉，监督全军诸将。此后诸将再也不敢非议陈平了。

平对受金一事供认不讳，而盗嫂事关系暧昧，平没有声辩，无知也没说明，实际上完全是空穴来风，不可相信。

陈平是阳武县户牖乡人，年轻时家里很穷，但有三十亩田，和韩信的家境比起来要好得多了。平父母早丧，与兄伯同居，兄已娶妻，从事耕作，平却十分喜爱读书。兄见他诚心好学，便让他去拜师学习，宁愿一个人负担这个家，但兄妻对此却不满。一日陈平在家，有里人看他面色红润，开玩笑说："君家一向很穷，你吃了什么这般丰肥？"平还没来得及回答，其嫂却突然出来答道："我叔只是吃些糠粞罢了，这样的叔有没有都一样！"几句话明显是在讽刺，陈平感到面红耳赤，几乎无地自容。正好乃兄进来，听到那些话，斥责他的妻子离间兄弟，立即要把她休掉。平赶紧劝阻，乃兄却执意赶走了妻子。这事传出去以后，一些人无事生非。他们私下议论纷纷，声称陈平长得英俊，他嫂嫂看上了他，和他关系暧昧。她当着外人数落小叔子只是掩人耳目。他哥哥陈伯知道自己的妻子私通兄弟，忿忿不平，但因手足情深，只得将妻子休掉。实际上是嫂叔绝对不和，私通情事绝对没有。平不进行耕作，年逾弱冠，仍没有娶妻，富家不肯与平联姻，平自己却又嫌弃贫家。这样一来，高不成，低不就，也就耽搁了陈平的婚姻大事。

年纪不小了，仍孑然一身。

户牖乡有位叫张负的财主，家财万贯。他有个宝贝孙女，长得漂亮又聪明乖巧，很讨人喜欢。却没有好命，十六岁嫁人，新婚未满一个月，丈夫患疾病而死。夫家为抢财产，把她赶了回去。张家是豪门，这位姑娘聪慧美丽，上门提亲的人不少。第二次嫁人后，不料红颜命薄，不久丈夫又是身亡，她再次守寡。就这样嫁一次人，守一次寡，连续嫁了五次，五个丈夫都死了。这一下可传开了，人们私下说她是丧门精、白虎星，天生的克夫命，娶她的人必然倒霉。于是，没有人再上门提亲、说媒。人人都希望娶个漂亮、有钱的妻子，但保全性命毕竟更重要。那些王孙公子对她敬而远之，看来这位娇俏的小寡妇是只能独守空房，了此一生了。

世上有人愿意拼死吃河豚却无人愿意舍命娶娘子。但陈平却是例外。他很想娶到这位漂亮而有钱的小寡妇，无奈没有机会自荐，因为自己一穷二白，张家不一定看得上他。有一次，邑中有人办丧事，陈平没钱送丧礼，便每天去帮忙干活，早出晚归，以此表达自己对丧家尽哀礼的心意。

陈平尽心尽力主持丧礼，吸引了张负。他认为陈平这个人不仅相貌堂堂，也有很强的办事能力，善于把复杂的事办得有条不紊。陈平发觉自己被张负注意，更加精神抖擞，在众多宾客中格外引人注目。

办完丧事后，张负悄悄跟随陈平到他的家去。陈平住在一条穷陋的小巷里，门不过是张破席子。但是，门外车辙的痕迹却不少。从车迹来看，并非那种运输物件、货品的载重车，而是那种长者乘坐用的安车，说明探访陈平家的并非凡夫俗子。于是返回家中，召子仲对他说："我打算将孙女嫁与陈平。"仲吃了一惊："陈平家境贫寒，为邑人嫌弃，为什么却把我家女嫁给他呢？"张负摸着胡子笑着说："像陈平这样英俊而又能干的人，怎么会永远贫贱呢！"仲仍不愿意，问他的女儿，女儿却并不反对。再经张负找媒人定约，张仲即便再不乐意，也只有筹备婚事，送女儿出嫁。张负又给陈平财物作为聘礼。平喜出望外。出嫁这一天，张负嘱咐孙女，叫她谨守妇道，不可嫌贫爱富。孙女到了平家，有情人结成眷属，两人情投意合，恩恩爱爱，即便乃兄再娶后妻，仍然是乡村俗女，无法与张女相比，盗嫂情事由此可知纯属无稽之谈。

平自从娶得张女，生活大大改善了，交游也越来越广，就是里人也对他刮目相看。恰逢里中社祭，平被一致推举为社宰，他做事公平，父老赞不绝口："好一个陈孺子！"平听了感叹说："假如我拥有天下，也必将如分肉一般来治理！"

　　陈胜举事后，派周市攻打魏地。周市拥立魏咎为魏王，秦将章邯率军围魏王咎于临济。陈平当时带领一部分少年辞别其兄陈伯，投奔魏王咎，魏王咎见他仪表不凡，封他为太仆，管领车驾。陈平是个智士，当然并不满足于任职太仆。他多次献计于魏王，魏王却不接受。有人进言魏王污蔑陈平有谋反之心。魏王便疑忌他，他感到无法在魏王那里呆下去，便偷偷从临济溜走。

　　章邯不久灭了魏王咎。楚将项梁率兵破章邯，但后来因骄傲轻敌，反而败亡。项羽秉承叔父遗志，除掉宋义以后，略地至黄河边。陈平投奔项羽，一道入关破秦，被封为卿，却没有实权。项羽东归彭城以后，汉王刘邦收复三秦，继而东进。殷王司马卬见不敌汉军，便反叛西楚霸王项羽。项羽派陈平率领留在楚军中的魏王咎旧部平定殷王，并封陈平为信武君。陈平善于出谋划策，却不通用兵。他决定发挥自己的所长，说服殷王向项王谢罪，并发誓永远效忠于项王。陈平回报项王，说是殷王见自己率兵而至，不战自降，并称效忠于项王。于是，项王派项悍为使者，封陈平为都尉，赐二十镒金。

　　至此又投奔汉王，惟命是从，于是与汉家三杰留名于世。

二、奇袭彭城

1. 乐极生悲

　　项羽的楚军陷于齐地战争的泥潭，汉王刘邦趁机出关东征。

　　汉王二年三月，刘邦率大军从临晋渡河东下。渡过平阴津，进军洛阳。路上遇到一年迈老人，马前求见，汉王询问，乃是新城三老董公，年已八十有二。三老是古代负责教化的乡官，辅助县令，属于当时的基层官吏。刘邦宽大容人，并不嫌弃董公官职低微，立刻让他起身，问有什么事。董公道："臣闻顺德必昌，逆德必亡，凡事当师出有名，才可服人。敢问大王发兵，讨伐什么人？"汉王道："项王不道，东进讨伐。"董公又道："古人说，明其为贼，敌乃可服，项羽的确不仁，但惟弑主一事最为逆天害理。大王曾与羽共立义帝，今义帝江中被弑，虽经江畔居民，捞尸厚葬，但无故枉死，毕竟死不瞑目。为大王计，若真的讨伐项羽，不如为义帝发丧，全军缟素，并召告天下，使人人得知项羽弑主之恶行，然后师出有名，天下归心，则大事可成。"汉王深以为然，向董公答道："好极！好

极！幸好有先生，寡人才得以闻此正论。"当下希望留董公在军中作参谋。董公自称老病，告辞而去。

刘邦率军进入洛阳后，为义帝发丧，命三军素服三日，并设置灵位祭奠义帝，亲自在灵位前伏地不起，号啕大哭，边哭边历数项羽的罪恶，直哭得精疲力尽。至于他心里真正怎么想，则无从知晓了。反正像刘邦这样的枭雄，极具表演天赋，收放自如，极善于笼络人心。刘邦这一哭，三军将士群情激愤，同仇敌忾，纷纷嚷着要讨伐项羽，为义帝报仇雪恨，忘掉了对手是当时不可一世的西楚霸王。

刘邦为义帝发丧后，分遣使者携带檄文告知各国诸侯。这篇檄文中说：

> 天下共立义帝，北面事之。今项羽弑杀义帝于江南，大逆无道。寡人亲为发丧，诸侯皆缟素。悉发关内兵，收三河士，南浮江汉以下，愿从诸侯王击楚之杀义帝者。

这檄文传报各国，魏王豹举国投奔汉军，这是因为项羽企图霸占梁地，驱逐魏王豹到河东，改封为西魏王。魏王豹被迫离乡背井，自然怨恨项羽，因此汉军东下，他立刻追随于刘邦，联合攻楚，殷王司马卬不愿反叛，阻挠汉军东下，但汉军士气旺盛，很快便攻下了河内，生擒殷王，改置殷王封地为河内郡。就在这时，彭越率领三万余兵来外黄与汉王刘邦会师。两人素来相识，刘邦西行伐秦时，两人曾并肩攻打昌邑，如今又共同反楚，实乃志同道合。刘邦说："彭将军已攻下魏地十余城，一心立魏国后裔为魏王以复国。西魏王豹是魏王咎的从弟，乃真正的魏国之后。"于是，刘邦封彭越为魏相国，由他统率魏军，攻占原魏国境内的土地。

惟汉使至赵，赵相陈余，却要求汉王除掉张耳，才肯跟随。使人回报汉王，汉王不忍杀耳，但是他又需要联合陈余，如何是好呢？他就找了个与张耳形貌相似的人，不问青红皂白，一刀砍死他，然后派使者送给陈余头颅。砍下的头颅血肉模糊，真假难辨，陈余信以为真，消了气。况且，他早已反叛楚，如今一不做二不休，赵、代两国干脆出兵助汉击楚。楚国的间谍报知项王陈余的举动后，齐、赵更被项羽视为心腹大患。

汉王刘邦驻军灞上时有十万兵力。他受封汉王后，项羽准许他带兵三万进入巴蜀汉中之地，但是，楚与各诸侯军有很多人投奔汉军，竟也多达数万人。同时，一路上一直有人逃亡，抵达南郑时，仅存四五万人了。他听从韩信之计，明修栈道，暗度陈仓，收复三秦，接收了三秦王的士卒、兵器装备以及军储粮食等，汉兵的人数猛增到二十余万人。随后，刘邦出关略地，河南王、殷王、西魏王先后投降，韩王郑昌被攻灭，常山王张耳带领余部投效汉王，刘邦又封了韩信，让他独立成军。接着，彭越又率精卒三万来投。陈余也率赵、代二国之兵助汉击楚。此时，汉军兵力已达五十六万人，一支浩浩荡荡的大军形成了。

洛阳发表，楚汉战争正式拉开了序幕。

这一日，汉军来到彭城。

韩信集会各诸侯军将领，指出项羽大军陷于齐地的泥沼之中，彭城毫无防备，应当趁此良机直接攻打。众将一致赞同。

彭城里面已没有几个守兵，项王已率全部精锐之师伐齐，单剩数千老弱残兵在城中留守，自然不敌，纷纷落荒而逃，任由汉兵入城。汉兵轻易占领了彭城，在历史上彭城是四战之地，易攻难守。它控制中原和黄淮平原间的交通枢纽，是中原向南扩展或由南方北伐中原的必经之地。项羽舍弃关中而定都彭城，一是因为部众东归心切，二是说明他在战略上忽略防御而重视进攻，彭城的地势有利于大军四向攻击，能迅速而灵活地调动军队。但是，当项羽出师北上攻齐以后，由于彭城难守，使韩信乘机进入，必是大大出乎项羽的意料。

这一胜仗震惊了天下。自从巨鹿之战以后，项羽号令诸侯，扬名天下。尽管有诸侯反楚，也只局限于自己的势力范围内，从无人敢进犯楚地。如今韩信不费一兵一卒占据楚国的都城，占领了西楚霸王的巢穴。但是，韩信并没有因此沾沾自喜，依然十分谨慎。他迅速搜集彭城的金银财宝和军需物资，打算在十天半月内撤离，并建议刘邦退守荥阳，以迎接项羽亲率楚军主力的到来。

但是，刘邦面对接连不断的胜利，有些得意忘形了。彭城内云集了项羽掠夺自咸阳的金银财宝和秦宫中的许多佳丽。他原来在进咸阳时就打算好好在秦宫中享受一番的，但当时力量尚弱，迫于项羽强大的兵力，所以依从张良、樊哙的建议，封府库闭宫室。现在今非昔比。他统率讨楚诸侯联军，手下兵力达五十六万，那个西楚霸王又有什么可怕呢？如今正该好好享受一下。他获知攻破彭城后，立刻率军进城。

韩信迎接刘邦进入彭城后，建议汉王撤军。

刘邦不同意："不行，必须镇守彭城。"

韩信："大王，项王知道彭城失守，必然班师回营，我军尽管人多，却拼凑

而成，缺乏训练，只怕不敌。况且，淮泗一带楚军众多，范增去救荥阳的那支军队，至今不明下落。万一有事，很可能会阻断我军退路。"

刘邦："无须多虑。我军有二十多万兵在彭城，有三十多万兵在荥阳、敖仓到洛阳之间，你尽可安心和项羽一决雌雄！"

韩信："大王，全力防守荥阳，胜算较大。彭城四面受敌，又深处敌人的腹地，四周众多楚军尚存，在此地组织抵御很难。"

刘邦："项羽也是凡人。他不可能百战不殆。自从起兵以来，我与项羽未曾有过正面较量。今天，我定要和他决一胜负。"

"大王！"

"无须多言，"刘邦制止住韩信，"我主意已定，我来亲自指挥这一仗。"

韩信只有作罢。

彭城内，楚宫中，珍宝美女应有尽有。

刘邦又犯了老毛病，在楚宫内终日大摆宴席，款待各诸侯王，日观歌舞，夜拥美人，逍遥自在。部下将士，军纪弛废。汉军中来自关中的旧秦兵卒，出于报复项羽坑秦降卒，自然在彭城烧杀掳掠，为所欲为。各诸侯国的士兵也都竞相掠夺财物，中饱私囊。只有汉军中随刘邦入关的核心队伍，尚能维持军纪。

乐极生悲。眼见大难临头。

项羽驻扎城阳城下时，先听说刘邦出关以来畅通无阻，河南王、殷王、西魏王先后降服，韩王昌攻灭，新立韩王信，彭越、陈余相继投奔，已经怒火中烧，只是希望攻破城阳后再回师，才强加克制。刘邦在洛阳为义帝发丧并发檄文声讨他，这位西楚霸王就忍不下去了。等到彭城逃兵来到城阳郊外楚营，告知刘邦率领大军五十六万，由韩信任统帅，占据彭城，尽收珍宝美女，烧杀奸淫彭城百姓，大肆掳掠，项羽暴跳如雷。

西楚霸王怒不可遏。

刘季呀刘季，真是老奸巨滑！鸿门宴上卑躬屈膝，极力讨好。今天竟如此嚣张，坏我名声，占我宫室，掠我财宝，烧我都邑，我项羽若再放过你，还算什么西楚霸王！张良呀张良，真是阴险狡诈！你先说是汉王自焚栈道，无意东归，骗我放心。刘季明修栈道，暗度陈仓，占据三秦之地以后，你又声称汉王只是依照怀王之约，绝对效忠于我。结果呢，竟偷袭彭城，抄了我的家，真叫人忍无可忍！汉军上下全是一群骗子，出尔反尔，背信弃义。还有什么韩信，那个胆小庸夫，竟从楚军逃到了汉军，当上什么大将。刘季真是有眼无珠，这种没出息的东西也会重用。这次能占据彭城，并非靠他实力，我此番回师，定要把你们剿灭殆尽，叫你们知道我西楚霸王不是好惹的！

项羽怒气冲天，部下龙且、钟离昧等进见。他们也都得知彭城失陷，请求项王放弃城阳，班师全力攻打汉军。

项羽竭力镇静下来，说："没有必要。由龙且代我统领全军，仍然围城。其余诸将，立刻平定齐地各处叛民、叛军。由我亲自率领三万人返回彭城，汉军必可大破。"

"大王，三万人行吗？汉兵有五十六万人呢！"龙且说。

项羽冷笑一声："五十六万人？不过是乌合之众。诸侯各怀私心，必不肯为刘季拼死而战。至于刘季本人，贪酒好色，就是靠运气，钻空子，才得以先入关，如今又占我彭城。若论打仗，呸！完全一窍不通。"他说罢，立刻散会，亲自去各营选拔精兵、战马，第二日就发兵。

统帅与士兵都满腔愤怒。这支愤怒的部队复仇心切，猛不可挡。他们以秋风扫落叶之势奔袭彭城，扫荡汉军，训练有素，真乃天下雄师！

汉王二年四月。项羽率军由鲁地出胡陵，直赴萧县。萧县东南，驻扎有汉兵数营，本由汉王遣使防羽，营中防备松懈。不料项王趁夜而至，时正黎明，全营将士，刚刚梦醒，却被项王杀个措手不及。汉兵非死即逃，项王直奔彭城。汉王沉迷于酒色，通宵达旦。忽闻楚兵从天而至，吓得惊慌失措。汉王只得出宫升帐，整顿兵马，开城迎战。遥见项王骑着乌骓，披坚执锐，怒杀过来。如惊雷般一声吼震耳欲聋，况且楚兵楚将，个个凶猛异常，要与汉军拼死一战，收复失地。汉将深知楚兵厉害，但也只有被迫迎战。却是屡战屡败，那项王亲自手持一杆火尖枪，左冲右突，无人能敌。突然间冲入汉阵，挑落数将，竟直奔汉王马前。樊哙等赶紧阻拦，都不敌项王，纷纷倒退。汉王心慌意乱，唯恐项王杀到，回转马头便跑，刚走数步，回头发现项王已用枪尖拨倒纛。大纛为全军耳目，一经倒地，上下溃不成军，汉王顾不了那么多，落荒而逃。众将亦各自奔命，无暇顾及汉王。项王穷追不舍，直杀得天昏地暗，汉兵都从谷泗二水旁溃逃，前面的互相践踏，后走的都性命不保，十余万人惨死。还有三四十万人马，南窜入山，又被楚兵追杀了好几万。

2. 大难不死

汉王刘邦溃逃至灵璧以东。

败逃彭城之时，汉军有十几万人的损失，但多为诸侯之军，只损失了两万多

刘邦从关中带出来的部队。到了灵璧时，韩信就地建造工事，再收缩、集中两翼军队，收集残兵，又多达十六七万。

但是，项羽穷追不舍，不给刘邦机会。汉军中只要一听见"项王来了"，就望风而逃。范增所率的军队，在这时从灵璧的西北地区楔入，使荥阳的汉兵无法会合刘邦所率之军。汉兵人数虽比楚军多，但在战场上面对楚兵，战斗力全无。尤其是只要一出现项羽的帅旗，便吓得魂飞魄散了。每日都有汉兵逃亡，诸侯军士兵逃走的更多。

楚军再次发起强攻，冲破汉军的防御阵地，进行穿插、分割，打得汉军一团混乱，退往睢水岸边。楚军包围成半月形，不断逼近。

汉军挤作一团，无法摆开阵势。楚军猛烈攻击，落后的汉军多难逃一死，于是大家拼命向前挤去。但睢水在前面，又无渡船，岸边的人纷纷失足落水。楚军步步逼近，竟多达十余万汉军相继落水，造成睢水断流。剩下的人则踏着伙伴的尸体逃到对岸。

汉王逃了一程，楚兵追了上来并里外围成三圈。而只有数百士卒跟随，自然不敌。不由得喟然长叹道："我今日死在此地了！"话音未落，天上忽狂风大作，尘土飞扬，自西北吹向东南，转眼天昏地暗。楚兵无法站立，又分不清敌我，被迫撤退。汉王趁机得以逃生。行了数里，后面又追来楚兵，回头望去乃是相熟之人，便高声呼道："两贤何必残杀？不如放我一条生路！"说罢，又掉头急奔，后面的楚将，却不追击，返了回去。这楚将叫作丁公，知道汉王是贤人，愿意放他生还，收兵返回。不料丁公此时放过刘邦，刘邦称帝后，却斩杀丁公，声称丁公为楚将却不忠于项王，放他生还，因此杀之以警戒今后为臣不忠者。你看刘邦厉害不厉害？

刘邦逃脱丁公追击后，只有十余骑相从了。他们经过沛县，觉得离家不远，不如顺便回家，接回老父娇妻，以免遭不测，便立刻赶至丰乡，走近家门，只见大门紧闭，外加封锁，大吃一惊，立刻询问四邻，却都说不知。一个人独自徘徊，犹豫许久，心想无处可找，只有离去。

不一会儿已走了数十里，天已黄昏，感到又饿又冷，精疲力竭。本打算下马休息，又担心追来楚兵，只有继续前行。又过了好几里，远远地听见犬吠声，料知前面定有村落，抬头一望，果然发现前方有一树林，灯光从林隙处露出，有村落隐隐出现。立刻快马向前，想借宿村中。事有凑巧，正好遇上村内老人，于是殷勤问询，求宿一夜。老人见汉王仪表非比寻常，就把他带到家里，请他上坐，询问他的姓氏，汉王如实相告。老人说道："老朽不知汉王驾到，有失远迎！今因参加里中的喜宴晚归，得遇大王尊驾，荣幸之至。"说着，便要跪拜汉王。汉王立刻扶他起来，且询问老人家世，老人道："老朽姓戚，定陶县人，前因秦项交兵，至此避乱，当时妻子都已失散，现只小女相伴，寓居此地，遭遇乱世，真是苦不堪言。"说得十分凄惨。汉王已饥饿难耐，急欲求食，便对老人说："此处可有酒饭？"老人道："此地偏僻，没有市镇，大王若不嫌弃，寒家尚有薄酒粗肴。"汉王连声说好。老人便向屋内招呼女儿准备酒饭。过了一会儿，便有一个十八九岁的美貌姑娘携着酒食走了过来，汉王看她穿着简陋，却也体态轻盈，不由啧啧称赞。老人命女放下酒肴，便向汉王行礼。汉王起身相答，那戚女行完礼，转身返入。老人遂与汉王饮酒，汉王连饮数觥，有了精神，问及戚女可有许人。老人道："小女尚未许人。前有相士说小女颇有贵相，今日大王到此，正好应验，理应跟随大王，大王尊意如何？"汉王道："寡人到此逃难，承蒙留宿，已感激不尽，怎好再委屈令媛？"老人道："只怕小女没有这个福分，大王无须过谦！"汉王乃说道："既承老丈美意，我即领情便了。"当下赠之玉带，作为聘礼。老人又唤女儿出来，女儿羞答答地接受了玉带。老人叫她为汉王斟酒，汉王一饮而尽。至戚女斟至第二杯，汉王就命戚女酬饮，戚女也不推辞，慢慢儿地喝干，这便算作交杯酒了。随后戚女又入内为汉王取饭，汉王饱餐了一顿。夜已深了，老人却甚知趣，便令该女陪着汉王就寝。汉王借酒兴，留她同宿。戚女也解其中之意，且既已许身于他，又渴望富贵，便任由他宽衣解带，揽入怀中。

　　第二天早上起床，出见戚公，吃过早饭，汉王便要告辞。戚公父女，一再挽留，汉王道："我军溃败，将士等下落不明，我不可久留于此。等我收整兵马，待有大城可住，便来迎接老丈父女，决不食言！"戚公不便强留，送别汉王，只有戚女仅得了一宵恩爱，就要分离两地，不免有些感伤，依依难舍。汉王到了此时，也禁不住英雄气短，儿女情长，握着戚女的手，难舍难分。最终一狠心，嘱咐了一声珍重，策马而去。

　　走了多时，忽见远方驰来数百骑，他担心是楚兵，赶紧躲进林中，悄悄窥探。待来骑走近，才认出是自己人马，前面的将领正是部将夏侯婴。时婴已受封滕公，兼职太仆。彭城一战，婴也跟随，战败以后，汉王舍车乘马，匆忙逃走，所以与婴失散。婴保着空车，冲破楚围，到处寻找汉王，走了一夜有余，才遇到汉王。汉王见是夏侯婴，自然现身相见，婴立刻下马拜见，告知经过情形，且请汉王上车。汉王于是改乘车，由婴驾马。一路上看见难民四处奔逃，其中有一幼

童，一幼女，狼狈同行，不断向车里看，夏侯婴眼尖，一经瞧见，便觉面熟，对汉王说："难民中有两个小孩，好似大王的子女，大王不妨辨明！"汉王方向外看去，两个孩子果然正是亲生的子女，便命婴叫过他们。婴下车招呼，把他们抱上车，汉王便询问他们，两孩说与祖父、母亲等，出奔避难，打算寻找父亲，路上被乱兵冲散，与祖父、母亲走失。汉王又惊又喜，问他们昨晚如何度过，两孩答道："儿等已离家两日，夜间都在别村借宿。今日赶路，偏偏遭遇乱兵，祖父失散，母亲等也不知下落，幸好遇着父亲！"说到亲字，泪流满面。汉王也感慨万千。刘盈就是后来的汉惠帝，刘元后来被封为鲁元公主，嫁给张耳之子张敖。

一家三口正在谈话，夏侯婴忽惊报道："那边有旗帜飘扬，难道楚兵追来吗？"汉王赶紧说："快走罢！"婴也发了慌，至汉王车后，亲为汉王推车，向前飞奔。后面楚兵果然追来，首将叫作季布，前来捉拿汉王。季布紧追不舍，眼见就快追上了。汉王担心车过重走得慢，竟把儿女推下车。夏侯婴见了，赶紧用双手各提一个孩子，又抱回车中。不一会儿汉王又推落两孩，夏侯婴再次把他们拉上来，连续几次，汉王发了火，斥责夏侯婴道："我等万分危急，收管两孩，恐性命不保。"婴抗答道："这是大王亲生骨肉，怎么忍心抛弃？"汉王越发恼怒，拔出剑来，欲杀夏侯婴。婴一旁闪过，见汉王又踢下两孩，干脆让别人驾车疾驰，自己用左右两腋挟住两孩，一跃上马，跟随汉王后。楚将季布，始终追不上，只有收兵返回。

汉王见追兵远去，总算松了一口气，夏侯婴也快马赶上，经过商议，决定投奔下邑。下邑在砀县东，汉王妻兄吕泽曾带兵驻扎。汉王与夏侯婴携子女，从小路抵达下邑，吕泽正派兵巡视，见了汉王，自然相迎，汉王总算得以安身。不久汉将得知汉王下落，相继赶来会合，逐步恢复了势力。调查各路诸侯消息，殷王司马卬已经战死，塞王司马欣，与翟王董翳，又投降于楚。韩赵河南各路残兵，都退了回去。虽然损失较大，都并非嫡系军队，也不必太在意。最令人担心的是汉王父太公及妻吕氏等人至今杳无音信。仔细打听，已落入楚军手中。原来太公率家人逃难，除子妇孙女以外，还有舍人审食其跟随。大家扮成难民，从小道悄悄逃亡，前两天还算平安，昼行夜宿，只是路上劳累。至第三日早起，出门赶路，恰好遇上许多楚兵，匆忙逃避。偏偏有几个楚兵认识太公，及汉王妻吕氏，一哄而上，拿下了两人。审食其不肯离去，也被抓起来，其他的人都走散了。吕雉归汉当上吕后，始终宠信审食其。刘邦去世后，汉惠帝刘盈即位。审食其在后宫自由出入，成为吕太后的面首。汉惠帝刘盈尽管性格懦弱，却无法容忍和允许这种行径。他听说此事后，恼羞成怒，下令捉拿审食其，在狱中关押，并要斩首。吕太后当时虽把持朝政，但毕竟不宜张扬这种丑事，无脸去向儿子求情。多亏智士朱建设法营救，审食其才免于一死。汉王得子女二人，却又没有见到兄弟亲族，又听说老父娇妻，落于敌手，生死不明，不由痛哭流涕。经诸将劝慰，总算平静下来，率众来到砀县，再派人打探太公、吕氏消息。后来确切得知二人在楚军中，性命尚保，项羽将他们作为人质，想汉王前去投降。汉王自然不会自投罗网，被迫暂时割舍，再从长计议。

下邑的这支部队是一支机动队，与刘邦进占彭城的大军不在一起，建制完整，士气旺盛，在彭城前线残留的各支汉军中军事实力最强，所以，刘邦在下邑暂时安定下来。

刘邦立足于下邑后，打出了汉王的旗号。于是，汉军的残兵败将纷纷向这里会集。刘邦重整旗鼓，逐渐恢复了军威。

彭城之役中，项羽以三万人大破刘邦的五十六万人，这是他继巨鹿之战以后又一次重大胜利。刘邦在彭城之役后却处境艰难。各诸侯王相继投奔于楚。殷王司马卬战死，塞王司马欣、翟王董翳再次降楚。赵、代二国掌实权的陈余，此时也已知道汉王送来的是假的张耳头颅，张耳实际上仍在汉军之中好好地活着，就趁机与汉决裂，撤回赵、代援军，借此讨好楚军，以避免项羽进攻赵国。魏王豹尽管没有公开反汉，但也怀有二心，正在蠢蠢欲动之中。

第九章 再战荥阳

一、反客为主

1. 张良运筹

刘邦在下邑扎了根，各路残兵相继来归。汉军又有了几万兵力。然而，下邑离彭城太近，项羽随时会来攻击，因此，刘邦不敢久留下邑，决定率军尽快转移。

几天后，刘邦又接到王陵哀报，声称老母被掳，自刎而死，现愿奉母遗命，效忠于汉。汉王听着，又悲又喜，立刻回信劝慰，叫他节哀顺变，共同复仇。同时率军西行抵达梁地，又听说楚军进攻，又气又怕，便召集部将商讨如何御敌。将佐等经历大败，未敢主战，都默不作声。汉王发了火："我愿以关东之地封赏豪杰，但不知谁能破楚立功，享有关东土地呢！"话刚说完，即有一人接口道："九江王英布，与楚不和，彭越助齐据梁，两人都很有才干，可以为我所用。大王部下，首推韩信，大王若果真分封他三人关东土地，他们感恩，必以死相报，项羽虽强，也难以抵挡。"汉王见献计的人，正是张良，便连连称好，又对左右说："谁愿意去说服九江王转投于我？"旁有谒者随何，自告奋勇。汉王乃派二千吏，与何同行，何奉命而去。汉王又派人向韩彭两军求援，自己则率兵从梁至虞，由虞至荥阳。荥阳为河右战略要地，必须镇守以防楚西进。汉王命部众城外驻扎，自入城中安歇。

刘邦反复琢磨张良的献策。他最终决定依计而行，确定了以关中为根据地，争取英布，笼络彭越，重用韩信，与项羽争夺天下的战略。

在这套方略中，最易实现争取彭越这一环。彭越原曾率精兵三万助汉击楚，汉王于彭城大败之后，楚军令回了彭越占领的梁地各城，但彭越善于打游击战，避开楚军的主力，部队损失很小。刘邦派使者联络上他以后，彭越在楚军后方神出鬼没，打游击战，堵截楚军运输粮食的通道，十分有助于汉军坚守荥阳。

再说英布，项羽在攻打田荣时，曾要求九江王英布发兵，随他征齐。但是，九江王已今非昔比。他历经艰难从刑徒变为诸侯王，希望好好地享受，没必要再去为项羽卖命。他推说有病，不能跟随项羽出征，派遣手下的裨将率领四千兵追随项羽。项羽见自己手下的爱将如今却不听使唤了，假装有病，只派个裨将带几千兵来敷衍塞责，心中十分不满，从此项羽便疑忌英布。

但是他们之间的矛盾并未公开化，英布过去又一直是项羽的爱将，又如何能轻而易举地将他争取过来。

项羽率军攻打彭城，减轻了田横的压力。他从城阳进攻围城的楚军，逐渐收复齐地。项羽得知田横在齐地卷土重来，就想再去讨伐。但是，他眼见刘邦大败，很想彻底消灭，以绝后患，于是他决定先对付刘邦。项羽的犹疑不决，使刘邦、田横反而有了喘息的时机。

荥阳工事坚固，是黄河沿岸最大的谷物集散地，存储了很多粮食，而荥阳西北十五里又有著名的粮仓敖仓，几十万大军一二年的口粮有了保障。汉军筑起了甬道连接荥阳和敖仓，专门用于运输军粮。

刚过了一晚，一人忽到，素衣素服，踉跄趋入，在汉王座前拜倒，痛哭流涕。此人正是汉王故友王陵，汉王立刻扶起他，坐在一旁。陵边哭边说："不知逆贼项羽与臣有何深仇大恨，居然逼我母自杀，还烹煮我母遗骸，臣誓与项羽不共戴天，愿与大王共同灭羽！"汉王吃了一惊："项羽居然如此惨无人道？君欲报仇，我与君相识多年，亦当助君。何况我的衰父弱妻，也落入羽军手中，生死未卜，也自然要去营救。无奈我军才吃败仗，尚须重整旗鼓，才能发兵攻羽。不然实力悬殊，倘若再败，后果不堪设想！"王陵仍呜咽不止，汉王劝慰一番，说要等到韩信等兵马到来，就出兵。陵亦无可奈何，含泪拜谢。陵母也是个女中豪杰，自杀被烹的经过情形应当略加说明。羽俘虏了陵母，并将她留置军营，强迫她招降王陵，陵母拒绝写信，羽便派人奔赴阳夏，假传陵母遗命，要求陵投效于楚。陵心想其中有诈，且并未有降羽之意，便遣回楚使，另派亲信去楚一探究竟。陵使到了彭城，无法见到陵母，只好进见项羽，转达陵言，愿见陵母，羽便让陵母出来相见，告诉陵使，叫陵立刻来降，保全母命。陵母面对项羽，不便说真心话，便含糊其词，敷衍几句。及陵使辞别，陵母借口送使，步出辕门。直至使人将要登车，拜别陵母，陵母哭着告诉他："有劳使人转告陵儿，叫他效忠汉

王，汉王宽厚仁义，将来必有天下，吾儿不要牵挂老妇，怀有二心，老妇就说这么多，当以死相送了。"使人尚不知陵母决意寻死，以为是一时气话，没有放在心上，只说尊体保重四字，立刻上车。不料陵母自袖中，取出一把明亮的匕首，向西叫了两声陵儿，便心一横，自刎而死。使人来不及阻止，又怕牵连自己，疾驰而去。项羽正派人出视陵母，也惊讶于陵母的言行。至陵母已死，立即禀报，项羽怒不可遏，命令左右将陵母尸首抛入沸水之中，顷刻糜烂，羽才算出了一口气。但人已死去，烹煮又能怎么样？只会让王陵更加憎恨项羽，真乃是冤仇不解，越结越深呢。

汉王特意等待韩信等来援，韩信果然领军赶到，他一到荥阳，立即加紧部署军队，修固防御工事，又恢复了士气。萧何在关中得知汉王刘邦大败于彭城后抵达荥阳，为了加强支援，把关中守卒，包括本不该服兵役的不满二十三岁和超过五六十岁的男子，也都全部送到荥阳来补充汉军兵员。萧何还发动自己宗族中数十人加入赴荥阳的援军队伍。这时，原先汉军中的各路残兵也都会集荥阳，汉军又有了十多万的兵力，声势大振。

汉王大喜，命令韩信统军留守，自己则率子女返回栎阳。

荥阳及其西南的成皋，南靠嵩山，北临黄河，汜水流往这里，乃洛阳的门户、进入函谷关的咽喉。此地为连结关中与中原这一通道的必经之地，地理位置十分重要。楚军自然不希望刘邦据守这里，就乘胜追击，力图夺取这一战略要地。韩信善于用兵，与楚军交战，三战三捷。一次是在荥阳附近，二次是在南京地方，三次是在索城境内，楚兵连吃败仗，不敢靠近荥阳。韩信又命军士沿着河滨，修筑甬道，运输敖仓储粟，供应军粮，逐渐兵精粮足，稳稳站住了脚。

现在，刘邦开始实施张良为他确定的计划。首先，他要巩固关中为他的根据地。

汉王到了栎阳，韩信捷报频传，令他安心了许多，于是立子盈为太子，将罪犯赦免充军。太子盈年仅五岁，由丞相萧何辅佐，镇守关中。留住在关中的各诸侯的儿子，都集中在栎阳护卫太子，实际上也是被作为人质。刘邦东进攻打彭城时，章邯坚守废邱未降。这时，曹参、樊哙发起强攻，水淹废邱，废邱被攻克，章邯自杀，至此彻底平定了关中，雍地划分为中地郡、北地郡、陇西郡。那年，关中遭遇大旱，土地干裂，又加上战事连年，土地荒芜，关中粮价因天灾人祸而飞涨，一万文钱才能买一斛粮食。幸好萧何掌握秦代的户籍资料，十分清楚各地丰歉情况。他一面迁徙关中的百姓到巴、蜀、汉中等地，一面调集巴、蜀、汉中等地的粮食救济关中灾民，安定关中秩序，安度灾荒，生产不久便又恢复。

这一年的秋天，刘邦从关中返回荥阳前线，命萧何留守关中，辅佐太子，制定法律，立宗庙社稷、宫室、县邑。来不及上奏汉王的事情都由萧何先行处理，允许他权宜行事，先斩后奏。萧何整顿关中户籍，补给前方粮食、兵员。尽管楚军屡胜汉军，但在后勤补给方面却远不及汉军。

经营关中这一根据地，使汉军有了强大的后援。刘邦尽管屡屡战败，伤亡惨重，但因为关中提供了强有力的支援，所以能屡败屡战，败后重振，始终保持着实力。

2. 韩信破魏

汉王再至荥阳，与韩信会师发起反攻，诸将个个积极响应，以报仇雪恨。只有魏王豹向汉王要求回乡看望患病的母亲。汉王见他一直追随未曾擅自返回，也算是忠心。何况老母有病，应该探望，于是爽快地答应了，并与他约定日期。豹订约而去，回到平阳，截断河口，派兵镇守，转而投效于楚。这样一来，不仅威胁了汉荥阳守军的侧翼，而且汉从关中到荥阳的补给线更受到直接威胁。汉王得知后尽管气恼，但仍认为平日善待豹，打算劝他回头。于是召来郦食其，命他去游说魏豹，对他说："先生能言善辩，若能说服豹，减我一敌，便是大功，我当封赏先生魏地万户！"郦生欣然领命，连夜赶赴平阳，进见魏豹，凭三寸不烂之舌痛陈厉害。魏豹却无动于衷，冷淡地说："人生匆匆而过，即便仅仅一日自主也是好的。况汉王喜欢辱人，把诸侯群臣当作奴仆看待，呼来喝去，毫无君臣礼节，我不愿再见他了。"

郦生无奈之下只有返回。汉王恼羞成怒，即命韩信为左丞相，同曹参、灌婴二将，率兵伐魏。

曹参、樊哙原本留守关中，没有随汉王出关，也未攻打彭城。汉王刘邦于六月回关中时，曹参、樊哙加紧围攻废邱，章邯被迫自杀。汉王再次从关中来到荥阳，曹参、樊哙便跟随于他，所以刘邦才能调曹参、灌婴随同韩信讨魏。在防守荥阳中灌婴屡胜楚兵，起主力作用，如果樊哙不来代替，是无法抽身讨伐魏军的。至于派了灌婴而不派樊哙的原因是由于灌婴是骑将，而樊哙是步将，须骑兵配合出征。曹参是刘邦在沛县时的老班底，一向效忠于刘邦。灌婴是在刘邦从砀郡出发讨秦时来投奔的，战功显赫，虽然年轻，但骁勇善战，忠心耿耿。刘邦派这两人随同韩信一起出征，就无须担心韩信在异地作战时怀有二心，假如生变，他们可以监视、牵制韩信。不然，无论如何刘邦也放心不下让韩信独立率军

出征。

待韩信等已经启程，又召问郦生道："魏豹反叛，必然是有恃无恐，他到底派谁为大将？"郦生道："听说他大将叫作柏直。"汉王笑着说："柏直乳臭未干，如何能敌韩信，骑将为谁？"郦生又答是冯敬。汉王道："敬系秦将冯无择子，以贤著称，可惜少谋，也不能挡我灌婴，那步将又是谁。"郦生接入道："叫作项它。"汉王高兴地说："这也不敌我曹参，我可高枕无忧！"于是他放心地静候佳音。

其时，韩信临走时，也曾经问郦生："魏国会不会用周叔为大将？"周叔精通兵法，韩信尚忌惮此人。郦生说："魏国大将不用周叔而任用柏直。"韩信听了，也喜形于色："柏直？哼，简直不堪一击？"因此，汉、魏之间的这场战争，可以说毫无悬念。

韩信等抵达临晋津，发现对岸全是魏兵，径渡不便，于是安营扎寨集合船只，隔河与魏兵对峙，同时派人悄悄探察上流形势。不久即得知对河都有魏兵防守，只有上流的夏阳地方，魏兵甚少，没什么防备。这是因为那里没有渡船，并且林木稀少，木料缺乏，难以扎木筏。所以，魏军觉得汉军不会从这里渡河。但韩信却偏反其道而行，决定在这里偷渡，攻其不备。

韩信听说后，心中就想好了破敌的计策。他先召来曹参，命其率兵入山，快速采集木料，参奉命而去。继又召入灌婴，叫他派遣兵士，立刻去市中购买数千具瓦罂，每罂须容纳二石。灌婴听了，疑惑不解，便问韩信道："用瓦罂干什么？"韩信道："将军无须多问，只管依令而行。"婴仍觉费解，只因军令难违，只有从命。刚过两日，参与婴先后复命，办齐了木料瓦罂。信又取出一函，交与两人，要他们自己去看。两人受函出帐，见函中命令他们制造木罂。这木罂的造法，系用木夹住罂底，四围缚成方格，绊住绳，一格一罂，合为一排，数千罂分做数十排。制成以后，再来请命。灌婴道："须用船只渡河，如今船已渐集，为什么要造这木罂？真是奇怪！"曹参道："元帅自有道理，我等只管监督工兵便是了。"于是二人带人昼夜加工，没几天，已制齐木罂，前去请命。韩信亲自检验，待至黄昏，留数千兵，由灌婴带着，只许摇旗擂鼓，守住船只，不得擅自渡河。灌婴欣然领命，信却与曹参率大兵，搬运木罂，趁夜抵达夏阳，将木罂放入河中，每罂内装载两三名兵士，却也稳稳当当。兵士在罂内，用械划动，向下漂去。信与曹参亦下马就罂，一同渡河。到了对岸，登陆之后便整队前进。那魏将柏直等人，只防守临晋津，阻止汉兵渡河。后又听到汉兵呐喊，更严加守备，不敢离开半步。就是魏王豹也只盯着临晋，忽视了夏阳。因为夏阳平日一向没有船只，难以渡河，所以魏军根本不放在心上。不料韩信竟用木罂渡军，一路通畅直至东张，才见驻有魏兵防守。曹参于是径直杀向魏营，汉兵一拥而上。魏将孙遬被杀个措手不及，落荒而逃。曹参乘胜逼近安邑，守将王襄出城迎敌，刚过几个回合，即被曹参生擒下马。魏兵见主将被擒，溃不成军。非逃即降，安邑城空空如也，曹参立刻占据。韩信也即进城，犒赏将士，再准备攻打魏都。

平阳就是魏都，魏王豹在都中居住，东张、安邑败事传来，豹仓皇失措，派人追回柏直等军，亲自率兵迎敌。到了曲阳，正巧遇到汉军，双方立即交战。此时，汉军已经深入，他们清楚没有退路，于是拼死杀敌，何况有数万之众，又有韩信曹参两将帅亲自督阵，战斗力极强。魏王豹缺勇少谋，眼见败局将定，仓皇逃窜。汉兵穷追不舍，在东垣围住魏豹。豹拼死突围，却不成功，韩信于是呼唤魏兵投降。魏兵放下兵器，纷纷请降。魏豹走投无路，只好下马伏地，束手受擒。

韩信用槛车囚禁豹，抵达平阳城下，令曹参押豹出示，要守兵出降。守兵无心恋战，举城投降，以保性命。韩信、曹参，依次入城，安抚兵民，同时尽数捉拿魏豹家眷，与豹一处关押。魏将柏直等恰好引兵回援，路上得知汉军袭入，连连取胜，并活捉魏王，都惊慌失措。正好韩信招降，他们束手无策，只得进平阳降汉。韩信命灌婴与曹参平定魏地，各处城邑，纷纷归附，魏地大定。信打算趁机攻赵，留兵不返，但押解魏豹全家返回荥阳，由汉王处置。自请增兵三万人，攻打赵国，并说从赵入燕，从燕入齐，就平定了东北，就可以全力攻楚。汉王答应了，立刻命张耳带三万部兵会同韩信等击赵。一面审问魏豹，汉王破口大骂，要将他斩首，豹俯地不住叩头求饶。汉王转怒为笑道："汝胆小如此，也难以有所作为！我今日暂且饶汝，汝若再生二心，必定诛灭九族。"豹又叩了几个响头，才告退。

汉王又命将除年迈老母之外的魏豹家眷全部充作奴仆。豹妾薄姬，尚有姿色，充作织工。后来汉王发现并相中了她，又送入后宫。说起来，这个薄姬却与汉魏关系不一般。姬母薄氏，本为魏国宗女，秦灭魏后，背井离乡，私通吴人薄姓，生下一女，出落得亭亭玉立。魏豹得立为王，薄女被召入宫中为豹妾。河内有个被称为许负的老妪许氏，善于相面。豹特召她进来，为每个家属相面。许负看到薄女，吃了一惊："将来必生龙种，当为天子。"豹喜出望外："真的吗？给我相面看看。"许负笑说道："大王今已为王，自然是贵相。"豹听了，料知自己

仅仅为王，却生子为帝，倒也感到欣慰。当下厚赠许负，送她回去，并且极其宠爱薄女，像对待正室一样。兴兵背汉也皆因许负的那番话。他想有子为帝，自己必须先立基业。如果一直追随汉王，如何称帝，所以决定反汉自立。偏偏事与愿违，导致国亡家破，那相亲相爱的薄家女，竟充当汉王宫妃。薄女也顾影自怜，身为罪人，充作织工，继入汉宫，也没有时来运转，只得无可奈何，做个白头宫人，了此余生。不料过了年余，居然梦见苍龙据腹，大吃一惊。不知是吉是凶。起初一切照常，到了晚上，内使忽然召她入侍，只好略略整妆，奉命而去。及见过汉王，侍立在旁，汉王一边痛饮，一边不住打量她，酒后竟将她扯入内寝，此时身不由主，只能由着他，交欢之时，薄女才告知汉王昨晚梦兆。汉王道："这是贵征，今天就应验了。"说也奇怪，经此一宵，薄女便得怀胎，果生一男，取名为恒，便是将来的汉文帝，可怜魏王豹，到头来一无所有。可见人生命运，自有天定，术士之言岂可尽信。

3. 背水一战

汉军成功破魏，十分有利于成皋主要战场的作战。但是，韩信破魏以后，并不想返回成皋、荥阳一线，而希望进一步平定北方。彭城之战后，各诸侯相继叛汉。占据赵、代称王的赵歇、陈余也与刘邦决裂。韩信破魏后，请求汉王由自己率军北攻燕、赵，东击齐，向南堵截楚粮道，从侧翼攻打楚军。在这平定北方的作战计划中，出击赵国，平定赵地首当其中。他要求汉王刘邦调拨荥阳、成皋一线三万汉军支援魏地汉军，以增强实力。

刘邦批准了韩信这一开辟北方战场的计划，但是拒绝了他增兵三万的请求。刘邦派张耳到魏地，协助韩信进攻赵地。张耳原是赵的相国，很熟悉赵王歇、陈余的情况，在赵国很有影响，有助于韩信破赵。但是，刘邦不仅不派兵增援韩信，却反而派周勃前去从韩信驻魏地的汉军中抽调精兵一万，支援荥阳前线，加强防御敖仓，由韩信自己在魏地征兵补充由此造成的空缺。

刘邦为什么要这样做呢？一是荥阳、成皋一线是同楚军主力部队交战，损失惨重，急需补充；二是他不愿韩信过分扩展势力，而从韩信处随时调兵支援正面战场的汉军，能遏制韩信的军事实力，使其不致于过分膨胀。刘邦派张耳协助韩信，同样也借机牵制韩信。

韩信对这一切心知肚明。他为赢得汉王刘邦的信任，从大局出发，奉命抽调了精兵一万，由周勃带回敖仓。他自己在魏地招兵买马，进行整训。

韩信驻兵平阳，准备伐赵，张耳会同信东行进攻伐赵。之所以伐赵，是因为赵相陈余，本已投奔于汉，自汉王败于楚，赵兵散归，告知张耳尚存，陈余恼羞成怒，便与汉绝交。韩信以此斥责赵反叛，因此攻代，直奔阏与。代为陈余受封地，余辅佐赵王，任夏说为代相，使他留守。得知汉兵已至阏与，近在咫尺，立刻率军迎战，与汉兵前队相遇。曹参任汉先锋将，径直杀向夏说，说亦持刀迎敌。战了一二十合，参佯装不敌，引兵撤退。说穷追不舍，约行了二十多里，两面忽然杀声震天，灌婴、张耳，分别从左右两路杀出，冲断代兵，曹参又引兵杀回，三面夹攻，代兵溃不成军，说匆匆逃亡。汉兵不肯罢休，乘胜追击，走至邬东，曹参已追了上来，并砍伤说马后股，说随马而倒地，便被生擒。参劝说投降，说反骂汉仗势欺人，参大怒，砍下说的首级，随后攻入代城。

参安抚了居民就去迎接韩信。信立刻抵达代，又打算进攻赵。汉王恰这时传命调回将士，助守敖仓，信便命曹参返回。参走到邬城，赵将戚将军将他拦住，经一场激战，戚将军不敌败亡，参便直奔敖仓去了。参是韩信手下最得力之将领，其部众也骁勇善战。参既南下，部众自然跟随，信只有征兵补充，好容易征集了万人，发兵攻赵。一路上打探赵兵消息，得知赵兵据井陉口，大约有二十万人。信深知井陉口乃险要之地，不可轻举妄动，约距井陉口三十里外，停兵驻扎，再派人一探究竟，然后进兵。

井陉位于今河北省西部，与山西相邻，是太行山进入华北平原的一个要道。二十万赵军镇守井陉口，以逸待劳，处于优势和主动地位。汉军兵力只有三万，并且是临时在魏国境内招募的队伍，汉王刘邦先后两批抽调原来的精兵去荥阳、成皋、敖仓一线攻打楚军主力，精兵所剩不多，再加上远道而来，将士疲劳，处境十分不利。

这场战争实力悬殊。防御的一方是猫，进攻的一方是老鼠。但汉军最终以少胜多，猫被老鼠吃掉了。

这时赵已知代地失陷，严加防备，据守险要之处以阻汉军。有谋士广武军李左车，进见陈余道："韩信、张耳，士气正旺锐不可当。但古人说千里匮粮，士有饥色，樵苏后爨，师不宿饱，他远道而来，必求速战。幸好我国门户，有井陉口为阻，地势险要，若他们从这里进兵，粮草无法兼运，所有军需，定在后面。臣愿领兵三万人，从小道截断他们的粮食，足下只需凭借坚固工事，不与他交战，汉军进退两难，又缺粮食，不出十日，必然败亡！不然，虽有险阻，也难以抵挡！"陈余原本一介书生，见识迂腐，以义兵自称，不喜欢诈谋，所以没有接受李左车的建议。

　　韩信派出的间谍探知后如实回报韩信。韩信听说李左车的计策，吃了一惊，感到对汉军威胁很大！听到后来，得知陈余拒绝了这一建议，十分高兴，立即下令全军向井陉口进发。

　　韩信心中窃喜，召来骑都尉靳歙，叮嘱一番。待靳歙告退，又召左骑将傅宽，及常山太守张苍，也命他二人依计分头行动。自己等到夜半，率兵出发，天亮时到达井陉口，只令裨将分发干粮，叫全军暂时填填肚子，并宣布："今日破赵成功后，定当犒赏。"将士等都半信半疑，但不敢细问，同声应命。信又选拔一万名精兵，令其渡过泜水，背对河岸列阵等待。赵军望见背水阵，不由发笑，汉将等也大惑不解。韩信平时善于出奇制胜，所以不敢违令，依命行事。信又笑着对张耳说："赵兵据险驻扎，未见我大将旗鼓，所以坚守不出。我与君一道亲自督战，挫挫他们的锐气，便可退敌。"耳也有疑问，但不便违令，两人便共同渡河。信命士卒摇旗擂鼓，威风凛凛地闯入井陉口。

　　赵卒早早报知陈余，余大开营门，率兵迎敌。赵兵仗着势众，蜂涌而上，来围韩信、张耳。信叫耳快跑，又命军士抛旗弃鼓，逃往泜河。陈余部众得胜，当然乘胜追击，营内留守的赵兵，也想趁机邀功，竟拥出了赵王歇，掠取汉军旗鼓，得意洋洋。那时韩信等已退到泜河，陈余等也追了过来，泜河上面，原来列阵的汉军迎回韩信、张耳，攻打陈余。韩信下令拼死决战，退兵立斩。汉兵原本无路可退，即便没有号令，也只能拼死求生。个个舍生忘死，浴血奋战，双方打得难舍难分，陈余担心部众腹饥，无法坚持，便撤军。没想到半路上，遥见营中旗帜，都变为灿烂夺目的红旗迎风飘扬。定睛一看，竟然是汉军赤帜，顿时魂飞魄散。正仓皇失措之际，汉左骑将傅宽，引兵杀来。余仓促迎战，忽又有一路人马，拦在前面，为首统将，系汉常山太守张苍，余吓得手足无措，反退后逃命。张苍、傅宽，合兵追击，却有意不前后夹击，余逼得退回泜水，余军则落荒而逃。余明知泜水旁边，驻有汉军，此去是自寻死路，因而下令部众，拼死一战，部众却斗志全无，只管奔命。余勃然大怒，命部将连杀数人，却造成更大的混乱，余也只有一同逃亡。眼见泜水将近，更加心急，忽来了一将，左冲右突，先砍翻余蘩，随后围住余。余不善武功，自然不敌，即被来兵杀死，这来兵中的主将就是原来的刎颈交张耳！

　　余既被杀，赵兵非逃即降。张耳返报韩信，并请命捉拿赵王歇，信微笑道："公既诛陈余，已立大功，就让别人领取擒拿赵王歇的功劳罢了。"话还没说完，已由靳歙部下，送来一个俘虏，张耳一看正是赵王歇，大吃了一惊。韩信令推歇至前，问了几句，歇默不作声，信便将歇斩首。赵君臣皆投降，赵地大定。

诸将虽大获全胜，但见韩信用兵出神入化，捉摸不定，都想问个究竟。好在获胜以后，应该入贺，就趁机请教玄机。

经韩信全部道来，才知前时派遣的三路人马，都别有用意。靳歙一路趁夜绕到赵营后面，悄悄埋伏，等到赵兵全营出击，便乘虚而入，换赵旗为汉帜。傅宽、张苍两路，在赵营附近埋伏，等到陈余回军，分头追击，使陈余返回泜上，张耳便取了他的命。陈余果然中计，立刻返回，正好遇上靳歙，打退赵兵，赵王歇落了后，因而被活捉。韩信预先部署好了这一切，犹如撒下天罗地网，把二十万赵君臣人，一网打尽，待至大功告成，由韩信揭开谜底，众将恍然大悟，连连称奇。惟背水列阵，乃是兵法所忌，韩信偏反其道而行，大获全胜，尚令诸将困惑。当下异口同声地说："兵法云，右背山林，前左山泽，今将军背水列阵，却大胜，到底是为什么？"信答说道："这也是兵法？诸君没有完全领悟兵书，所以不明白。兵法中曾有两句话：陷之死地而后生，置之亡地而后存，正是这个道理。试想我军拼凑而成，信又不善于临阵杀敌，只叫他们舍生忘死，怎么能行？只有让他们没有退路，才能激发他们的斗志无人可挡，这正如兵法所言，驱市人为战，必然要用此术哩。"诸将听了，齐声道："将军真是谋略过人，末将等谨受教了。"信又说道："虽然除掉了赵歇、陈余，但尚有一谋士李左车，下落不明，不除此人，必留后顾之忧，诸君若能将他生擒，当有重赏。"诸将受命而出，到处捉拿李左车，却一无所获。信又明文规定生擒李左车，立赏千金。

几天后，左车果然被捉住，押到辕门，信验明属实，即赏赐千金，一面召入李左车。诸将在侧，以为要立刻将他处斩，不料左车进来，信亲自迎接，为他松绑，要他向东而坐，自己西向陪坐，礼敬有加。

韩信和颜悦色地问道："仆欲北向攻燕，东向伐齐，怎样才能胜券在握？"左车皱眉道："亡国之兵，不求苟活，请将军另择高明！左车怎敢妄言？"信又道："仆闻百里奚居虞，没能挽救虞败亡的命运，及到了秦国，成就霸业，这并非为虞计拙，为秦计巧，而在于用与不用，听与不听。如果成安君听从君计，我恐怕已做了俘虏。今仆虚心相求，还请赐教。"左车方才说道："将军渡西河，虏魏王，擒夏说，东下井陉，大败二十万赵兵，诛成安君，斩赵王，威名远扬，将军之才，举世无双。但久经战事，兵困马乏，不堪再用，今将军如果攻打燕，燕人坚守城池，将军只怕久攻难下，日久粮尽，燕既不服，齐又称强，二国对峙，胜败难料，将军反而处于不利的境地！古来良将用兵，当扬长避短，切不可逆向而

行。"信听到这儿，按捺不住，赶紧接问道："君所言极是，今日究竟如何是好？"左车道："为将军计，不如休养生息，安抚赵民，百里以内，如献来牛酒，只管犒赏将士，振奋军心。私下派一辩士，向燕王痛陈利害，燕忌惮将军，必当从命。待收服了燕，便好向东击齐！齐孤立无援，自然败亡！虽有智士，也无力回天了。这就是先声后实的兵法，请将军定夺。"信连声叫好，立刻厚待左车，留做谋士。派遣一个说客，持书赴燕。燕王臧荼，自知不敌，自然乞降。信得燕王降书，便派人回报汉，并请封张耳为赵王。这样，他得以安心治军，征讨天下，而后方又有稳定的供给。同时，他可借此表明自己无心称王，又能使张耳感恩于自己，成为自己的坚强同盟。

韩信在井陉之战中，以三万人的弱势兵力，大破二十万赵军的优势兵力，是战争史上的一大壮举。

巨鹿之战，使项羽名扬天下，被人们奉若神明。如今，出现了一位新的战争之神。井陉之战，使韩信威震四海，人们同样对他崇拜得五体投地。同样是英雄，这两位英雄却风格迥异。项羽在战场上以勇敢和无畏著称；而韩信在战场上凭深谋远虑所向披靡。项羽是个勇士，而韩信则是智者。如果单打独斗，十个韩信也不敌一个项羽。但若论运筹谋划，勇士项羽必定败给智者韩信。韩信安抚赵地，南与成皋战场的汉军遥相呼应，极大地威胁了楚军侧后。

4. 策反英布

汉王得知平定了燕赵，自然高兴，便立刻按信的意思，封张耳为赵王，同时令信引兵击齐。又得到何传报，已说服九江王英布，很快就将降汉。这真是喜事连连，大业指日可成。

九江王英布原是项羽的爱将，他虽被封为诸侯王，但实际上依然得听命于项羽。项羽击齐时，曾要求九江王发兵。英布借口有病，只派裨将带了四千人前去。汉军占据彭城时，项羽远在齐地，无法回兵救援。英布虽多年跟随项羽，却袖手旁观，借口有病，任由彭城失陷。他只顾保全自己的实力，对楚汉之争作壁上观。因此，项羽很是不满英布，分明是自己的老部下，又封了九江王，算是厚待于他，然而当自己的都邑彭城失守时，居然坐视不救，若无其事，真是一点义气都没有。项羽多次派人责问英布，有的使者出言不逊，英布愈发不安。项羽以西楚霸王的名义派使者召见他，英布更加心神不宁，唯恐项羽翻脸无情，因此，他不敢往见项羽。项羽此时四处受敌，诸侯中只有九江王是他的旧将，怎么说也是他的同盟，没必要鱼死网破，增加一个劲敌。况且，项羽很欣赏英布的军事才能，他骁勇善战，战功显赫，很想能再次任用他为部将，于是也就忍了一时之气，没有出兵讨伐英布。

汉王二年十一月，随何率二十名随从，来到九江王的国都——六。楚使者当时也在六，英布正不知如何是好。英布素来高傲自负，尚且有几分忌惮项羽，对汉王刘邦却压根瞧不起。他不仅不愿亲自接待汉王使者，甚至不许手下大臣接触汉王使者，而只是派了个太宰接待随何。周朝的太宰即宰相，但这个太宰是为诸侯王掌管御厨的官吏，和现在的招待处长或厨师长差不多。英布派了这样一个人接待随何，表明他的极端藐视。

随何抵达六地以后，连续三天九江王都不相见，心知不妙。于是对太宰说："仆奉汉王使命进见大王，大王却一连三日借故不见。仆猜想大王觉得楚强汉弱，仍在犹豫之中，但也不妨与仆相见，假如仆所言合大王之意，便可听从，如果不合，就可将仆等二十人的首级献给楚王！愿足下代为转达。"

太宰报知英布，英布这才接见随何。

随何跟随太宰进入殿内，殿内光线暗淡，有一高大汉子坐在正中座位上，有靛墨涂的字迹刺在脸上，虽已褪色，但仍隐约可见。此人表情严肃地坐着一动不动，犹如一尊塑像。随何长揖不拜，那人仍旧一动不动。宫内宦者引随何坐在左侧，并悄悄告诉随何，九江王英布便是那居中而坐的人。

何便开口道："汉王派何到此，向大王问好，并请教大王为何只与楚交好？"英布道："寡人曾追随于楚，自然相亲了。"何又道："大王与楚王，都是诸侯，今却听命于楚，想必是认为楚强大可以依靠；但楚曾经伐齐，项王亲自攻打，大王本应亲自跟随，却只拨四千人前往，难道为人臣下，可以如此敷衍吗？且汉王占据彭城时，项王远在齐地，来不及救援，大王近在咫尺，理应发兵相助，却坐视不管，这就是为臣之道吗？大王名义上忠于楚，实际却不然，将来项王发了火，定要兴师问罪，前来讨伐，不知大王将怎样应对呢？"英布听了，默不作声，何又说："大王认为楚强汉弱，实际上楚兵虽强，却不得人心。试想项王背信弃义，弑义帝，毫无忠孝仁义可言！今汉王仗义声讨，招集诸侯，坚守成皋荥阳，工事坚固，供给充足，与楚相持，楚兵长途劳顿，进退维谷，必定由强转弱。即使楚得胜汉，诸侯必将齐心协力，联合攻楚，民心尽失，必然败亡。照此看来，汉远强于楚。今大王不肯联汉，反而追随不得民心、气数将尽的楚国，实在非明智之举！目前九江军马，虽不足以灭楚，但如果大王反楚投汉，项王必发兵讨伐，大王能牵制项王数月，汉王便可乘机夺取天下，那时何与大王必被汉王大加

封赏，仍由大王统领九江，大王方得高枕无忧，不然大王背负恶名，必被群起而攻，只怕楚尚未亡，九江却不保，而且项王追究以往，要攻打大王！"

随何滔滔不绝，纵论楚汉形势，分析得头头是道。英布不由动了心起身离座，悄悄对他说："寡人依从你的建议，只是最近不要声张，过几天再宣告。"何于是辞归客馆。

然而，英布跟随项羽多年，深知这位西楚霸王在战场上的神威，心中始终有些顾忌。他只能私下策划反楚，向随何表明心迹，但并不敢当着部下的面公然反楚。当时，楚国使者正在客舍中留居，要求英布尽快发兵。英布则一直敷衍。他怕楚国使者知晓汉使的到来，闹得两头都不是，便派卫兵看管随何与其侍从二十人，名义上说保卫人身安全，实际上是避免随何等人接触他人，以免走漏了风声，造成被动。

好几天仍未见动静，向馆员打听，才知楚使到来，要求布发兵攻汉，布仍在迟疑之中。他就想出一法，专门打探楚使行踪。一日楚使入见，催促布发兵，何也大摇大摆走进来，走至楚使上首，对他说："九江王已经投汉，汝系楚使，怎么还让他发兵？"英布本想隐瞒，随何却一语道破，大吃了一惊。楚使见有变故，立刻要退出去。随何赶紧对英布说："事情已经泄露，不能让楚使逃归，干脆杀死了他，立刻助汉攻楚，免得再误！"英布一想，一不做二不休，索性依了随何，立刻命人斩杀了楚使。于是宣告大众，自即日起，与楚决裂，联合汉王，兴师伐楚。

项王得知这消息，气得双目圆睁，火冒三丈，立即命令亲将项声，与悍将龙且，率精兵讨伐英布。龙且是江东子弟中的佼佼者，是项羽的老部下，他与英布都是项羽的得力爱将。英布常独立领兵，龙且则直接听命于项羽。龙且一直不服英布做九江王，这次率军九江，他表现得特别英勇，有意要挫挫英布的锐气。英布出兵迎战，连战数次，也分不出胜负，对峙了一个多月，楚兵越来越多，九江兵逐渐损耗，布难以支撑，大败一场，被迫放弃九江，与随何一同去荥阳，投顺汉王。

汉王二年十二月，英布与随何抵达荥阳。

汉王召见，随何便引布进去。到了大厅，汉王仍没见到，再拐弯抹角地走进内室，才发现汉王踞坐榻上，令人洗足。布有一些懊丧，但既然来了，只有通报姓名，屈身行礼。汉王稍微动了动，便算是待客的礼节，又随便问了几句，对其非常冷淡，布于是告退，懊悔不已。随何正好也出来，失落地对他说："不该受了你的骗，来到这里！如今悔之不及，不如就此自杀罢！"说到这儿，就要拔剑自刎。随何赶紧阻止，惊问为何如此？布又说："我总算一国之主，南面称王，今进见汉王，把我当作奴仆一样对待，我颜面何存，不如一死了之。"随何又连忙劝说："汉王酒醉未醒，因而怠慢，不久便会对你礼敬有加。"

正说着，典客人员出来请布往寓馆舍，看起来十分殷勤，布于是放回剑，来到馆舍。但见馆中十分气派，所有卫士从吏，都恭敬地站立在两旁，就像进见主子一般。不一会儿张良陈平等人相继到来，请布上坐，设宴洗尘。席间肴馔精美，器皿整洁，甚为隆重。饮了一会儿酒，来了一班女乐，弹曲吟唱，布禁不住心花怒放，眼花缭乱，逍遥自在，刚才寻死之心早抛到了九霄云外。酒席散后，夜已深了，尚有歌女在旁侍候。布左拥右抱，一夜风流，快活得不得了。第二天拜谢汉王，汉王却以礼相待，与昨天迥异。布十分满足，当面表示誓死效忠汉王。汉王乃令布收集残兵，全力抗楚。

刘邦的确是个枭雄。他莫非迷上了洗足？见郦食其时，他在洗足；见九江王英布时，他又在洗足。即便他患了足癣，也没必要偏偏在见客的时候大洗特洗其足。事情当然并非如此。他在接见郦食其时洗足，说明他蔑视儒生。但当他见郦食其出言不凡，立刻摄衣而起，擦净双足，穿着停当，不敢稍有怠慢。

而英布久已为王，妄自尊大。今初来投降，必须先挫挫他的威风，然后再以礼相待收服他的心。英布是个粗人，出身骊山刑徒，比较看重生活待遇，所以刘邦不像对待郦食其那样，而是一打之后再一拉，在宫室、帷帐、饮食、从官、侍女等方面厚待他，使他喜出望外，甘心臣服。此乃驾驭悍将之术，正适合用在英布身上。英布从此一心一意效忠汉王。

布奉命告退，便派人去九江，招揽旧部，同时把家眷接来。过了好久有几千名旧部到来，妻妾子女却没见到。一问才知楚将项伯，已入九江，诛杀了他全家。布气急败坏，立即进见汉王，如实告之，并打算亲自率兵报仇雪恨。汉王道："项羽尚强，不可轻举妄动，况且将军只有数千部众，怎能相抗？我拨将军一万人，由将军镇守成皋，伺机而动。"布拜谢告退，打点行装，即日出发。汉王知道他心急，便派一万士兵，随他同往，布即辞行而去。

二、死里逃生

1. 荥阳告急

刘邦自从接受张良三管齐下的建议以后，以政治配合军事，以进攻辅助防御，大大地改变了原来的局面。英布反楚投汉，从南面牵制项羽。韩信破魏，侧翼的安全有了保障。联合彭越攻击楚军后方，妨碍楚军的追击。这三路人马中，韩信的成绩最大，破魏以后，相继又破代、破赵与降燕，北方的广大战场形成了，极大地威胁着楚军的侧后。

汉军在荥阳前线的正面防御，称得上十分坚固。汉王刘邦亲率大军镇守荥阳，与当时全国最大的粮仓——敖仓用甬道相连接，由名将周勃镇守敖仓。荥阳城的主要屏障是成皋，又叫作虎牢关，扼东西咽喉，南连嵩邱，北拒广武与黄河，是极为重要的战略要地，驻守在这里的是新近降汉的英布。英布原是楚军猛将，以勇武而著称。广武山乃鸿沟所在地，地势险要，乃古代交通咽喉，由樊哙镇守。这些战略要地共同构成掎角之势，相互援应，易守难攻。荥阳、成皋一线阻挡了楚军，使其无法前进。

汉王派出英布，向关中催促军粮供应，誓与楚兵一决胜负。丞相萧何，正好派了许多兄弟子侄，运输粮食到荥阳，汉王逐一召见，且问及丞相近况？大众齐声道："丞相托大王洪福，一切安好，只是念及大王亲自出战，饱尝艰辛，一心想为大王分忧。今特遣臣等前来服役，还请大王将我等安置军中！"汉王大喜道："丞相公而忘私，真是忠心耿耿。"便立刻召入军官，量能录用萧氏兄弟子侄。军官奉命引众而去。丞相萧何，派遣兄弟子侄充军，却有一种原因。自从汉王镇守荥阳，常常派人入关，慰问萧何，萧何并未放在心上。偏有门客鲍生旁观者清，进言萧何，说是汉王在军中亲历艰辛，还常常来慰问丞相，一定有什么用意。丞相最好挑选丁壮亲族，让他们从军，才能不使汉王疑忌。萧何依计而行，汉王果然欣喜不已，不再猜嫌，君臣同心同德。

汉王三年春，项羽全力进攻汉军，汉军荥阳前线的形势立刻紧张起来。荥阳城防御的关键正是它与敖仓之间的甬道。荥阳兵多，必然有大量的粮食消耗。萧何不遗余力，从关中转输粮饷，但路途遥远，损耗严重，补给不上的情况很容易出现。因此敖仓显得尤为重要。敖仓地处荥阳西北，因在敖山上面，筑城储粮，故而得名，这是秦时的旧制。韩信曾派军据守，修建甬道，由山达河，供给荥阳屯兵，原是守卫荥阳的关键。然而荥阳防线中的薄弱环节也正是这条甬道，它在外暴露，易于受到攻击。项羽过去在巨鹿之战中，便是以攻击甬道为突破口，得以大胜。至韩信北征，大将周勃驻守敖仓，曹参同时相助，可见汉军对此极为重视。项羽久攻荥阳不下，不久又听说英布投降汉王，失去一个帮手，越发怒气冲冲，恨不得立刻踏平荥阳。范增进见说："汉王靠敖仓之粮才得以坚守荥阳，若攻打荥阳，必须先攻敖仓，使荥阳缺粮便不攻自破了。"项王听着，立刻派部将钟离昧，率兵万人，进攻敖仓粮道，连续攻破好几处甬道，抢去了很多汉兵军粮，周勃匆匆而至，却来不及了，反吃了钟离昧的败仗。钟离昧立刻告捷，请求项王进攻荥阳，项王于是率大兵西行，直奔荥阳。

荥阳城内，已经开始担心军粮供应，正打算派兵援救敖仓，夹攻钟离昧，不料项王亲率大军进攻荥阳。事态紧急，汉王寝食难安，便召来郦食其，要他献策。郦生答道："项羽大军来犯，士气如虹，难以相抗。为大王计，只有分封诸侯，牵制楚军，才可解围。从前商汤灭桀，仍封夏后，周武灭纣，亦封殷后，暴秦统一天下，却不加封，因而速亡。今大王如果分封六国后嗣，六国君民，必感恩戴德，齐力效忠于大王。大王收得民心，自可成就霸业，楚孤立无援，由强而衰，也只能臣服于大王。"

郦食其的这番话，听起来不错，实际上有背于时代潮流。郦食其是个战术家，而非战略家。他在分析具体利害、是非时，有独到见解，能以理服人。但当涉及根本政治制度时，因为他思想上的局限性，怀旧情绪严重，不愿意从根本上变革政治制度。过渡时期的人物通常都是如此。社会在发展，郦食其前进了几步，但到了某一紧要关头，旧观念又使他要走回头路。他当初投奔刘邦时，背信弃义，恩将仇报，暗杀了故交陈留令，献给刘邦老朋友的头。如今在楚汉相争的紧要头头，却满口仁义道德，讲复立六国之后，讲家世门第。然而，他却忘掉了刘邦本是个市世无赖，与六国之后根本扯不上关系，反而项羽无论如何，始终是楚国名将项燕的孙子，是将门之后。

不过，刘邦此时根本无暇顾及！病笃乱投医，只求能使他摆脱眼前的困境。他听了郦生的话，说："真是好计，可立刻下令有司刻印，分封六国，有劳先生各处一行，为我传命。"郦生告退，命人速铸六国王印，并早早做好出发的准备。

张良进见，见汉王正在吃午饭，不好上前。汉王已经看见了他招呼道："子

房来得正好，我正有事相商。"良于是走近，汉王对他说："近日有人建议分封六国后人，牵制楚军，是否可行？"张良忙答道："究竟是谁出此下计？若依计而行，功败垂成！"汉王吃了一惊，放下筷子，告知张良郦生的话。良拿起筷子说："臣以箸伐筹，说明害处。从前汤武放伐桀纣，仍封后嗣，因为已完全控制了他们，不妨示恩。今日大王自问，能将项羽致于死命吗？此乃一不可行。武王入殷，表商容阊，释放箕子，封比干墓，大王今日能否为此？此乃二不可行。武王用王宫财宝粮食救济贫民，大王今日能否为此？此乃三不可行。武王凯旋回国，自毁兵器，以示永不再战，大王今日能否为此？此乃四不可行。休马华山，不复再乘，大王能不能做到？此乃五不可行。放牛桃林，不复再运，大王能不能做到？此乃六不可行。何况天下豪杰，抛开一切追随大王，只为事成之后得以封赏，今复立六国后，没有土地可以再分封诸臣，豪杰大失所望，宁愿再归附故主，大王又能依靠谁夺取天下？此乃七不可行。楚若不强，倒也罢了，如果依然强盛，六国新立，必臣服于楚国，大王如何能控制他们？此乃八不可行。有此八害，又怎能成大事？"

张良咄咄逼人的问话，如尖刀般刺透刘邦的心窝，额头直冒冷汗。他顿时没了食欲，也不想吃了。及张良说罢，竟吐出口中饭，大骂郦生道："无知竖儒，险些误了我的大事！多亏子房及时劝止。"说至此，立刻命令左右让有司销印，郦生的计策就这样废掉了。刘邦深感良所言有理，认为是自己犯了糊涂。

几天后，楚兵前锋，已兵临城下，城外守兵，相继退入城中，汉将坚守不出，自坐在厅室中，思考对策。恰好陈平来报军情，汉王让他坐在一旁，共商如何克敌。

汉王忧心忡忡地对陈平说："天下纷争什么时候才能结束啊？"平答说道："大王无非是忌惮项王，臣认为项王手下只有范亚父、钟离昧等数人，真正效忠于他。大王如果以重金收买楚人，挑拨离间，使他互相猜忌，然后趁机攻打，便可破楚。"汉王道："只要能破楚，金银又算得了什么。"说着，即命左右取出四万斤黄金，交与陈平，由他操办。平受金告退，将一部分交与亲信，使他扮做楚兵，怀金出城，混入楚营，贿赂项王左右，让他们造谣离间。正道是有钱能使鬼推磨。大约两三天后，楚军中便议论纷纷，污蔑钟离昧等，说他们嫌封赏少，将要联汉灭楚。

发生英布叛楚投汉的事以后，项王便开始疑忌麾下诸将。他可算是破格提拔英布了，从刑徒到封王，以致他从江东带出来的诸将如龙且等都不满。但英布又如何待他？恩将仇报，联汉反楚。他因而认为：诸将虽勇悍，但翅膀硬了，都要飞走。因此，他再不轻易封赏，更不封王了。转而重用他认为较可靠的项氏宗族。项王本来疑心就重，一听到谣言，竟不再信任钟离昧等，将他们撤出荥阳前线，改派项氏族人如项声、项庄等领兵攻打。项声、项庄虽然作战英勇，但统兵或作战经验都远不及钟离昧、龙且等久经杀场的枭将。荥阳城内的汉军因而得以喘息。但项王仍像往常一样对待范增。范增请速攻荥阳，不要放走汉王，项王便亲自率军团团围住荥阳城，发起强攻。

眼前荥阳被围，粮道被截，实在是火烧眉毛，万分危急，必须立即想办法解围。刘邦与张良商量，不如再效仿鸿门宴，提议讲和，作为缓兵之计，再从长计议。于是，汉王便派使者去楚营求和，请求割荥阳、成皋一线以西为汉地。汉以此为界，决不再东进一步。

项羽是个信守承诺、爱恨分明的血性汉子。他个性粗暴，手段残酷，杀人如麻，但吃软不吃硬，喜欢听好话，以英雄自居。刘邦背信弃义，偷袭彭城，他当时怒不可遏，恨不得将刘邦碎尸万段；但当刘邦卑躬屈膝，摆出一副可怜相向他求饶的时候，他又心软了。

项羽正想答应，亚父范增却不同意。历阳侯范增对项王说："汉如今走投无路，可轻易灭之。如果今天放过了刘季，必定将来悔之不及。当时在鸿门宴上饶他一命，他却不讲信用，偷袭彭城，杀我百姓。此乃前车之鉴。大王万万不可放过刘季！灭汉就在今日。"

范增一提起鸿门宴与彭城之役，项羽便怒火中烧。他心中暗想：不错，刘季以怨报德，趁我攻齐之际，偷袭彭城，烧杀抢掠，无所不为。亚父说得对！今天决不能再放过这个无赖，必须将他斩尽杀绝，不留后患。于是，他下令楚军猛攻荥阳，务必趁城内断粮，迅速破城，以免夜长梦多，一旦赶来汉军援兵，就不易攻克荥阳了。

如此一来，刘邦有点撑不住了，在荥阳城头手足无措。郦生出了个馊主意。张良之计，又不奏效。项羽吃一堑，长一智，不管你如何花言巧语，他充耳不闻，又能奈何？

2. 李代桃僵

项羽尽管不信任别人，却还是始终信任亚父范增的。然而陈平重金收买项王左右，这一办法大大发挥了作用。一时间谣言四起，说是项王几次三番不依从亚父，以致功亏一篑，亚父不满于项王，觉得他不足与谋，试图取而代之。起初，

项羽根本不信，付之一笑。但有人不断在他身边煽风点火，时间一久，项羽便起了疑心。况且，范增也的确不太尊重项王，常常摆架子，鸿门宴结束时就曾说过"竖子不足与谋"的话，看来这些谣言并非空穴来风。

但是，项羽毕竟不是傻瓜，他不会听风就是雨，轻易地疑忌自己的亲信谋士。正在这时刘邦恐不能守，派人与楚讲和，愿以荥阳为界，将荥阳东面属楚，西面属汉。项王没有答应，不过来了汉使，就也遣使入城，递一个回话手本，且借此到城中一探究竟。不料被陈平抓住机会，设下圈套，好教楚使中计。楚使没有防备，仓促进见汉王。汉王已依陈平之计，佯作酒醉，含混不清对付数语。楚使不便多言，陈平等带他进入客馆，留他吃午饭。陈平等离开后，楚使静坐了一会儿，便有一班仆役，抬进牛羊鸡豚，及美酒佳肴，走进厨房。楚使心中暗想，难道汉王格外礼遇，为我大摆宴席。不一会儿陈平又进来，问及范亚父近况，并询亚父有无手书？楚使道："我奉项王之命而来乃是为了和议，并非由亚父派来。"陈平听了，佯装失色道："原来是项王使人。"说着又去。不一会儿即有吏人跑入厨房，指令仆役，抬出酒肴等，又听他小声说："他并非亚父差来，没有资格飨太牢？"楚使吃了一惊，等所有的东西抬走后，好久不见动静。到了日落时分，饥饿难耐，才见有一两人送来酒饭给他吃。楚使扫了一眼，只是蔬食菜羹等类，没有一点鱼肉，心里顿时来气。本不打算吃，只因实在是饿了，随便吃了一点。不料菜蔬中带着臭味，难以下咽，并且酒也是酸的，饭也是烂的，这怎么能吃？越来越生气，立刻放下筷子，快步出门，只与门吏说了一声告辞，匆匆出城去了。

城中守吏，毫不阻拦，由他自去。他一口气跑回军营，进见项王。如实相报，并声称亚父私通汉王，应当提防。项王勃然大怒："我早听到传言，还心想他忠心耿耿，不可轻信人言，谁知他果然与汉勾结！这个老匹夫，看来是活腻了！"说着，便欲召入范增，当面责问。还是左右从旁劝阻，请项王不要着急，待有真凭实据，才能治罪，不然中了敌人的计。项王于是暂时忍了下来。

范增对此却全然不知，一心想着要为项王灭汉。他见项王为了和议，又耽搁了攻城之事，不禁着急，于是再进见项王，仍请他亲自率军攻城。项王已对他起了疑心，默不作声。范增急说道："古人云：当断不断，反受其乱。从前鸿门会宴时，臣曾劝大王除掉刘季，大王不听，才造成今日之患，现在天赐良机，把他困在荥阳，若再放他走，一旦卷土重来，肯定不敌，臣担心我不逼人，人且逼我，若再拖延悔之不及！"

假如在平时，项羽听了范增所说的话，虽然也会不快，但通常还会勉强听从。范增向来忠心不二，并且足智多谋。但如今情况有了变化。项羽此时正疑忌范增，心里很不痛快！范增的话，犹如火上浇油，更使他怒气冲天。因此，项王被他教训一顿，按捺不住心中怒火，便勃然道："汝叫我速攻荥阳，我并非不愿依从，但只怕未攻下荥阳汝却送了我的性命！"

范增觉得莫名其妙，只是睁大双眼看着项王。忽然想到项王平日从没有这种反应，今天必定是听信了别人的谗言。也觉得心中有气，便大声对项王说："天下事已经大定，愿大王好自为之，不要中了敌人奸计，臣年已衰老，请大王容许我告老还乡。"说毕，掉头就走。项王也不拦阻，任他出去。增感到心灰意冷，派送还项王所封历阳侯印绶，自己随便打点一下，立刻东归。

范增听着响个不停的车轮声，心中更觉烦闷，用力支撑起身子，把头探向窗外，只见田野荒芜，人迹罕至，到处千疮百孔残破不堪。啊，这已经是楚汉战争的第三个年头了！范增心中暗想，秦朝灭亡以后，原以为可以享受太平。不料又燃起楚汉之战，连年征战，百姓们苦不堪言！自己已届古稀，风烛残年，又能怎样呢！

范增边走边想，近几年来，为了助项王成就霸业，呕心沥血，指望平定刘汉，好教项王统一天下，自己亦得安享晚年。项王偏偏受小人蒙蔽，以致功亏一篑，看来刘氏迟早要夺去楚国江山，一腔热血，付诸东流，岂不可叹！于是自怨自艾，牢骚满腹，白天茶饭不思，晚上投宿客栈，夜不能寐。从来愁最伤人，忧易致疾，况范增已七十有余，怎经得终日抑郁烦闷！终成疾病，逐渐寒热侵身，开始还能勉强支撑上路，忽然背上奇痛难忍，刚过一个晚上，一个恶疮便突起。路上既无良医，增也无心再活下去，只想再见家人最后一面。所以卧在车中，催促快快赶路。快到彭城，背疽越痛越大，增亦不醒人事。几个随从见他不行了，只好暂停旅舍。两天后，增大叫一声，背疽暴裂，血流不止，不一会便断了气，终年七十一岁。时已为汉王三年四月中了。

从吏见范增已死，将他尸首收敛，运回居郧，埋葬郭东。后人因他效忠于项王，被敌设计陷害，死得可怜，便为他立祠致祭，千古流传。并将县廷中井命名为亚父井，以示纪念。范增泉下有知，也算可以瞑目了。

项王听说范增道死，不禁感伤，有了一丝悔意。心想范增多年跟随，应算忠心不二，莫非汉王设计，害我心腹，今与刘季不共戴天，一定要踏平此城，报仇雪恨。于是又召见钟离昧等真诚慰勉，嘱咐他奋力攻城，立功受赏。钟离昧等受

到激励，舍生忘死，日夜强攻。

黑云压城城欲摧。荥阳眼看就要破了，这一下连张良、陈平都束手无策。原先以为范增之死会沉重打击楚军，因为他不仅老谋深算，足智多谋，并且极力反对议和。不料范增之死，楚军上下的斗志反而激发了，越发猛烈地攻城，张良、陈平都建议汉王出逃，不宜坚守。但是，楚军牢牢围住荥阳，要出走绝非易事。

荥阳城内的将士，经多日奋战，已筋疲力尽，再加城内缺粮，眼见万分危急，危在旦夕。汉王亦心急如焚，陈平、张良，尽管机智过人，此时也一筹莫展，只好向众将面前，想方设法进行激励。果然有一位自告奋勇，情愿粉骨碎身，报答知遇之恩。这人正是汉将纪信。纪信是刘邦的丰邑老乡，也是刘邦的心腹之一。刘邦从鸿门宴上脱逃时，只带了四人随行，其中就有纪信，另外三人是樊哙、夏侯婴和靳强，可见刘邦对他极其信任。纪信的容貌有些相似于刘邦，陈平建议他假扮汉王刘邦去吸引楚军的注意力，好让刘邦借机逃亡。但是，假冒之人，是必死无疑的了，蝼蚁尚且偷生，谁又愿意为他人去白白送命呢？因此，陈平只有先去找纪信商量。至于刘邦是否预先知道这件事，历史上并无记载。

纪信慨然接受了陈平的建议，并且承诺由他当众去向汉王提出，以免汉王落下不义的坏名声。

纪信立刻进见汉王，请屏退左右，小声对他说："大王已有几个月困守于此，现在敌军势正旺盛，城内缺兵少粮，难以久持，为大王计，不如逃出城去，再作打算。但敌军四面围着，没有出路，只有设法诳敌，由臣假扮大王，声称出城投降，好让敌军放松警惕，然后大王可以趁机逃亡脱身了。"汉王道："如将军言，我虽得以逃生，将军岂不陷于危境？"纪信又道："大王若不依从臣计，城破以后，也难逃一死，臣也是白送了性命。今只死了一臣，大王不但脱险，许多将士也得生还，以臣一命换千万人性命，也算是值得了！"汉王尚犹豫不决，纪信奋然道："大王不忍臣死，臣终难逃死劫，不如就此先死罢。"说着竟欲拔剑自刎。汉王赶紧下座，阻止他，并流泪道："将军一片忠心，愿能感动上天，共得保全。"纪信便收剑答说道："臣死也值得了。"汉王召入陈平，告诉他此事。陈平道："纪将军如此忠诚，还有什么可说呢！但也须添设一计，以保万无一失。"汉王问是什么计？平轻声告之，汉王拍手称善。便由陈平写了降书，派人出城进见项王。

项王看完书信，便问汉使道："汝主什么时候来投降？"汉使道："就在今夜。"项王大喜，叫汉使回报汉王，不得误约。不然明日屠城，汉使应声而去。

项王便命钟离眛等，率军一等汉王出来，就捉拿他除掉，钟离眛等精神抖擞，翘首以待。

傍晚时分，城中尚未见动静，很快已是夜半，方见东门大开，多人涌出，前后并无火炬，远远望去似乎穿着军装，满身甲胄。大众防他有诈，忙高举兵器，向前拦阻。但听见女子之声："我等妇女，无食无衣，只好趁着开门时候，出外求生，还望将军们放我们一条生路，将来必定尽享荣华！"楚兵仔细看去，的确是妇人女子，有老有少，身上都披着衣甲，羞羞答答，好看得很，不禁吃了一惊。又问她出城逃生，为何这副打扮？妇女齐声说道："我等没有衣穿，只有将守兵丢弃的衣甲用来蔽身请勿见怪！"楚兵听说，尽管不再疑惑，仍十分好奇。大众分立两旁，给她们让路，且个个睁大双眼，恨不得将有姿色的娇娃搂抱过来，享受一番。更奇怪的是这种妇女，如过江之鲫，绵绵不绝，一时传为奇观。连西南北三方的楚兵，也都赶到东门大开眼界。楚将认为东门大启，汉王总要出降，无须防守营寨，只用在车门等待，不使汉王逃走，就算得上尽职，所以将吏等也跟着兵士前去。那汉王就带着陈平、张良，及夏侯婴、樊哙等，从西门悄悄溜了出去，只留御史大夫周苛，裨将枞公，与前魏王豹留守荥阳。

楚兵全然不知，只聚集在东门，尚见妇女鱼贯而出，大约二三千人好久才走完。已经快天亮了，兵队才相继出城，还打着旗帜缓缓而行。这又是好一会儿，随后一乘龙车才出来。一位王者当中端坐，被遮掩得难以辨认。楚将楚兵，都以为汉王来降，纷纷高呼项王万岁。待至龙车靠近楚营，汉王却不下车，大众深感奇怪，入报项王。项王亲自出营，怒视车中，那车内仍无动静，禁不住勃然大怒："刘邦难道醉死，见我亲出，还不迎接？"说着，便命左右，用火炬环照车中。却发现这位坐着的人物，衣服虽与汉王相似，面貌却不同于汉王，所以严词责问："汝是何人，竟然假扮汉王？"车中人才回答："我乃大汉将军纪信。"说完又停住了。项王气急败坏，破口大骂。纪信反呵呵笑说道："项羽匹夫，听好了！我王怎会向你投降？现在早出荥阳，召集各路兵马，来与汝决一死战，汝终要败亡。你若有自知之明，不如赶紧逃命去吧。"项王暴跳如雷，下令军士齐集火炬，烧毁来车。军士于是环车纵火，烈焰雄雄燃起，车子葬身火海。纪信在车中高叫："逆贼项羽，敢弑义帝，又要焚杀忠臣，我虽死却留名，你死后将会如何？"说到这儿，已被火吞没，不久化为灰骨，一道忠魂，已飞升天外。

就在荥阳东门前闹得不可开交之际，刘邦率张良、陈平等人，由夏侯婴等护卫，一行数十骑，偷偷地从荥阳城的西门溜走，直奔成皋。

项王急于入城，不料已闭城门，城上又全是守兵，准备用矢石抗击楚军。项王率兵强攻，城中尽管缺兵少粮，却靠着周苛、枞公两人，拼死抵抗，箭石齐发，楚军难以靠近。楚军数次攻扑，终被击退。周苛更与枞公商议道："我等奉命留守。誓与此城共存亡，仓中尚有数十石积粟，总可以支持旬日，只怕魏豹生了二心，或被楚兵勾通，充作内应，杀我们个措手不及，不如先杀了他，除去内患。即便我王将来追究，我等也好如实作答，万一我王不肯宽赦，我也宁可获罪，总好过亡城死敌！"枞公也是一个忠臣，立刻表示赞同，只说要杀魏豹，须要乘他不备，从速下手。周苛想出一法，召豹商议军情。豹没有防备，坦然而至，周苛、枞公，请他坐下。没说几句话周苛拔出佩剑，挥舞过去。豹躲闪不及，被剑砍伤，还想负痛逃走，枞公取剑一挥，终于一命呜呼。豹母已死，豹姜薄氏，又跟随汉王，无人认尸。周苛干脆陈尸军中，说豹谋反，所以诛杀，凡怯战通敌之人，当有同样下场。军吏等自然不敢懈怠。齐心协力，拼死抗敌，居然守住一座危城。周苛见众心已固，方收殓豹尸埋葬，自与枞公坚守。

项羽本打算尽快攻下荥阳，无奈周苛、枞公拼死防守，久攻不下。于是，项羽一面继续围困荥阳，同时进占成皋。成皋守将英布不敢迎战项羽，率军逃离，楚军于是占领了成皋。但是，樊哙仍扼守广武这一战略要地，楚军无法夺取。

第十章 两军相持

一、战事胶着

1. 韩信惊魂

项羽加紧进攻荥阳，数日未下，这时收到来报，汉王从关中征兵，驰出武关，直奔宛洛。项王大吃一惊："刘邦诡计多端，以诈降之计走脱，又向南进兵，难道又去攻我彭城？我应迅速赶往拦阻。"便立刻率兵撤围南行。

到了这时，荥阳汉军终于脱了险，得以重新补充兵员粮秣，巩固工事，加强守备。

纪信假扮汉王诈降使刘邦趁乱逃离荥阳，抵达成皋。他深恐楚军追来，不敢停留成皋，匆匆嘱咐英布几句话，便立刻经函谷关进入关中，抵达栎阳。栎阳是当时汉的国都，经过萧何的精心经营，十分繁荣。刘邦到了这里，总算放了心。这里是汉的根据地，巩固而可靠的后方，无须担心楚军追击了。

关中的富庶繁荣，使刘邦萌生了安居关中为王的想法。只要严加防守函谷关，三秦与巴、蜀、汉中之地便可安心据有，这里是天府之国，大秦帝国的发祥地，何必再去浴血奋战、出生入死呢？但是，这个念头仅仅一闪而过。他决不能放弃与项羽争夺天下。韩信、彭越、英布这三支力量活跃于楚军的侧后方，他不能让项羽有机会逐个击破。于是，他督促萧何立即征兵，加紧训练，编组新军。他要率领这支新军东出函谷关，援救荥阳守军，收复成皋，同时加紧收容络绎逃归的残兵败将，重整旗鼓，以利再战，出救荥阳，替信报仇。恰好有一袁生，进见汉王道："大王无须再赴荥阳，只出兵武关，南向宛洛，项王一定担心大王又攻彭城，便会拦截，荥阳自可解围，成皋也得以喘息。大王遭遇楚兵，不必恋战，与他对峙数月，一可暂时休整荥阳、成皋，二可待韩信、张耳，扫荡东北，

前来会师，然后大王再还荥阳，合军迎敌，以逸待劳，必能破楚!"汉王道:"汝言甚是，我当依议便了。"

汉王刘邦很赞同袁生的建议。于是，他便不从函谷关东援救荥阳，而是南出武关，进发宛、叶等地。这里楚军守备薄弱，刘邦率军畅通无阻。英布自从成皋逃离以后，四处流窜，正好抵达宛、叶。两军会师后，一起收集汉军的残部。

项羽得知汉王刘邦与英布在宛会师，亲率大军南下。刘邦是他的宿敌，而英布则背叛了他，他要生擒这两个人。项羽与汉军前哨接触后，立即发起攻击，试图迅速全歼刘邦、英布之军。然而这一回刘邦听了袁生的建议，巩固工事，加强防御，楚军几次冲击，伤亡惨重，仍无法接近汉军营垒。项羽命人挑战刘邦，刘邦置之不理，坚守不出，以静待动，以逸待劳。楚军没有办法，两军便长期相持下去。

项王正烦躁不安，忽接到急报称魏相国彭越，渡过睢水，大破下邳驻扎的楚军，气势甚盛，楚将薛公被杀。项王恼怒道:"可恨彭越，如此狂妄，我先去收拾他，再来对付刘邦。"说着，又率兵向东攻打彭越。越自奉汉王命任魏相国，夺取梁地十余城。至汉王败走睢水，楚兵穷追不舍，越亦不敌，北走河上。项王攻打荥阳，越又来截楚粮道，那时项王对越已恨之入骨，此次越又斩杀楚将，项羽自然气愤不已。东行，一遇越兵，便杀个昏天黑地。越当然不敌，只有再次退渡睢水，向北奔去。项王没有追上，又打算去攻打汉王，于是打听汉王行踪。既已收复后方基地，项羽还得顾及汉王这个大敌，便离开江淮，回到荥阳、成皋前线，长途跋涉，实为不易。

汉王三年六月，项羽率领楚军在荥阳、成皋一线再次发起攻击。

刘邦趁项羽移兵夺取下邳之际，已乘机将成皋收复，与英布共同驻守。这是因为成皋位置险要，成皋沦陷，函谷关失去屏障，直接威胁关中大本营。项羽这次进攻时，见成皋驻有重兵，地势又险要，不易攻克，就暂时放弃，在率军西进时，顺便先攻荥阳。

荥阳仍由周苛、枞公驻守，两人忠心耿耿，为汉守土，但认为项王已去，不会很快又来，所以不免疏忽大意，与民休息。不料楚兵突降，乘着士气发起强攻。周苛、枞公，已来不及防守了。楚兵四面夹击，竟攻破荥阳城，并活捉周苛、枞公。项王也即入城，先召来周苛，和言悦色地对他说:"汝能坚守孤城至今，确实是将材，可惜汝误投汉王，终败于我军，如果转投于我，我当授汝上将，封邑三万户，你可愿意?"周苛怒目圆睁:"汝不去降汉，反劝我降汝，真是荒谬！汝根本不敌汉王。"项王怒不可遏道："不识抬举的东西！我若一刀劈了你，还太便宜，左右快拿来鼎镬！"左右奉命取入鼎镬，项王命烹周苛。苛镇定自若，任他剥去衣服，掷入鼎镬，转眼已化为一锅人肉羹了。苛既烹死，又召来枞公。项王令他顾视鼎镬，枞公道："我与周苛共守荥阳，苛既亡，我怎能独生！不过一死罢了！"项王认为他所言有理，没有烹他，而是将其推出斩首。

项羽占领荥阳以后，接着便挥师进攻成皋，并围住全城。汉王在成皋得知楚军已占荥阳，不免胆战心惊，暗思已失荥阳，只怕也难守住成皋，哪里还有第二个纪信，再来替死？因此带同夏侯婴，从北门逃走，东渡黄河，直奔修武。修武位于河南省西北部，靠近山西，韩信、张耳等军当时驻于此地。

刘邦一走，成皋城内群龙无首，乱作一团。诸将得知汉王已离开成皋，逃往修武，都不愿留下来迎战楚军，纷纷率自己部下出城追去。英布见刘邦的嫡系将领都已逃离，他自然不会独自留在成皋去为汉王送死？他立即率军弃城北走以保存实力。如此一来，成皋成了一座空城。楚军围城后，见毫无动静，派人打听，方知人去城空，只有一些百姓与少数老弱残伤的汉兵留了下来。于是，项羽率军进入城内，再次占据成皋。成皋地势险要，山路坎坷，汉军走远，已经来不及追赶了，项羽便下令驻扎成皋，休养生息，再作计较。

汉王驰出成皋，投奔修武韩信、张耳等军。原来韩信本想伐齐，只因未平赵地，乃与张耳到各地安抚，在修武县中驻扎。汉王已得知这一情况，便乘夜赶往小修武，住宿一晚，第二天清晨早起，与夏侯婴直接来到韩信、张耳营中。

空荡荡的街道上洒满初夏的阳光。这条街道通向韩信、张耳的军营，韩信、张耳都尚未起床。他俩这几天也确实十分辛劳，在这里重新整编五万赵国的降卒，委任各级将校，加紧操练，鼓舞士气，还要部置他们的营地、给养，等等。韩信全面负责策划、安排并实施整训计划，张耳因为对赵国与赵军的情况熟悉，从旁协助，也忙得够呛。他俩筋疲力尽。太阳已经高照，他俩仍在酣睡。

中军帐前一片寂静。守门的郎官看起来懒洋洋的，有人正在闲聊井陉战场上的经历。这场仗打得太够刺激了，虽然已是好几天前的事，却仍叫人回味无穷。

营兵方起，眼里看到汉王还是模模糊糊的，且见汉王没有穿王服，不知他来自何处，于是便询问他的来历，没有让他进去。汉王装作汉使奉命来此，有急事禀告元帅。营兵一听是奉王命，自然不再阻拦，只说元帅还在休息，请入营待报。汉王也不多言，进入内帐。

中军帐前的护军中尉陈贺听到灌婴的高呼声，赶紧前来迎接，仔细一瞧，正

是汉王刘邦带领张良、陈平来到，夏侯婴手按腰间佩剑护卫在刘邦身边。陈贺连忙跪在地上迎接王驾，心中大吃一惊，大王这次前来，怎么也不提前打声招呼，从天而降。

刘邦大踏步跨进辕门，直接走向中军帐。陈贺赶紧传令侍卫郎官迎驾。守在中军帐前的十二名卫士持戟肃立致敬，四名郎官分立两旁弓身迎候。刘邦威严地扫一眼他们，既不说话，也不停步，径直走进中军帐内，坐定帅座，夏侯婴一旁侍立，右手牢牢握着剑柄，一片肃杀的气氛。

汉王的突然到来使中军帐的侍卫们仓皇失措。陈贺在这时才走进中军帐，拜见坐在帅座上的汉王刘邦，请求汉王饶他有失远迎。汉王向他摆手，示意不要声张，走进韩信卧室。信仍在酣睡，全然不知。汉王不声不响地走到床前，见将印兵符摆在案上，当下取来，出升外帐，命军吏传召诸将。诸将以为是韩信点兵，都来进见，走近了才发现并非韩元帅，却是汉王，大家都吃了一惊。但也不好详加询问，只好拜见。汉王待他们拜罢，发布命令将诸将调离原职，一一遣出。

韩信与张耳都在梦中，忽被辕门外的金鼓之声惊醒。陈贺走进韩信寝帐时，张耳已在里面，两人对外面的事都全然不知，正惊讶不已。陈贺一到，大略地叙述了汉王在中军帐内夺取印玺、符节的经过。

韩信与张耳都默不作声。

这时，傅宽跟跄入内，上气不接下气地说："禀告大将、赵王，曹参将军率兵守住军营内外的各处交通要道，声称没有汉王之命，不得擅自出入，不知为什么？大将，汉王果真来修武了吗？"

韩信与张耳互相迅速交换了一个眼色。

帐内静悄悄的，空气几乎凝固起来。

韩信很快便打破了寂静，轻叹一声："不错，汉王已经抵达修武，现在正在中军帐内召见我呢！赵王，我们这就去进见吧！"于是，他与张耳一起，由傅宽、陈贺陪同，走进中军帐内。

此时，刘邦端坐在元帅宝座上。

韩信、张耳跪在地上请罪道："臣等不知大王驾到，有失远迎，罪该万死！"汉王笑着说："这尚不至于死罪，但军营里应当严加守备，方免不测，天早大亮，应该早起，却高卧未醒，甚至不顾及将印兵符等要件！如果敌人偷袭，怎样迎敌，或有刺客假扮汉使，混入营中，只怕将军性命难保，这多么危险啊？"韩、张二人听着，惭愧万分，无言以对。汉王又问韩信道："我本请将军攻齐，平定齐地之后立刻会师攻楚。今将军为何驻留此处？"韩信回答说："尚未平定赵地，如果立刻东往，只怕赵人作乱。即便有张耳驻守，恐兵力不足，难以平定，况臣率数万士卒，转战赵魏，已人困马乏，仓促东出，齐赵前后夹攻，则我军危矣！所以臣打算完全平定了赵地，让士兵稍事休整，最近正部署伐齐计划，恰好大王驾到，当面禀报。大王不妨驻扎此地，伺机收复成皋，臣就率兵东进，凭借大王威力，一举攻克齐，便好乘胜西向，与大王联合攻楚。"汉王这才面露喜色："此计甚妙。将军等可起来听令。"两人拜谢而起。汉王命张耳率本部镇守赵都，命韩信在赵地征兵向东攻齐。所有驻扎修武的营兵，则由汉王全部带去攻楚。韩张两人，不敢抗令，只好就此告别，奉命而去。

2. 收回成命

刘邦夺权后的第二天，召集韩信、张耳研究军情，商量下一步如何行动。刘邦要求韩信速攻齐国，平定齐地，由韩信自己在赵地招募新兵，加以整训形成队伍。汉王接收原来韩信所带领的全部汉军，拨给韩信二千人充当新编汉军的骨干。韩信原来手下的诸将仍跟随他，因为汉王刘邦缺兵而不少将，汉军诸将正陆续从成皋前线赶来，很多人都能带兵。张耳被要求去安抚新平定的赵地，并负责供给韩信兵员、给养，协助韩信整训新军。

刘邦是顽强而坚韧的。他大败后来到修武，只剩下几个人跟在身边，但仅仅一个多月时间，一支新的大军就又整编起来。这支大军以韩信军为骨干，超过四万，约有两万多从成皋、荥阳前线逃归的兵士，萧何由关中调拨八千新兵来增援，再加上调自其他各处的队伍，又多达八九万人了。

韩、张既去，汉王坐镇修武大营，大大增强了兵力，又有成皋诸将相继赶来，很快又恢复了声势。于是刘邦打算再次攻楚，忽然传来军报称项王从成皋率军西行。他赶紧派猛将赶赴巩县，拦阻楚兵，同时与众人商议道："项王西行旨在进占我关中。关中乃我大本营，必须确保，我意愿放弃成皋东境，干脆返回巩洛，防守楚军，以免威胁关中，诸君以为何如？"郦食其赶紧说："臣以为不可！臣闻君以民为本，民以食为天，敖仓是个大粮仓，今楚兵既占领荥阳，却不占据敖仓，此乃天助我也。愿大王立刻发兵夺取荥阳，据敖仓粟，塞成皋险，控太行山，距蜚狐口，守白马津，靠天时地利阻挡敌人，敌担心被切断后路，必不敢轻易进攻关中，关中便可无忧，巩洛何必往守呢？"汉王于是决定收复敖仓，经由小修武，誓众进城。

郎中郑忠，却建议断楚粮饷，使他缺粮自乱，再攻打也不迟。

刘邦最大的优点是善于听取他人的建议。他依据郑忠所献之策，派一部分兵力镇守巩，一部分兵力驻扎小修武，加强工事，不正面迎击楚军。同时，刘邦派遣卢绾、刘贾率领步卒二万、骑兵数百，渡过白马津，潜入楚军后方，联合彭越夺取楚军粮草。卢绾是刘邦在沛县时的小兄弟，刘贾是刘邦的堂兄，都是刘邦的心腹。彭越多次截断楚军粮道，十分清楚楚军的情况，知道楚兵囤积粮秣、辎重之处是燕西。他与卢绾、刘贾商量，趁夜行动。

彭越等趁楚兵没有防备偷偷过去，放起火来，烧得满地皆红，哔哔剥剥直响，楚兵从睡梦中惊醒，赶紧瞧望，已是狼烟四起。彭越、卢绾、刘贾三将又从三面杀入，大闹楚营，楚兵非死即逃，转眼已没了人。抛弃了所有辎重粮草，一半被焚，一半搬散。彭越趁机收回梁地，夺取睢阳、外黄等十七城。

项王在成皋没有收到西军捷报，正在焦急，不料彭越焚掠燕西粮饷，项王恼羞成怒，又要亲自去攻打彭越。于是召大司马曹咎叮嘱说："彭越又劫我军粮，实在可恨！并且听说他在梁地任意胡为，我只有亲自往征，才能诛灭此贼！今留将军等镇守成皋，无须出战，抵挡汉王东来，便是有功。我料这次击越，大概十五日内，即可平定，再来与将军会合。我言将军须要谨记，不得有误！"曹咎连连应声，项王仍担心曹咎误事，又留司马欣助守，才率兵而去。

曹咎原是项羽的父执，早年做蕲县狱掾时，曹咎应项羽之求，给栎阳狱掾司马欣写信请托，帮助项梁摆脱牢狱之灾，又赠给项羽乌骓马。项羽当上西楚霸王以后，便封曹咎为海春侯，任大司马，地位高于龙且。项羽谆谆嘱咐曹咎，曹咎唯唯应命。项羽了解曹咎比较任性，常常无法控制自己的情绪，便留司马欣相助，这是由于司马欣心思缜密，并且与曹咎交好，曹咎比较容易接受他的话。

彭越不怕别人，就怕项王亲自到来，无奈冤家路窄，偏又听说项王亲来，越不得不进入外黄城，加强防守。外黄地处梁地西偏，项王来自成皋，外黄城首当其冲。他已怒发冲冠，全不把敌人放在眼里，一见外黄城门紧闭，上面驻有守军，更是气愤难平，立刻率兵攻城。连续攻了数日，城已危在旦夕，彭越自知不敌，趁夜从北门引兵逃出。楚兵没有追上，依旧留住城下。城内主帅已无，自然不能守！只有开门投降。

项王率三军入城，抵达署中，立刻查点百姓，凡年在十五以上，全部去城东候命。他因百姓投效彭越，助他守城，好几日才攻破，甚是可恶，打算全部坑杀十五岁以上的男子，才能出一口气。这号令传到民间，项王残暴天下皆知，前去必死无疑，人人担惊受怕。其中有一个髫龄童子，发仅及肩，却能为万民挺身而出，前去楚军中求见项王。楚兵看他年幼，便问他的来历，小儿说道："我父曾为县令门客，我年一十三岁，今有要事禀报大王，有劳从速通报。"楚兵惊讶于他口齿伶俐，便通报项王。项王听说有小儿求见，吃了一惊，便命把他带进来。小儿不慌不忙地进来，跪拜了项王，起立一旁。项王见他面白唇红，眉清目秀，怜爱之心油然而生，和声细语地问道："汝小小年纪，也敢来见我吗？"小儿道："大王为民父母，小臣就是大王的赤子，赤子仰慕父母，一直想依偎膝下，父母难道不让进见吗？"项王本已有几分喜爱他，再加上小儿所言合情合理，便欣然问道："汝既然来了，有什么话就说吧。"小儿道："外黄百姓皆知大王神威，只因彭越逞强，突然攻城，城中只有一群贫穷百姓，自然不敌，不得不暂时投降了他。百姓其实都希望有大兵来援，以摆脱困境，幸好大王驾临，驱逐彭越，救百姓于水火之中，不料大王军中，传有一种谣言说要全部坑杀十五岁以上的丁口，小臣认为大王乃尧舜、汤武再世，一定不会忍心杀戮自己的赤子。何况屠戮对大王有害无益。所以小臣冒昧进见，请大王下令安抚大众，以免人心惶惶。"项王道："汝说百姓受制于彭越，也还有理，但我已率军而来，为何仍然助越拒我？所以我十分不满。再说我要坑死人民，即便无益，又有什么坏处呢！汝若能言之有理，我便下令安民；不然则连汝都要坑死了！"小儿从容不迫地说："彭越人据城中，兵力雄厚，听说大王亲征，只怕百姓作为内应，就派亲兵把守四面城门，百姓赤手空拳，无法斩关出迎，只能任他守着，但一直在想方设法驱越，不遵从越的指令，越见不得人心，所以趁夜逃走。如果百姓真的助越拒大王，将会坚持到底，等到全城覆灭，大王才能入城，最快也得五日十日，今彭越一去，立刻大开城门，说明百姓并不助越，而是效忠于大王。大王未经明察，反欲坑死壮丁，大众无力反抗，只能束手就死，但外黄以东，还有十几个城，得知大王坑死百姓，自然无人再投效大王？反正都是死，不如拼死或许还能求生。试想彭越从汉，必定请兵来援，大王四面受敌，即使屡战屡胜，也要大费周折，照此看来，便是有害无益了。"项王一想，这个小儿，确实句句在理，何况与曹咎约定半月后返回成皋，今已过了数日，如果前面十余城，果真像小儿说的那样，拼死坚守，多费心力倒没什么；但假如耽搁了时间，汉兵夺去了成皋，后果就严重了！于是对小儿说："我就听你的，赦免全城百姓罢。"小儿正要告辞，项王又令左右取过数两白银，赏赐小儿，小儿拜谢告退。

项王即收回成命，赦免全城百姓，禁止部兵侵扰。这令一下，百姓都兴奋不已。开始还以为项王大发慈悲，连连称赞，后来知是舍人儿为民请命，才免一

死，于是又转而纷纷感谢舍人儿。一介黄童，居然救了千万性命，真是前所未有。项王又率兵出外黄城，向东前进，沿途郡县，都知道楚军的厉害，不敢抵抗。又听说外黄人民，安然无恙，便纷纷投降。彭越已奔向谷城，抛舍了前时夺取十七城的功劳。项王则轻易得手，行至睢阳，也快半个月了。

3. 成皋失守

这时冬天到了，依照秦时旧制，又要过年。项王就暂住睢阳，待将佐庆贺新年后再出发。新年转眼即至。项王就在行辕中，升帐受贺。将佐等逐一进来，行礼之后，即由项王赐宴，君臣欢聚一堂，开怀畅饮。忽然从成皋传来急报称城已沦陷，大司马曹咎战死。项王大惊道："曹咎奉命谨守成皋，汉兵怎么会夺去？"报信人说："曹咎违命出战，在汜水被汉兵截住，无路可退，最后自尽。"项王又顿足道："司马欣呢？"报子又说道："司马欣也阵亡了。"项王赶紧起身，命左右撤去宴席，立即召集将士直奔成皋。

成皋前线的形势在这半个月里发生了巨大的变化。

刘邦的汉军，犹如一张巨网，虽然漏洞百出，但却将整个楚汉战争的广大战场笼罩。项羽亲自率领的楚军，犹如一把利剑，任何地方都能刺破，称得上所向披靡。可是，这支军队只能刺破一点，取得战术和战役上的胜利，无法在战略上占据优势。至于不由项羽亲率的楚军，尤其是那些听命于项氏族人或项王亲信的军队，倒正如一条条鱼，轻易就被汉军的天罗地网捕获。因此，刘邦亲自率领的汉军，虽然连吃败仗，有时败得简直不可收拾，但在战略上一直处于上风，因为他的部下和盟军实力不断增强。英布、彭越和韩信这三支活跃在战场上的大军，尤其是韩信，一直没有正面攻击过楚军，却占有魏、赵、代、燕之地，控制了广大的北方区域，极大地威胁了楚军的侧后。英布和彭越，不断截取楚军粮道，尤其是彭越，多次抢夺楚军的军粮，却又一直让项王抓不着。这三支军队加上汉王亲率之军，哪一支都无法单独敌过项羽。然而，这四支军队中的任何一支，能够打败除项羽外楚军中任何将领所率之军。如此一来，项羽的处境就非常被动，疲于奔命，难以兼顾，正如当年章邯。

现在，刘邦见项羽东下攻打彭越，便立刻领兵从小修武出发，渡过黄河，来到南岸，进抵成皋前线。成皋是荥阳的门户，必须先收复成皋，才能收复荥阳。

楚大司马曹咎，与塞王司马欣，都与项王有旧交，一直得到信任。项王封咎为海春侯，叫他固守成皋，再派司马欣协助，认为可万无一失。曹咎也奉命坚守不出。偏汉兵多次挑战，曹咎却连续几天都不出兵，汉兵便返报汉王，汉王与张良、陈平等人决定用激将法，派兵诱骗曹咎。同时派遣各将，在汜水左右埋伏，只等曹咎自投罗网。部署完毕，兵士再逼城下，用种种不堪入耳之语破口大骂。城中守兵，都忍无可忍，争向曹咎请战。曹咎性情一向暴烈，也打算出城迎战，司马欣却劝阻："项王临走时千叮万嘱不可出战，今汉兵前来挑衅，分明是诱我军出城，请足下不要动怒，静候项王到来，再与他战，必可取胜。"曹咎听了，只好忍一时之气，命兵士静守，禁止出战。汉兵白白骂了一天才撤退。第二天天刚亮，又四面围城，骂得更凶。到了中午有些疲倦，就席地而坐，取出怀中干粮，填饱了肚子，振作了精神，继续叫骂。一直到天黑，才退去。至第三四日间，汉兵又拿着白布幡，写着曹咎姓名，画着猪狗畜生等类，极尽羞辱之能事。曹咎登城俯望，怒气冲天，且见汉兵摆出千姿百态，手持兵械，乱戳土石，大肆喧嚷，犹如剁解曹咎一般。咎实在忍无可忍，便一声号令，率兵杀出城来。司马欣拦阻不及，不得不跟随曹咎，一同出城。

汉兵也不整甲，抛掉衣盔旗帜等类，纷纷逃向北面。咎与欣尾随其后，只见汉兵到了汜水，相继凫水逃去。咎气愤地说："我军也能凫水，怎会怕汝贼军！"于是下令士兵渡河，全然不顾有无埋伏。才渡一半，两岸便有汉兵，摇旗呐喊，冲了过来。樊哙为左岸统将，靳歙为右岸统将，各持长枪大戟，前来杀敌。楚兵已乱成一团，无法迎战，咎在水中，欣还在岸上，两人难以顾及，仓皇失措。欣心中埋怨曹咎，试图率岸上人马返回成皋，但来不及了，汉兵已经杀到，被迫迎敌。曹咎进退维谷，还想渡到对岸，拼死相抗，不料对岸又来了许多兵马，麾盖隐隐拥着，汉王居然亲率众将来接应。咎心知无法再渡，只有招兵渡回，忽听一声鼓响，万箭齐发。楚兵被困在水中，无法抬头，多被淹死。咎也被数箭射中，受了重伤，匆忙登岸，又被汉兵拦阻，只有拔出佩刀，自刎而亡。司马欣拼死突围，却不能成功，身边只剩下几十个残兵，眼见必死无疑，干脆也举枪自刺，断喉而亡。

汉王见大获全胜，便令停止放箭，安渡汜水，联合樊哙、靳歙两军，奔赴成皋。成皋守将已亡，百姓只有开城投降，汉王安抚他们安居乐业，受到百姓的欢迎。同时全部占有了项王留下的金银财宝。汉王取出一部分封赏将士，将士都欣喜不已。经过三天休整，汉王命向敖仓运粟，供应军粮。待粮已运至，又率军驻扎广武，加强守备，阻止项王返回，同时打探齐地，以便平定齐地后调回韩信，联合攻楚。

刘邦刚部署完兵力，项羽在睢阳得知曹咎军破，成皋沦陷，连夜移师。先锋

钟离眜首先回到荥阳，在城东被汉军包围，钟离眜兵力不支，危急万分。多亏项羽率军赶到，汉军溃逃至广武山上的汉军军营。项羽见广武险要，易守难攻，便就地驻扎，与汉军相持。

两座城立在广武山的两座山头上，被称为东西广武城。西广武城为汉军所建，刘邦在此驻扎，城墙有四丈五尺高。楚军建东广武城，项王驻扎，城墙较低。有一条南北向的大沟在两城之间，深达六十丈，沟口约二百四十丈宽。此沟叫作鸿沟，隔离楚汉两军。

二、韩信攻击

1. 郦生就烹

现在得回过头来看韩信在北方战场的进展情况。

汉王三年四月，刘邦夺了韩信军权，率大部分军队去收复成皋。但是，刘邦仍命韩信进攻齐地，由他自己筹集兵员、粮秣，这绝非易事。但是，在韩信、张耳两人密切配合下，从魏、赵、殷、代四国招募新兵，还有很多燕国人也参加了韩信、张耳的新军。这支队伍完全是拼凑而成。韩信善于带兵，尤其是擅长于带那些临时征集的新兵，破赵之役就是很好的例子。

汉王三年八月，汉大将韩信率二十万士兵攻打齐国。

这支队伍的士兵大多只训练了四个月，但对于韩信而言，这一训练时间已经足够了。他在汉王二年九月破魏，十月破赵，中间有一个闰九月。破魏之后仅一个多月的时间，他仍大获全胜。这次花四个月的时间招募、整训新兵，时间有些紧，但汉王已经多次派人催促韩信立刻攻齐以减轻成皋一线正面战场的压力。韩信认为齐国地广兵强，不想轻举妄动，一拖再拖，直到形成了二十万大军并经过了四个月的训练，才发兵。所以尽管只有短短的四个月，韩信却在此期间顶住汉王的沉重压力对新兵进行强化训练。

韩信兵分三路东征，分别从燕、赵、魏三地出发，预备会师于平原以东。张耳留守赵地，安抚百姓，征收粮饷，确保供应韩信军队的后勤。周勃、灌婴、靳歙、张苍、陈贺、傅宽等将领都听命于他，战斗力不容小视。

苦守成皋前线的汉王刘邦，多次催促韩信尽快攻打齐国，想借此威胁楚军侧后，减轻正面战场的压力。如今得知韩信发兵，却并不放心。韩信的军容强盛，虽然杂凑而成，但在人数和规模上都在汉王刘邦亲自率领的直属部队之上。如果这次攻破齐国，将进一步扩大韩信军队的实力和声势，仅次于项王，而自己亲自率领的这支军队则难以与其相提并论。况且自己连吃败仗，而韩信却百战不殆，在军队和百姓心目中的威信令他自己相形见绌。

刘邦正为此而困扰，郦食其在外求见。汉王一听，心想郦生这个老头儿尽管迂腐，但是，郦生毕竟足智多谋，也出过不少好点子，立有不少奇功，不如问问他的看法。于是，他便召见郦生。

郦生一见刘邦，便毫不客气地说："大王，如今已定燕、赵，惟定不下齐，今田广占据千里齐地，齐将田解率二十万之众，驻扎历城，更有田横为相，老谋深算。齐国背靠大海，黄河、济水形成天然屏障，南邻楚国，齐国君臣阴险狡诈，项王虽曾极力平定，但不仅没有灭亡，反而趁楚汉相争增强了实力。大王虽命韩信率兵二十万攻齐，只怕久不能破，这样的话就危险了。"

刘邦问："先生有何高见？"

郦生说："臣自愿去游说齐王，劝他与汉结盟，降汉并作为汉之东藩，齐自可不战而破！"

刘邦正担心攻齐之事！齐国地广兵众，韩信未必能获胜，一旦失败将极大地打击汉军。如果韩信成功，壮大了实力，同样也不利于自己。郦生的建议，正中下怀。假如郦生成功说降齐王，不费一兵一卒而取得齐国，韩信也就不能再拥兵自重了。因此，他连连称善，立刻派郦生出使齐国。

韩信大军十分庞杂，又兵分三路，要集结至平原以东会师，自然行动缓慢。郦生单枪匹马，从小道入齐，反倒比韩信抢先一步进入齐国都邑临淄。

当时的齐王是谁呢？就是田横兄子田广，由田横拥立起来，横为齐相，辅佐田广镇守齐地。齐经过城阳一役，严加戒备防守楚兵。项王因彭城失陷，移师破汉，后来一直与汉王交锋，顾不上齐国。城阳的楚将，也因难克齐地，相继返回，所以齐地已有一年多都没有战事。至韩信招集大军攻齐，齐都便有耳闻。齐都就是临淄城，齐王广与齐相横，由城阳返回，得知韩信将要来攻，立刻派族人田解，部将华无伤等，率大军防守历下。郦食其正好赶到，进见齐王，齐王广便召见他，郦生对他说："如今楚汉相争，相持不下，大王可知到底谁能夺取天下？"齐王道："这如何能预料？"郦生道："汉必胜楚。"齐王道："先生何出此言？"郦生道："汉楚二王，都奉义帝之命分道攻秦。当时人人都知楚强汉弱，汉

王却先入咸阳，这分明是天意。偏项王逆天而行凭借暂时的优势，迫使汉王移入汉中，又刺杀义帝，天下怨声载道。自从汉王仗义发兵，还定三秦，为义帝发丧，顺应民心，号召诸侯讨贼。所到之处，都自愿归附，将所得财货，封赏士卒，体恤民情，所以豪杰贤才纷纷投奔。项王背信弃义，弑主不忠，任人惟亲，民心尽失，必然败亡！照此看来，汉必胜楚，夺取天下。何况汉王起兵蜀汉，战无不胜，三秦既定，又涉西河，破北魏，出井陉，诛成安君，势不可挡！今又据敖仓，塞成皋，守白马津，杜太行坂，距蜚狐口，占有天时地利人和，必能大破楚兵。各地诸侯王也都归附，只有齐国尚未投汉，大王若即刻投顺，尚可保全齐国，不然大兵将至，危在旦夕！"齐王广却说："寡人若投汉，汉兵就不会来吗？"郦生道："仆此行乃奉汉王之命，汉王体恤齐民，不希望有损伤，所以特意派仆先来探问。假如大王诚心归汉，汉王自然心喜，便立刻召回韩信大军。大王尽可放心！"

田横在旁接入道："这也须由先生书信告知韩信，才可无患。"郦生毫不迟疑地要了书笺，写明情况，请韩信不必进兵，然后派人随齐使送至韩信。信正率赵兵抵达平原，收到郦生书信，看完后对来使说："郦大夫既说服齐国，自然最好。我这就移师南下。"说罢，他立刻复信一封，交与来使，遣还齐国。郦生收到回信，立刻告知齐国君相，齐王广与齐相横，看了来书，且有齐使作证，深信不疑。于是命历下各军一律解严，并留郦生纵情畅饮几天。郦生原本嗜酒，自然开怀，今日不行，明日仍然不行，连住了几天以致丢掉了老命。

韩信送别齐使以后，总觉得不放心，这样重大的事，汉王怎会不告知？他请来李左车和蒯彻，共同商议。蒯彻是个谋士，陈胜当年派遣武臣、张耳、陈余进攻赵地时，蒯彻去范阳令处，声称范阳少年都想杀他，劝他赶快投降武臣。他又去劝说武臣，声称范阳令想投降，但担心性命不保，如今范阳少年欲杀掉范阳令而固守，将军不如封范阳令为侯，范阳令必定投降，范阳少年也不敢杀县令。将军让范阳令乘轩车在燕、赵之郊驰骋，各地守令见范阳令投降后封侯，燕、赵各城就会纷纷投降。武臣接受了他的建议，使蒯彻赐范阳令侯印。此事在赵地传开了，有三十余城不战而降。叛将李良后来杀死了武臣，蒯彻投奔张耳。张耳与韩信联合破赵时，韩信欣赏蒯彻足智多谋，便向张耳要来，任职在自己的麾下。张耳因为韩信率兵攻齐，急需用人，而韩信又与他交好，请刘邦封他为赵王，便答应蒯彻去韩信处。蒯彻认为韩信才干远在张耳之上，他自己也愿意听命于韩信。

韩信启问道："齐已投降，我自应移师南行，有什么不可呢？"蒯彻道："将军奉命出齐，煞费苦心，才得以成行。今汉王却派郦生抢先说服齐国，难以料定是否可靠。况汉王并未明确下令召回将军，将军不可单凭郦生一书，贸然撤军。再说，郦生是个儒生，逞口舌之能取得齐国七十余城。将军率数万兵，多年征战，才平定赵国五十余城，试想数年为将，反而让一竖儒占了先机，实在可恨。为将军计，不如趁机攻齐，杀他个措手不及，平定齐地，将军便立了大功了。"韩信听了，也为之一动，考虑了好一会儿，才向蒯彻道："郦生尚在齐国，我如果趁机攻齐，齐必处死郦生，那我岂不害了他，此事不可！"蒯彻笑着说："将军顾念郦生，郦生却不为将军着想。如果不是郦生想夺功劳，怂恿汉王，汉王本派将军攻齐，又怎么会派郦生呢？"韩信立刻起身召集三军，过平原，突袭历下。齐将田解、华无伤，已奉命解严，没有任何防备，汉兵突然而至，吓得他们手足无措，落荒而逃。韩信穷追不舍，斩田解，擒华无伤，畅通无阻地抵达临淄城下。

齐王广大吃一惊，急召郦生责问道："我误信汝言，不加防备，以为韩信不再进攻，不料汝居心叵测，假装劝我归汉撤兵，私下却让韩信攻我不备，汝果真好计，看汝今日如何狡辩？"郦生也发了慌，回答说："韩信背信弃义，不但卖友，更是欺君！愿大王派人与我责问韩信，信无言以对，必然退兵。"齐王还没说话，齐相田横冷笑道："先生企图脱罪吗？我前日已经上当，今日怎会再受骗。"郦生道："足下既然怀疑仆，仆就死在这里，不复出城。但也应书信责问，看韩信作何解释，再杀未迟！"广与横齐声道："韩信假如退兵，也就罢了，不然请就试鼎镬，莫怪我君臣无情！"郦生答应，赶紧写好书信，派人出城交给韩信。信展开一看，寥寥几句，凄凄惨惨，不由得良心发现，无言以对。偏蒯彻又来进言道："将军屡临大敌，泰然处之，为何因一郦生，反动了妇人之仁？一人性命，何足挂齿？建功立业才是要紧，请将军不要犹豫。"韩信道："逼死郦生事小，不听王命罪大！"蒯彻道："将军原本奉命伐齐，平定齐地，也是汉王所愿，有功无罪。如果今日南下，郦生回报汉王，从中挑拨，只怕真的要获大罪了！"韩信原本贪功，又担心获罪，于是拒回来使并对他说："我奉命伐齐，未有汉王退兵之令，即便齐君臣投降，怎知不是缓兵计策，待以后再反？我既率军到来，旨在绝除后患，有劳转告郦大夫，都效忠于汉王，无暇多顾了。"

来使只好返报。齐王听了，便令左右取过油鼎，要烹郦生。郦生道："韩信出卖我，我自愿就烹，但大王的国家也难幸免，韩信将来，也必然得诛，我只恨看不到那一天了！"说罢，就用衣裹首，投入油鼎。

郦生自认为足智多谋，最终却因汉军内部的争权夺利而死。刘邦暗中与韩信较劲，可怜他做了替死鬼。不过，他当时若不贪功，也不会送掉这条老命。从这一点上看，他也算得上自食其果。后人有诗叹道：

> 本是高阳一酒徒，争功末路竟亡躯。
>
> 淮阴他日同烹狗，得失鸡虫孰有无。

2. 出奇制胜

韩信兵临城下，临淄却毫不设防，缺兵少器。齐相田横对齐王田广说："必须放弃临淄。明天中午之前，汉军会完全包围临淄，我们应该舍弃都城，保存实力，分兵御敌，争取时间，打游击战。汉军不熟齐地，经不起长期相持，我们到时便可反攻，收复临淄。"

田广自然依从田横。接着，田横下令："大王于今日黄昏前出城，东进高密，联合胶西之师御敌。田既将军走胶东，进占即墨。守将田光率军去城阳，我赴嬴城，收集残兵。田吸留守临淄，见机行事，为保实力可以弃城。"

田横安排得十分周密，齐王田广与众臣都愿听命于他。但是，韩信的行动太迅速了。齐君臣登城拒守，韩信没有几天便攻破。齐王广开了东门，先走一步，田横断后。田横率齐兵，与汉军再战数合，终于败逃。君臣相继逃往高密，横走博阳，韩信驰入齐都，安抚了民众，又打算率兵向东追击齐王。齐王广闻知惶惶不安，只好派使西出，向项王求救。

政治上没有永久的敌人，也没有永久的朋友。

项羽过去对田氏深恶痛绝，如今却不同了，汉王是首要的敌人，而韩信为汉王开辟了北方战场，直接危及楚军的侧后，其力量不容小觑。如果任由韩信吞并齐地，楚汉强弱形势将发生逆转。所以，他派遣龙且为将，领二十万兵，东往援齐。

龙且率大军入齐地，立刻通报齐王，叫他前来会师。齐王广听说楚军来了，十分高兴，赶紧收集散兵，出高密城，迎接楚军。双方凑巧在潍水东岸相遇，商谈之后，一同就地驻扎。韩信正要进兵高密，得知龙且兵到，也知他是个强敌，于是又派人通报汉王，派曹参灌婴两军增援。方才动身，抵达潍水西岸，遥见对岸遍布军营，气势甚盛，乃召曹灌两将道："龙且以勇悍著称，不可力敌，只可智取，我用计擒他便了。"曹灌两将，连连应声。韩信命退军三里，扼守险要，按兵不动。楚将龙且，还以为韩信怯战，打算渡河进击。旁有属吏献计说："韩信远道而来，必定拼死一战，贸然迎敌难以取胜，齐兵新败，无法再战，而且本地士兵念及家室，易于溃逃，我军虽和他不同，但也必定深受影响。最好是固守不出，勿与交锋，一面使齐王派人招辑亡城。各城守吏得知齐王安在，楚兵又大举来援，必然仍追随齐王。汉兵远道而来，无城可凭，又缺粮，难以久持，几个月之后，便被拖垮了。”

龙且是项羽手下猛将，但一直没能封王，对英布过去被项羽封为九江王很是妒嫉，但他又忌惮项羽不敢去争爵禄。如今英布降汉，他这次又有机会立大功，自然要去争取与齐王田广瓜分齐国，做一回齐王。他被贪念控制着，没有接受属吏的良言。

龙且摇头说：“韩信鄙夫，不足为惧！我听说他少年贫贱，缺衣少食，甚至乞讨漂母，胯下受辱。如此无用之辈，有何惧哉！况我奉项王命，前来救齐，若不攻打韩信，任由他不攻自破，也不能立功，如果一战得胜，声名大震，齐王必将全国的土地平分一半给我，便功成名就。”副将周兰，也担心龙且轻敌误事，上前进言说：“将军不可低估韩信。信助汉王定三秦，灭赵降燕，今又克齐，听说他机智过人，老谋深算，还望将军慎重。”龙且笑说道：“韩信所遇，都是无用之徒，所以侥幸成功，他绝非我的对手。”当下派人渡过潍水，向汉军挑战。韩信批了“来日决战”四字在原书后面，立刻遣回。

龙且自以为是，韩信却十分谨慎。

自从传来龙且率军援楚的消息，韩信就下令停止攻击齐国残余军队，收缩起来自己的部队，围绕临淄集中于交通点线上。但虽然这样，他当时只聚集了数万人，那些在各地攻打田横、田既等人的汉军，暂时无法调回。以数万人自然难敌二十余万楚齐联军！尽管他在井陉口一役中以少胜多，大获全胜，可龙且并非陈余，李左车就曾经建议韩信，假如汉兵初战即败，应当立刻退兵入赵，等龙且离开后再来攻齐。

但韩信自有难言之隐。他并非汉王刘邦的嫡系班子，只有他不断进击并不断取得胜利，才能得到汉王及汉军的信赖。一旦他失败，就会被汉王撤职，被其亲信取而代之。他也会被他的部队抛弃，因为士兵们是基于对他军事天才的崇拜才服从与信赖他。一旦吃了大败仗，就会失去对他的信赖，从而也就不再服从他。

韩信心中思量，非打这一仗不可！这是一场赌博，不仅要斗智、斗勇，还得斗运气。龙且是项王的旧部，具有项王那种粗犷悍勇的作战风格，但是，他不像项王那样处事周密。项王粗中有细，在战斗中更是如此。项王似乎看起来行动捉

摸不定，实际上他在每次战斗之前，事先都要周密计算兵力、地形、给养等各方面，并非只凭蛮勇之力，因此才会长胜。但龙且却不是这样，他容易冲动，只学了项王的勇猛，而项王的缜密却没有学到。假如龙且能固守，打着齐王的旗号召齐国各城反汉，那么，韩信与所率的汉兵将大难临头。

韩信果真有好运气。龙且因为轻敌、冲动，不用坚壁拒守之策，而是挺进潍水，决一死战。韩信正希望如此。楚使即去，信命军士赶办万余布囊，当夜候用，不得有误。原来营中本随带不少布囊，多用来储存干粮，此次军士得了将令，只需取出干粮，便可移用，所以半日内已经办齐。等到黄昏，信召入部将傅宽，对他说："汝可率兵各带布囊，偷偷去潍水上流，取了水边泥沙，装入囊中，把囊沉积，河面浅狭的地方，阻住流水。明日交战时，楚军渡河，我军发炮，竖起红旗，就立刻下令兵士捞起沙囊，放下流水！"傅宽奉命自去。信又召集众将道："汝等明日交战，以红旗为号，竖起红旗，则全力击敌，诛除龙且、周兰，今夜可以静养，明日就可大功当立了。"众将听了，都回去休息。信只命巡兵守夜，自己也去休息，第二天起来，命大众填饱肚子，传令出营。信亲自前去挑战，带数名裨将，径渡潍水，留曹参、灌婴等军驻守西岸。潍水水深，无法徒涉，此时由傅宽堵上流，水势变浅了许多，但教褰衣过去，便可渡河。韩信到了东岸，摆好阵势，龙且正好领兵过来，信便高声叫道："龙且快来受死！"龙且听了，跃马出营，喝斥道："韩信，汝本乃楚臣，为何反叛？今日天兵降临，还不束手就擒？"信笑答道："项羽背信弃义，大逆不道，汝执迷不悟，自取灭亡，汝的死期便是今日。"龙且大怒，举刀直奔过来，信退入阵中，众将立刻杀出，迎战龙且。龙且振奋精神，与众力战了一二十个回合，胜负难分，副将周兰也来助阵，汉将等相继后退。韩信掉头就走，仍奔回潍水。众将也尾随而去。龙且大笑道："韩信果然无能，不堪一击。"说着，一马当先，穷追不舍，周兰等从后追上，来到潍水，那汉兵已渡过了河。龙且追击正在劲头上，哪管水势深浅，也即跃马西渡。周兰发现水涸，起了疑心，见龙且已经渡河，急于拦阻，因此紧紧尾随，也望河西过去。不料龙且足下生风，很快已达彼岸，周兰不便折回，只有渡河，部众都落了后，只有二三千骑跟着龙且、周兰，余兵有的已到河中央，有的仍在东岸。忽然一声炮响，波流震动，水势陡然上升了好几尺，随后汹涌澎湃，犹如曲江中的大潮，凶猛而至，势不可挡，河中楚兵，站立不稳，多被冲走。东岸未渡的人马，仍在观望，幸免于难。龙且、周兰及二三千名骑兵已登西岸，暂时也免了一死。汉兵中那时已竖起红旗，曹参、灌婴左右夹攻，韩信也率诸将杀回。龙且、周兰受三路兵夹击，龙且再悍勇，周兰再精细，已陷入天罗地网，无处逃生。况且，他们势单力孤，仅凭二三千名骑兵，能有什么用？最终龙且被斩，活捉周兰，二三千骑楚兵，全被歼灭。东岸的楚兵，遥见龙且等都已阵亡，吓破了胆，落荒而逃。齐王广也魂飞天外，立刻弃寨逃回。逃到高密，见后面尘土飞扬，料有汉兵追击，且随身兵士所剩无几，自知难守高密，不如投奔城阳，于是快马疾驰而去。快到城阳，汉兵已经追来，把他拖落马下，捆绑了去，押到韩信军前。韩信责他烹煮郦生，惨无人道，便令推出斩首。

又派灌婴攻打博阳，曹参进略胶东，田横守博阳，得知田广已死，自立为王，驻扎赢下，截住灌婴。婴全力出击，杀得田横落花流水，只率数十骑，去梁地投奔彭越去了。尚有横族田吸，与横各自逃亡，奔至千乘，灌婴追了上来，取其性命。此外齐兵已无，于是取他首级返回报功。曹参恰好也持了一个首级，凯旋而归，询问乃是胶东守将田既，为参所杀，平定胶东，回来复命。两将一同回报韩信，信登簿录功，并分赏将士于齐地所得财帛。于是，齐境平定。汉军在北方战场大获全胜，项羽的统治中心受到直接威胁，奠定了汉军反攻的基础。

三、以沟为界

1. 夹涧对谈

再来看一下项羽和刘邦在广武相持的情况。

项王自梁地移师，派钟离眛为先锋，返回荥阳。汉王得知楚军到来，急命诸将御敌，诸将率几万士兵奉命而去。行至荥阳城东，遇到了钟离眛，双方立即交战，钟离眛被困垓心。钟离眛兵少不敌，心急如焚，项王正好从后赶来，一声大喝，杀了过来。汉兵赶紧后退，已丧亡了数百人。项王救出钟离眛，进驻广武，与汉王夹涧屯军。广武本是山名，东连荥泽，西接汜水，地势险要，有一断涧划开山中，两峰分立，汉王驻扎西边。项王则驻扎东边，与汉对峙。不便互相进攻，各自按兵不动。惟汉由敖仓运粟，保证了供应，楚兵却没有谷仓，日益乏粮，难以久持。项王忧心忡忡，齐使又前来求救，项王更加为难。他考虑良久，仍决定发兵相救，以牵制韩信，以防他与汉王会师。便派大将龙且、副将周兰领二十万兵东往援齐。同时挑战汉王索战，汉王坚守不出。

项羽派这二十万军队援救齐国，当时也是痛下决心。他与汉王刘邦各驻广武一峰，两峰之间隔着一条又深又宽的山涧，叫作鸿沟。该地因不便进攻，楚汉便两相对峙。汉军凭借敖仓供应充足。楚军没有这样的大谷仓，彭越又截粮道，难以运输，给养逐渐出现危机。这样相持，十分不利于楚军。刘邦经过长期作战深知决不能与项羽硬拼，不然，他刚聚集起来的兵力就会全军覆没。他坚守不出，坐等形势的进一步变化。

项王有了主意，命人用刀架着汉王父太公，推至涧旁，自在后面押住，大喝一声："刘邦听着！如果汝不投降，我便烹食汝父！"声如洪钟，汉兵人人都听见了，立即通报汉王。汉王大惊道："这……这该怎么办！"张良进言说："大王不必担心！因我军不出，项王以此引诱大王。请大王回绝他，以免中计！"汉王道："如果他真的烹我父，我岂不成了不孝之人？"张良道："如今楚军里面，项伯的权力仅次于项王。项伯已与大王结姻亲，一定会出面劝阻。"汉王派人传话说："我与项羽同事义帝，结为兄弟，我翁就是汝翁，如果一定要烹汝翁，请分我一杯羹！"项王闻之暴跳如雷，就命令左右，要烹太公。旁边闪出一人道："如今天下未定，况且要夺天下，通常连家人都不顾及，今杀一人父，没有什么好处？只能招人忌恨。"项王于是命押回太公，依然软禁。果如张良所料，正是项伯救了太公。

广武的战场相持不下，项羽越来越心烦。楚汉战争仍在继续，广大人民深受战争之苦。于是项王又派人传话："你我二人相持不下，以致天下连续数年不得安宁。今愿与汉王亲战数合，决一胜负，我若败北，立即撤兵，何必劳累天下！"汉王笑着对来使说："我愿斗智，不愿斗力。"楚使返报项王，项王一跃上马，冲出营门，挑选几十名壮士，作为先驱，驰向涧旁。

项羽想到刘邦是采用激将法激怒曹咎出战，才得以收复成皋。既然今天刘邦固守，我何不以牙还牙。他派遣壮士去汉军壁前挑战，汉军按兵不动，便开始破口大骂，什么胆小鬼啦、软骨虫啦，越来越不堪入耳，旨在引诱汉军出战，好趁机杀进壁内。汉营中有一弁目楼烦，善于骑射，汉王派他夹涧放箭。飕飕几声响，好几个壮士被射倒了。涧东忽然来了一匹乌骓马，一位披坚执锐的大王骑在马上，眼似铜铃，须似铁帚，凶神恶煞一般，令人望而生畏，再加一声如晴天霹雳般的狂吼，楼烦吓得双手颤抖，无力再射，两脚也站不稳，连连倒退，干脆掉头就走。见了汉王，仍心神不宁，说话含混不清。汉王派人察看敌踪，乃是项王在涧旁呼唤汉王。

项羽在阵前大显神威，楚、汉两军都印象深刻，认为他是天生的战神，而汉王刘邦却懦弱怕事。这极坏地影响了刘邦在人们心目中的形象。

汉王尽管心慌，但又不能一直示弱，于是率兵出战，夹涧与项王对谈。项王又喝斥道："刘邦，汝敢不敢与我亲斗三合？"汉王道："项羽不必逞能，汝犯下十条大罪，还敢如此嚣张？汝无视义帝旧约，王我蜀汉，罪一；擅杀卿子冠军，目无君主，罪二；奉命救赵，不闻还报，强迫诸侯入关，罪三；烧秦宫室，破坏始皇坟墓，劫掠一空，罪四；子婴已降，汝仍杀死他，罪五；诈坑二十万秦降卒，累尸新安，罪六；分封部下爱将善地，却驱逐各国故主，罪七；流放义帝，自都彭城，又大肆占据韩梁故地，罪八；汝曾事义帝主，居然派人假扮强盗，江南行弑，罪九；为政不平，背信弃义，天怒人怨，罪十。我仗义出兵，联合诸侯，诛灭残贼，应当派罪犯击汝，难道汝配与我打仗吗？"

项王气得说不出话来，只向后一挥戟，便冲上来无数弓弩手。一阵乱射，无数箭头飞越断涧，令汉王防不胜防。汉王正想回马，却被一箭射中胸部，疼痛难忍，差点坠落马下。幸好一旁的将士上前扶助，才牵转马，驰入营门。汉王万分疼痛，伏在马上，叫苦不迭。将佐等赶紧慰问，汉王假装用手捂住足道："我足趾中了贼箭！"左右忙扶汉王下马，拥至榻前休息。立刻传召医官，把箭镞取出，敷了疮药。幸好疮痕未深，尚得保命。

汉王中箭回营，项王深觉出了一口恶气，只因难越绝涧，进攻不便，因而收兵退归。

项王归营以后，注意打探汉营动静，打算等汉王死了，趁机攻打。汉营里面的张良早有所料，即入内帐探视汉王。汉王箭伤虽没痊愈，仍能勉强支持，良于是劝汉王坚持起床，巡视军中，稳定人心。刘邦叫苦不迭，张良非但不安慰他，反而严肃地说：

"大王，快起来！军中士卒都传说你箭伤严重，卧床不起，楚大军就要来犯，人心不稳。这会严重影响我军的士气！这比你的箭伤还要重要。快起来吧，巡行军中，安抚将士。不然，军队一垮，悔之不及！"

汉王便忍痛起来，裹好胸前，由左右扶上车，巡视一周各垒。将士等正在疑虑，忽见汉王乘车巡查，面不改色，这才放心镇守。汉王巡行完毕，感到疼痛难忍，干脆命左右不回原帐，直奔成皋养病去了。项王得知汉王未死，仍巡行军中，不由得懊丧不已。自思进退两难，若长驻此地，粮尽兵疲，难以久持。正犹豫不决，忽然传来消息称大将龙且阵亡。项王大吃了一惊："韩信如此厉害吗？

他杀我大将龙且，必定乘胜联合刘邦攻我，韩信韩信，奈何奈何！"说罢，又派人去一探究竟，再作打算。

而刘邦在痊愈后，西入关中，至都邑栎阳安抚秦地父老，大摆宴席，高悬故塞王司马欣的头颅于市中。因为司马欣曾管领栎阳，刘邦想借此警示栎阳百姓。

刘邦在栎阳愉快地留了四天，完全恢复如初。于是，他从关中率一批新的援军，返回广武前线。

2. 武涉说信

韩信破齐之后，其对权势的贪欲逐渐膨胀。从破魏开始，随后破代、破赵、降燕，最终破齐。连续的胜利极大地提高了他的威信。齐国有七十余城，地广人众，物产富饶。韩信占据齐国，成了第三支最近崛起的力量，足以抗衡楚、汉。

"我为什么不能据齐称王呢？"韩信思量，"张耳称成赵王，我为汉屡立战功，极大地威胁了楚军，完全可以成为齐王呢？"其实，不仅韩信想据齐为王，就他的手下也这么想。只有韩信成了齐王，他才能够分封部下众将。否则，凡事都要请示汉王，不知何时才能实现封侯的梦！

于是，韩信写了一封文书，向汉王告捷，并要求齐王封印。

汉王四年二月，刘邦坚持苦守在荥阳前线。一日，他正与张良、陈平研究军情，心中喜忧参半。喜的是北方战场大获全胜，忧的是正面战场仍有很大压力。不管韩信取得多么辉煌的胜利，项羽一直坚守成皋一线的正面战场，不愿退兵。张良、陈平都建议汉王命韩信派军南下攻打楚军后方，最好袭击楚的都邑彭城，让项羽移师援救。

来使抵达广武，呈上书信。汉王还没看完，就发了火："我困守此地，一心盼他来助，他非但不助，还要做齐王吗？"张良、陈平赶紧轻手轻脚地走近汉王。汉王便给两人看信。书中声称齐人狡诈，反复无常，又与楚相邻，可能再次反叛，请暂封臣为假王，才能平定。

两人看罢，对汉王轻声说："我方处于困境，如何制止韩信为王？不如让他为齐王，为我镇守，作为声援。不然只怕生变。"汉王又假装喝斥："大丈夫既然平定诸侯，就应做真王，何必称假呢！"便立刻遣回来使，叫韩信等待册封，来使便离开了。汉王于是派张良赍印赴齐，封韩信为齐王，信十分高兴，热情款待张良。良又转达汉王的话，督促信发兵攻楚，信一口答应。良吃完宴席便返回。

韩信见汉王如此器重自己，心里十分感动，立即派遣灌婴率领大军五万，进攻楚国都邑彭城，直捣项羽的老巢。

项羽在这时也加紧争取韩信。

龙且阵亡，二十万楚军全军覆没，极大地打击了楚军。一向无所畏惧的项王此时也不安了。从目前局势来看，楚军已被包围，汉军中战斗力最强的一支军队便是韩信所率之军。这支军队百战不殆，士气如虹，而楚军多年转战，已人困马乏，难以抵挡这支战场上的新锐之军。于是，素来只看重军事进攻而忽略政治争取的项羽，居然也想耍政治手段。他派遣盱眙人武涉做特使，去齐境进见韩信。

信已称王，厉兵秣马，准备击楚，忽听说楚使武涉进见。韩信思量，我与楚敌对，为何派人前来？必是充当说客，我主意已定，见见也无妨。于是命左右召进武涉。武涉系盱眙人，能言善辩，一直跟随项王。项王确知韩信破齐，大吃一惊，所以派遣武涉游说韩信，以挑拨离间。涉一见信，便下拜称贺，信起身还礼，且微笑道："君为何来贺我！必是为项王做说客，有话不妨直说！"涉乃申说道："天下苦秦已久，故楚汉联合攻秦，今秦已早亡，分封土地，各自为王，正应与民休息，汉王却又率兵东进，侵犯他人国土，迫使诸侯与楚相争，说明他野心勃勃，贪得无厌。足下是大智之人，怎会不知？且汉王前日，曾为项王所制服，项王不忍杀他，让他在蜀汉为王，可以说情至意尽。偏汉王不念旧谊，又攻项王，如此机诈，怎能亲信？足下自以为与汉王亲近，为他卖命，只怕足下他日，也被加诛！试想足下能有今天，只因为尚存项王，汉王只有拉拢足下。足下眼前尚可进退自如，左投汉王，汉胜，右投项王，楚胜。汉胜足下必危，楚胜却不然。项王与足下早已相识，常常挂念，定不会加害！足下若仍不相信，不如三分天下，鼎足称王，不受制于楚汉两国，这乃上上之策。"韩信笑着说："我原来追随项王，地位卑微，计策都不被采纳，所以背楚归汉。汉王授我上将军印，令我统率数万兵，衣食无忧，我若叛汉，必遭天谴。我誓死效忠汉王！请代我向项王道谢。"武涉见他态度坚决，只有返回。

各方力量此时都极力争夺。汉王与项王都要争取他，别的力量也是如此。

别的力量，是指一批纵横家式的人物。他们是谋士、智者，试图效仿当年苏秦、张仪，说服某个大人物以实现自己的胸中抱负，出人头地，统一天下，本人也流芳百世。

韩信帐下的蒯彻就是这样一个人物。

信送出武涉，蒯彻尾随其后进去，信便请他入座。

蒯彻深知韩信极大地影响着楚汉战争。因此，他想出妙计打动韩信，使韩信依计而行。彻说："仆近学习相术，相君面仅仅封侯，相君背却贵不可言。"信有

些不解，但知道他必有言外之意，于是带他进密室相谈。

彻又说道："秦亡以后，楚汉不顾天下百姓争斗不休。项王彭城起兵，转战逐北，夺取荥阳，声威大震，今乃久困京索，步履维艰。汉王率兵数十万，占领巩洛，依靠天险，却屡战屡败，这正所谓智勇俱困。仆认为只有圣贤之人才能平息这场纷争。足下乘时崛起，实力与楚汉相当，投靠哪一方，哪一方则必胜无疑，如果足下依从我计，不如两不相助，三足鼎立，伺机而动。其实足下凭旷世才智，据强齐，并燕赵，为民请命，扬名天下，深得人心，将来分割天下，诸侯仰慕神威，竞相归附，则成就霸业。仆闻天与不取，反致受咎，时至不行，反致受殃，愿足下认真考虑我的建议！"韩信道："汉王厚待于我，怎能见利忘义呢？"彻又道："从前常山王张耳，与成安君陈余知交甚深，后来因张黶、陈泽的嫌疑，竟反目成仇，亲手相残。足下与汉王的交情难道比得上张陈二人吗？所处嫌疑远不止黶泽一事？而仍誓死效忠，岂不是自误吗？越大夫文种，存亡越，霸勾践，功成名就，都被诛杀，足下的忠信，正如大夫种。且仆闻功高震主，通常会招致祸患，今足下正是如此，归汉汉必惧，归楚楚不信，足下将何去何从？"韩信有些心动，对他说："先生不必多言，让我仔细考虑一下。"彻于是告退。

过了几天，韩信毫无动静，蒯彻反而急了。如果他这些话传了出去，举事又失败，他蒯彻怎能活命？于是，他再次进见韩信：

"听者事之候也，计者事之机也。不纳良言，坐失良机，必难以长久。满足于厮养之役，将失去万乘之权；图恋于升斗之禄，得不到卿相之位。智者能决断，疑者必坏事。决不能以小失大。议而不决，决而不行，百事之祸也。俗话说：'猛虎之犹豫，不如黄蜂之螫刺；良骥在原地踱步，不如驽马的安步前行；孟贲虽勇，但若犹豫不决，不如庸夫下了决心倒反而能达到目的；即使有舜、禹之智，终日藏在心中，倒不如聋哑人能指挥。'总之，只知而不做不如不知。功者难成而易败，时者难得而易失。时乎时，不再来。愿足下慎重三思！"

韩信听后，感到十分为难。蒯彻的话句句在理。但他自己毕竟重义守诺，汉王对他厚待礼敬，使他能大展才华，才有了今天，怎么能见利忘义，翻脸无情！况且，自己战功如此显赫，汉王想必不会剥夺我齐王这个爵位的，总是可以保有齐地的，没必要弄得鱼死网破。他这样想，便婉言谢绝了蒯彻的建议，感谢他效忠于自己。但是，韩信也表示无论如何他都不会背弃汉王，情愿接受将来的任何命运。信终不忍背汉，又自认为功高，汉王不会负他。彻担心因此而遭祸，装疯卖傻，竟向别处作巫去了。信听说彻离开，也不派人挽留，心里却惴惴不安，停住兵马，再听汉王消息。

后来，汉高祖刘邦称了帝，果然加害于韩信，先是迁为楚王，随后，又贬他为淮阴侯，留在京师。汉十年，陈豨叛乱，刘邦亲征。韩信由于心中有气，事先曾串通陈豨，打算在京师举事。吕后与萧何诱骗韩信入未央宫，斩之于长乐钟室。韩信临斩前曾感叹："吾悔不用蒯彻之计，今为儿女子所诈，莫非是天意！"

刘邦平定陈豨后返回，见韩信已死，既高兴又是怜惜，百感交集，问："韩信死前怎么说？"吕后说："韩信声称恨不用蒯彻之计。"刘邦说："此人是齐之辩士也。"于是他立刻命人捉拿蒯彻。蒯彻被带到刘邦面前，刘邦谴责道："是你教淮阴侯反叛的吗？"

蒯彻："是的，是我教他谋反的，他不听我言，才有今天。假如他依从我，陛下绝不能杀掉他！"

刘邦大发雷霆，说："烹了这小子！"

蒯彻呼冤。

刘邦："你怂恿韩信谋反，喊什么冤？"

蒯彻："秦末天下大乱，群雄纷争。天下群起而反秦，于是才有智者夺取天下。当时，臣不知有陛下，只知有韩信，况且天下精锐都想效仿陛下，只因为实力不足，未能成功，陛下难道能全部烹死他们吗？"

刘邦一想，不错，没必要因一个蒯彻而丧失了民心，便放了他。

3. 楚汉议和

韩信平定齐地后，楚汉战场的形势产生了微妙的变化。在广武，项羽与刘邦相持数月，刘邦固守不出，项羽求战不得，焦躁不安，却又无可奈何。韩信平定齐地，改变了楚、汉双方的力量对比。汉军兵盛粮足，楚军兵疲粮绝。这时，韩信派灌婴率军深入彭城附近，对楚军的大后方构成直接威胁。灌婴是当时的名将，他追随韩信，战功卓越，声名大振。灌婴率兵进攻彭城，极大地威胁了楚军，使楚军处于包围之中。

刘邦坚守在成皋一线的正面战场。韩信、彭越、英布以及卢绾、刘贾率领的这四支军队，与刘邦正面战场上的军队配合，撒下天罗地网。这张网正在逐步收紧。楚军处于越来越不利的地位。这种巨大的压力，压得项羽透不过气来。

汉王连续数月坚守广武，一心盼望韩信到来，信却始终不来。乃立英布为淮南王，让他回到九江，拦截楚军。一面修书给彭越，让他截楚粮道。部署完毕，又担心项王粮尽欲回，又利用太公相威胁，或乘怒杀死太公，更觉可危，汉王立刻与张良、陈平商量如何救父。两人异口同声地说："项王乏粮，必定退兵，正好趁机与他讲和，救回太公、吕后。"汉王道："项王性情暴躁，容易动怒，必须派一合适的人前去，才能放心。"话没说完，有一人自告奋勇道："臣愿往。"汉王一瞧，乃是洛阳人侯公，多年从军，善长应对，便欣然应允，嘱咐他谨慎从事。侯公于是迅速进见项王。

项王得武涉回报，更加愁烦，眼见粮绝，心急如焚，忽然听说汉营中派来使臣，便仗剑高坐召见。侯公从容不迫地进来，见了项王，镇定自若地行过了礼。项王对他说："汝主既不出战，又不撤兵，今为何派汝来此？"侯公道："大王是想战还是想退？"项王道："我愿一战！"侯公道："战是危机，后果难测；何况长久对峙，已人困马乏，臣进见大王是为罢兵息争。"项王脱口而出："你是要与我讲和吗？"侯公道："汉王并不欲与大王相抗，如果大王愿意讲和，保国安民，定当遵从。"项王怒气稍退，放下剑，问及议和详情。侯公道："汉王有两项建议，一是楚汉两国，划定疆界，互不侵犯。二请放归汉王父太公，及妻室吕氏，使他一家团聚，感激不尽。"项王冷笑一声："汝主又想使诈？他想一家团圆，所以派你请和。"侯公道："大王知汉王为何东出吗？人人都有父母妻子，汉王遥居蜀汉，自然思亲心切，前次进占彭城，只是为了接回家人，后来听说被大王所拘，情急之下才与大王交战。今大王不愿议和也就罢了，如果和议，不如释还两人，不但汉王感激，誓不东行，连天下诸侯也会赞颂大王的高风亮节。试想大王不杀人父，不污人妻，将拘抓的人又放回，则是仁义孝三全，三德俱备，声名远扬，如汉王食言，则大王有理，汉王理屈，古人有言：师直为壮，曲为老，大王直道可纵横天下，一汉王又何足为惧！"

侯公滔滔不绝，道明和战利害，句句在理。项王思忖："自己走投无路，汉王既然讲和，想必他暂不会出尔反尔。借此罢兵，也是善策。"

于是又召入项伯，与侯公确定国界。项伯本来向汉，愿意顺水推舟，很快就以荥阳东南二十里外的鸿沟（鸿沟，本秦始皇引河水以灌大梁，后来决口不塞，遂成此水。今自荥阳南至郑县名京；水由郑县东南流，历中牟、尉氏、扶沟诸县，名贾鲁河，乃元贾鲁修凌）为界限，沟东属楚，沟西属汉。

侯公的话尽管贬低了汉王，却令项羽十分满意。项羽原本就感到无法再打这个仗了，犹如掉在水井里的牯牛，有力气也使不上。好斗的项羽竟厌倦了战争，他以前可从未这样。他怀念江南的美景，希望返回彭城去当他的西楚霸王。只是他没有找到退路，要他轻易许和，有损他的威严。况且他还持有太公、吕雉两名人质呢！但是他也清楚这两名人质并不能真正威慑刘季。现在，侯公的说词很好地顾全了项王的脸面，他的虚荣感也得到了满足，因此，他答应议和。

项王便派人与侯公回报汉王，订立约章，没有异议。仍由侯公迎还太公、吕后，侯公再同楚使到楚营请求放人，项王毫不犹豫地释放太公、吕后，及从吏审食其，使与侯公一道返回。汉王听说自然出营迎接，父子夫妇，久别团圆，感慨万千。汉王封侯公为平国君，后来侯公数次进见，均遭汉王拒绝。左右从官疑惑不解地问道："侯公新立大功，并无过错，大王为什么屡次拒绝相见？"汉王道："汝等不知，此人乃是天下辩士，能说会道。前次陆贾无法说服项王，偏他一去，立刻成功！这种人所到之处，能灭人国家，所以封他'平国君'，我实在不想见他！"左右听了才恍然大悟。

后来，侯公隐居民间，不愿再见汉王。他清楚尽管今天汉王十分感激他，但迟早会泄漏他对项王的说词。那些话可有损于汉王，汉王也许会认为他两面三刀，当着项王的面贬损自己，到时可没有好果子吃！识时务者为俊杰，还是走为上策。刘邦倒也知趣，并不勉强侯生出仕。

这次议和，已是汉王四年九月的事了。

第十一章　英雄末路

一、屯兵垓下

1. 汉军受挫

楚汉和议之后，项羽即拔营东归，汉王也打算西返，命将士打点行装，忽有两人进见，说道："大王不是要统一天下吗？怎么能回去呢！"两人正是张良、陈平。汉王道："我与楚讲和，彼已东归，我还留在这儿干什么。"良平异口同声地说："臣等请大王议和，只为救太公吕后。今太公吕后安然归来，正好趁机攻他，何况我已占了大半个天下，四方诸侯，又多投效，项王兵疲粮绝，众叛亲离，气数已尽，如果任由他东归，不乘胜追击，则后患无穷？"汉王对二人深信不疑，于是又改了主意，打算向东进攻。只因冬天来临，依照前秦旧制，应该过年，于是在营中摆酒席，招待大小三军，自与吕后陪着太公，在内帐开怀畅饮。太公吕后，这种乐事从未经过，这次刘邦一家人久别重聚，苦尽甘来，惬意非凡。元旦这一日，就是汉王五年，汉王先祝福太公，然后升座外帐，接受文武百官朝贺。行完了礼，又与张良、陈平，商议军事，决定分别派人去见齐王韩信，及魏相国彭越，准备发兵攻楚，途中会师。

一天后，汉王又派数百车骑，送太公、吕后入关，他自己也亲率大军东进，长驱直入，一直抵达固陵。

固陵位于今河南太康南。这是一座废弃的小城，到处是残垣断壁，一片凄凉。城郊四周的旷野上，万木凋落，野草枯黄，寒风咆哮着掠过原野，仿佛就连空气都在颤抖，使这座处在荒野上的小城瑟瑟发抖……

早已派出去的探子回报汉王，楚兵相去不远。汉王于是据守险要之处驻扎下来，等候韩、彭两军到来，联合攻打楚军。偏韩、彭两军久久不至，那项王已闻知汉王背信弃义，竟率大军杀向汉营。汉王见势不妙，不如督兵出战，于是率军迎敌。两下相遇，汉兵还没摆开阵势，项王已驾着乌骓，一马当先，直奔汉军中坚，寻杀汉王。汉将见项王到来，赶紧拦阻，不料项王正在气头上，挥舞手中戟，汉军中没有一个勇将能敌，这些人纷纷败下阵来，非死即伤，于是汉军连连后退。

项羽率领强悍的楚军组成一个迅速、密集的队形，以排山倒海之势冲击过来。刘邦站在战车上督战，眼见汉军连连败退，被迫溃逃。

楚军阵营中，战鼓震天响。楚军士气正旺，穷追不舍。那领头策马持戟狂奔的，正是那威震天下的西楚霸王项羽。

毁约追袭一度信心十足的汉军，此刻却落荒而逃。这些溃兵散卒魂飞魄散，边逃边喊："霸王来了！西楚霸王来了！快逃命啊！"

项羽在固陵平原扫荡被包围的汉军，幸好樊哙率军及时救援，才使刘邦稳住阵脚，退入固陵城防守。楚军当时希望打运动战，因此放弃了固陵，刘邦得以暂时驻扎固陵。虽然城墙破旧，工事残缺，总比临时挖壕沟、树寨栅要方便得多。刘邦督军加强工事，补充防御设施，楚军的攻击勉强可以抵挡了。

楚军虽然有很强的攻击力，但也大费力气才得以扫荡、全歼包围中的汉军，再接着攻打固陵就力不从心了。楚军已筋疲力尽了，而汉军又拥有极为强大的兵力。虽然项羽督率楚军，拼命追杀，但汉军人多势众，杀之不尽。人的精力毕竟有限，楚军需要通过一段时间的休整来恢复精力，况且，消化、整编那些投降过来的汉军也需要时间。楚军缺粮，连自己的部队都不够吃，更别说养活那些俘虏了。此时此地又不宜坑降卒。项羽命令缴械汉军降卒后，驱散了他们。由于楚军人困马乏，便下令就地驻扎，暂缓进攻固陵。

刘邦现在又坚守不出，心中百感交集。楚、汉四年争战，汉军尽管屡战屡败，但从未一蹶不振，反而越战越强。韩信平定齐地，汉军处于空前有利的地位。楚汉议和后，项羽释放了太公、吕雉，人质之忧解除了，不料楚军虽然精力消耗过量，但在项羽的率领下依旧悍勇无敌，反将汉军杀得落花流水。

汉王检点兵士，好几千名战死，也有好几十名将佐伤亡，禁不住垂头丧气，闷坐帐中。

"这个仗不该输！"刘邦心中思量，不由得奋力敲桌子，震得几案上的茶盏跳了起来，险些翻倒。"这个仗输得实在窝囊！我虽然有些冒失，不该追得那么紧，冲过了头，遇到项羽反击，组织防御来不及，可是韩信、彭越为何还不来？我明

明飞书命他们立刻率军会师固陵，但这两人竟然毫无动静。这个老奸巨滑的彭越，是墙头草，翻脸不认人。总算他拦截楚军的粮道，给汉军帮了不少忙，但要他拼死抵抗项羽，他绝不答应。但是，韩信呢？他手握重兵，竟然按兵不动，到底想干什么？这可真叫人担心！"

刘邦越想越烦闷，正好张良进来，便对他说："韩、彭失约，我军又吃了败仗，该怎么办！"

张良答道："汉军兵精粮足，士气尚盛，经历过那么多次败仗。这一败又算得了什么？我军多次陷于困境，久经挫折，是一支战斗力强，凝聚力强的雄师。楚军则不然。尽管它屡战屡胜，刚刚又大胜一场，但粮秣缺少，士兵都吃不饱，何况伤亡严重，不能及时补充兵员，难以久持。楚军虽强，但已筋疲力尽。强弩之末，不足以穿鲁缟。这样，不但不能攻破固陵，只要一旦战败，必将产生连锁反应，一败涂地。总之，楚军强而脆，脆则易折断。我军弱而韧，韧则能经挫折。大王必定能取得最后胜利。"

刘邦听了张良的一番话，又恢复了信心。他问张良："子房，项羽接下来将会怎样？"

张良："现在已是十一月了，就快到寒冬腊月。楚军补给不上粮食寒衣，难以过冬。我认为，项羽必定撤围退兵，返回彭城。但这未必有利于大王，因为消灭项羽的最好时机正是现在。假如让项羽撤回彭城，经过充分的补给和休整，楚军又会恢复元气。到了那时，胜负就难料了。只有趁目前楚军人困马乏之际，发动强攻，才能彻底歼灭敌人。"

刘邦道："彻底歼灭楚军？哼，子房真会开玩笑！凭寡人现在所率汉军，能行？刚大败一场，还没喘过气来，何况韩信与彭越还没有来呢！"

张良道："楚兵虽胜，却不足为惧，只是韩、彭不至，令人担忧。臣料韩、彭二人，必因大王没有分封，所以持观望态度。"

汉王道："我封韩信为齐王，拜彭越为魏相国，怎么会没有封地？"

良答道："齐王信尽管受封，却不是出于大王本意，信自然难安，彭越曾攻打梁地，大王命他辅助魏豹，所以移兵，今魏豹已死，越也希望封王，大王却没有加封，令他失望。如果把睢阳北境，直至谷城，封与彭越，再封给韩信陈以东，直至东海，信是楚人希望得到乡土，大王若答应，两人马上就会来。"

于是，汉王派人去见韩信、彭越，谕告说：

"并力击楚。楚破后，自陈以东至海的土地与齐王，睢阳以北至谷城的土地与彭相国。"

韩信、彭越就是为等这句话才迟迟不发兵。他们不会被空洞的许诺打动，正所谓不见兔子不撒鹰。如今兔子来了，当然要撒出去鹰啦！韩信、彭越欣然允诺立刻出兵。

这一回说到做到！韩信集中齐地的军队，除留下少部分驻守齐国外，全军二十万主力直奔淮北平原。彭越这次也全力出击，集中三万余主力奔赴淮北。梁王与广大的封地是他一心期盼的。如今实现了梦想，他自然要全力以赴，竭尽全力助汉军去消灭楚军。

2. 垓下合兵

楚军驻扎固陵之前，兵疲粮竭，难以为继，但这并非致命伤。最可怕的是厌战情绪笼罩着楚军，大多数士卒思乡心切，怀念楚地美景，不愿无休止地打下去。项羽爱兵如子，向来与士卒同甘苦、共患难。他爱士卒，也受到士卒的爱戴。他只要一出现，士卒们总能抖擞精神，奋勇杀敌，他们深以听命于这样一位英雄统帅而感到自豪！然而，这种个人人格的感召力日益微弱。一旦项羽离开，士卒们又会垂头丧气。项羽能把握军队的脉搏，士卒的想法，然而，他也深知这样的部队无法持久作战。他决定立刻东归，退守彭城，让部队好好休整，恢复元气。路上为防汉兵追袭，步步为营，相继退去。

楚军思归心切，毫不理睬汉军，每日按时有条不紊地行军，抵达淮北平原。

楚军撤退过程中，没有遭遇汉军，但在这期间受到的打击仍然极其沉重。这一打击，即楚军内部大司马周殷的反叛。

周殷与龙且、钟离昧一样是项羽的旧部。由于重要将领非死即叛，人才缺乏，项羽便提拔周殷为大司马，命他率重兵在巢湖沿岸的舒城驻守，确保彭城与江南连接的通道。巢湖流域盛产稻米，是著名粮仓，湖周围的合肥、庐江、舒城等邑都是重要的粮食集散地，而尤以舒城的地理位置为险要。控制了舒城，巢湖流域这个大粮仓就可控制，它十分有利于保证楚军的军粮补给。而失去舒城，不仅巢湖流域的粮仓丢失了，并且江南粮食向彭城输送的通道也被掐断。

刘邦派遣的别动军将领刘贾，在这一区域一直率所部进行游击战，趁机劫夺楚军运输途中的军粮，影响了周殷对前线楚军粮食的及时输送，项王因此多次责备周殷。周殷十分清楚粮食对于前线的楚军十分重要，自己屡次失职，项王为此对他极为不满，目前项王因急需用人而没有追究他，但项王为人薄情寡刻，总会跟他算账，所以周殷忧心忡忡。刘贾看透了周殷的心，趁机诱降，周

殷无法抗拒这诱惑。况且刘贾趁机占领了附近的要地六，并请前九江王英布镇守。英布原是楚将，在楚军中素有声望，近日刘邦封他为淮南王，声势正旺。他的到来，周殷自知不敌。在这种情况下，再加上楚军陷于困境，于是，周殷率兵投汉。

项羽得知周殷叛变，神情黯然。如今的项羽，当年那种奔袭彭城的斗志和勇气已荡然无存，怒气冲天却又无计可施。这确实是个沉重的打击。他率楚军自固陵返回彭城，本打算在这后方根据地好好休整，然后反攻汉军决一死战。现在由于刘贾、英布骚扰后方，再加上周殷反叛后率所部与刘贾会合，韩信从齐地发兵，彭越率军逼进彭城，而刘贾、英布军则从寿春出发，占领了楚地的城父，并且屠城以树威。舒城与城父失守，彭城失去了屏障，危在旦夕。

彭城地处淮海平原的中央，易攻难守，而楚军围攻固陵时，不少士卒逃亡，军队严重减员，兵力不到十万人，人数上不及正在南下的韩信大军的一半。项羽即便能率领筋疲力尽的楚军进入彭城，也必被韩信围攻，而刘邦、彭越、英布、刘贾、卢绾，还有最近叛变的周殷，也将会师彭城之下，联合进攻彭城。项羽孤守危城，粮尽援绝，无法长久。况且，项羽一向善于野战。野战中能够将敌兵各个击破，逐个歼灭，而固守孤城却不能这样。因此，项羽决定不进彭城，另外寻找驻扎有利的阵地，以能够在野战中反攻，逐个歼灭来敌。

项羽进入濉溪地区，决定驻扎垓下，在此抵抗来犯的汉军。

垓下位于今安徽灵璧南、沱河北岸，盛产大理石。垓下有连绵的山峰，东面的削壁高达四丈。当地称这些岗峦绝岩为垓。堤也叫垓，村落聚邑与堤都位于垓侧旁的岗下平地，因此当地叫作垓下。垓下东、西、北三面环水，构成一个弧形大湾，地势十分险要。项羽根据多年的作战经验，认为这里靠山临水，驻扎此地，坚强的防御阵地很容易构成，易守难攻，并且有利于出击。这一点至关重要，因为只有不断出击，消灭敌人的有生力量，才能振奋军心，使己军更具战斗力，进而扭转局势，反败为胜。

这年腊月，垓下。

淮北平原奇寒无比。凛冽的寒风咆哮着掠过广阔的平原岗峦，在空中肆无忌惮地逞威施虐。地面上到处行进着汉军的部队，纷纷聚集于这一地区，韩信率二十万大军，刘邦亲自率领十七八万汉军，彭越带了三万余人，英布、刘贾、卢绾各自带来了二万余人，周殷也带来将近两万的降军，汉军总计五十万人。除原来的汉兵外，还包括赵兵、代兵、燕兵、魏兵、齐兵和楚兵共同组成这支庞大的队伍。他们都集结在汉军的旗帜下，马不停蹄地直奔垓下会师。汉军队伍，布满乡村、城镇，铺天盖地而来。在垓下驻扎的楚军，被汉军从四面八方包围，有如在茫茫大海中漂荡的一叶孤舟，面临排山倒海般的惊涛骇浪，随时都会被彻底埋葬。

项羽远远听到后面一带喊声震天。立刻登高西望，见蚂蚁般的汉军纷纷而至，不禁仰天长叹："这么多汉兵，我悔前日放过刘邦，以致有今天的大患！"他尽管这么说，但相信凭借自己的蛮勇，并且尚有十万士卒，不致于落败，因此也算镇定。于是扎营垓下，准备迎战。

刘邦并没有仓促发起总攻，而是静待全军的集结和韩信的到来。在这一点上他有自知之明，那就是应当由韩信来指挥垓下之战，而并非他自己。虽然汉军相当于楚军的五六倍，但却是拼凑而成，只能打顺风仗，由高明的将军合理指挥，才能发挥其威力。反之，往日项羽在彭城之役中，以三万人大败五十六万人，打得汉兵落花流水，仓惶四散，刘邦对此事仍记得清清楚楚，况且目前楚军尚有十余万人。

在垓下驻扎的楚军，面对潮水般的汉军，镇定自若，任何惊慌、动摇的迹象都没有。项羽亲自指挥楚军，凭借山川天险，建立了既能野战又能防御的营寨。这似乎与项羽一贯的战斗风格背道而驰，他善于进击，进击，再进击！却厌恶防御。

项羽想固守垓下吗？不，周殷反叛，楚军与江南的联系切断了，使楚军孤立无援，固守下去，只会越来越不利于楚军。项羽在垓下设防，旨在抵挡汉军进攻的锋芒，使楚军暂时得以喘息。他派出许多斥侯，打探汉军调兵情况。他坐镇中军帐中，听取他们汇报，进行分析，试图寻找有利的战机，突破重围，撕裂汉军的庞大队伍，打乱汉军的阵脚，像奔袭彭城一样再显神威。

汉王五年正月，楚军在垓下停驻了已近一个月。

此刻，项羽急需集中兵力，静待时机，收缩战线，全力击打汉军防线的薄弱环节。然而，军粮短缺是楚军的燃眉之急，不能久拖不决。项羽一想到这里，就心烦意乱。他结束了军事会议。众将告退后，退入内帐休息。

二、四面楚歌

1. 十面埋伏

垓下北邑的汉军大营。汉王刘邦驻扎此处，与彭越的大营构成掎角之势。此时的汉王刘邦在中军帐内不断徘徊。韩信呢，韩信为何迟迟不来相会？韩信的齐军将负责攻击楚军主力。假如项羽主动撤离至江南，楚军在行军途中势必拉长队伍，队形变薄，再加上背对敌人，汉军便可趁机攻打。但是项羽没有退兵，而是在垓下建立防御体系，严阵以待，汉王刘邦反而不知所措了！只凭这点汉军实力绝不敢强攻楚军！听说韩信大军已抵达亳上，为何现在仍不见人？

"齐王驾到！"

汉王的沉思被谒者的禀报打断了，刘邦出帐迎接。齐王韩信见了汉王，立刻跪拜行礼。刘邦连忙扶起韩信，携手进入帐内。

"你总算来了。"刘邦深深呼了一口气，心情顿时变得轻松了。

"臣奉命前来会师，全军约二十万人，已抵亳上。"韩信十分谨慎地回答。

"困兽犹斗。"刘邦心中焦虑，"霸王到底是霸王。项羽率军所到之处，犹如迅雷不及掩耳，汉军无人能敌。韩信，你的部下中有人能抵挡项羽亲自率军出击吗？"

"没有。"韩信坦然答道，"项王锐不可挡，无人能敌。但是，如果巧妙利用阵势，及时调兵遣将，层层设防，那么，即使项羽气势再盛，也仍然能够抵挡。"

"什么样的阵势有如此巨大的威力，西楚霸王的雷霆一击都能抵挡？"刘邦半信半疑。

"五军八阵，十面埋伏。"韩信从容答道。

刘邦有七年带兵打仗的经验，这些名堂却闻所未闻。他对此话十分好奇，问："怎么讲？"

根据军事指挥的直觉，刘邦知道韩信是指怎样灵活、机动地调兵遣将的问题，凭借阵势及其变化，始终维持以多击少的优势，能够弱化项羽率领之军的攻击，不堪一击。他最爱听"不堪一击"这句话。果真有那么一天，他刘邦不知会乐成什么样子。

"大王，您就瞧好吧。等活捉项羽后您就会知道。"

"韩信，你真行！什么五军八阵啦，十面埋伏啦，名堂真多。好吧，由你来指挥这次垓下之战，以齐王身份担任汉军的大将，统一调遣全军。寡人也听命于你，你说了算。大将啊，你千万不要辜负了寡人对你的厚望！"

"大王请放心，"韩信激动不已，"在这次垓下决战中，韩信定当将楚军一网打尽，活捉项羽当献俘，击毙则奉上他的首级。韩信愿为此立下军令状。"

"大将，不必立什么军令状！我信任你，这次项羽必败无疑。寡人明天当宣告全军你就任大将之职，指挥全体将领。现在你可以去休息了！"刘邦此刻放松多了。

韩信告退。汉王就寝。

这样，三路兵马已集结垓下，人数超过三十万，韩信为大将，指挥诸军。韩信深知项王骁勇，无人能敌，特分各军为十队，各派统将分头埋伏，回环接应，请汉王镇守大营，自率三万人挑战。

楚军兵困粮乏，已不能再固定垓下。项羽决定迎战汉军。他深信在野战中自己定能占据优势，他亲自率军的攻击汉军中没有任何一位将领能抵挡得住。假如能找准刘邦或韩信所处位置，一举突破重围，活捉两人或其中之一，便立刻改变战争形势。

清晨。垓下古战场。

古战场位于今安徽固镇县城东五十里的濠城。从一早起，楚、汉两军都各自忙于调动队伍，此刻已部署完毕。

两军对峙。

楚军分为三军，将近十万人。项羽率领中军，处于前沿显眼的位置。此番他要亲自充当前锋，冲垮汉军，让韩信尝尝西楚霸王的厉害。项声、项庄分别统领左右军，每军各近二万人，掩护左、右两翼。整个楚军摆成雁阵，中军呈锥行，如剑锋、似利锥，两翼横向展开，排成左、右向后梯次配置的战斗队形。

汉军全军的指挥权已交给韩信，他直接统领了三十万人用于垓下战场。他把汉军部署成五军阵，具体由韩信自率前军为先锋，陈贺率左军，孔熙率右军，形成左、右两翼，刘邦居中率中军，由周勃、柴武率领后卫军。五军阵之后，另有骑将灌婴率领二十四队游骑。

楚军发起了冲击。

项王仅凭蛮勇，不善谋略，一听说敌兵逼营，立刻一马当先，迎敌汉军。楚

兵随着项王全部出动，奋勇向前。两军交接，战斗了好几合，项王一挥横戟，部众个个舍生忘死，奋力杀敌。

韩信未曾与项羽较量过。汉军诸将个个都不敢迎击项羽，但韩信却一心想与项羽交战，将其生擒或斩杀，建功立业。他布置了三道防线在自己的军营前：第一道防线以重甲兵为主，弓弩手为辅，是一个步兵大方阵。由三个骑兵小方阵组成第二道防线，每个小方阵有行动迅速的二十队骑兵。中间的骑兵方阵披重甲，持戟；左右两翼的骑兵方阵披轻甲，持弓弩，腰佩环首刀。车阵是第三道防线，四十八辆轻战车构成核心，每辆战车都配备重甲兵。

韩信认为这三道防线的配置，无坚可摧。

但是，韩信失算了。

他的对手并非普通人，而是西楚霸王项羽。半个时辰不到，第一道防线已被项羽突破。他骑在乌骓马上，威风凛凛，右手持戟，左手执剑，戟挑剑刺，长驱直入，所向披靡。汉军重甲兵的尸体或伤者横七竖八地倒在战场上，任楚军骑兵践踏而过。第二道防线的骑兵正要出动救援第一道防线的重甲兵方阵，楚军已迅猛而至，只好匆忙应战，十分被动。汉将王翳统领骑兵方阵，他是汉军著名骑将灌婴手下的悍将，在歼灭龙且一军时，立下显赫战功。但现在眼前并非龙且，而是项羽。"杀，杀呀！"楚军骑兵潮水般涌来。王翳来不及展开阵势，骑兵方阵已乱了阵脚，三个骑兵方阵有六七处被分割、包围，互相不能顾及。王翳眼见大势不妙，为了保存实力，立刻撤兵。但第三道防线的部署却因这一撤退而冲乱了。楚兵穷追不舍，与汉军溃兵连成一片。第三道防线的将领张苍久经杀场，这次遭遇项羽迅雷不及掩耳的攻击，又被自己一方的骑兵打乱，无计可施，只好撤退。

一个时辰不到，韩信精心部署的三道防线全被冲破。

"抓韩信呵！项王有重赏！"

五千楚军喊声震天，响彻环宇。楚军异常兴奋，疯狂地直奔韩信的驻营而来。

韩信大惊失色。他万万没想到困乏的楚军在战场上竟如此勇猛。他擅于用兵，常出奇制胜。如果单论勇力与武技，十个韩信也不敌一个项羽。他立刻命令后撤，同时命傅宽率军断后，抵挡项羽的追袭。楚军望见后撤齐王与汉大将的旌旗，欢呼雀跃，齐喊：

"韩信逃跑了！韩信逃跑了！"

那欢呼声直达十里以外。后撤中的韩信，听得忍无可忍。他强压住满腔怒火，命陈贺、孔熙率左、右二军出击，把项羽率领的中军与左、右两翼的联系截断了，项羽的军队反而被包围起来了。

项羽没有了项声、项庄左右两翼的掩护，无法保障翼侧，便放缓了前进的行动。陈贺、孔熙与韩信手下的张苍，各自率军团团包围项羽的五千骑兵。

项羽下令变原来进攻型方阵为圆阵以进行防御。外围的楚军坚守住阵地，项羽在里面重新部署骑兵队伍。他立刻建立了一支自己亲自率领的一千人的骑兵，再次冲向上空飘扬着齐王和汉大将旌旗所在的地方。这一千铁骑是最精锐的楚军骑兵，异常英勇，迅速突破了汉军的包围，径直冲向韩信。

韩信组织帐下卫队抵御，但楚军很快突破了卫队组织的防线。

刘邦在中军获悉情况不妙，派出樊哙率领余奇之兵即中央机动部队，来支援韩信。樊哙率领一个由重甲兵、车兵、骑兵混合编成的混合方阵，多达五千人，有很强的战斗力。项羽率军连续发动两次强攻，都没有成功，韩信此时才化险为夷。

此时，灌婴率二十四队游骑救援。韩信命灌婴率游骑加紧攻击项声、项梁两军。项声、项庄两军无法招架，损失惨重，被迫退回垓下大营。灌婴率领游骑围攻项羽。

实际上，韩信的退却虽有项羽勇猛善战的原因，但更为主要的是，他要诱引项羽中计，陷入自己早已设计好的包围圈中。

项王平日，百战不殆，根本瞧不起韩信，即便有人劝项王不可轻追，他也充耳不闻。大概追了好几里，已进了汉军埋伏圈，韩信便发放号炮，召唤伏兵先杀出两路，与项王交战一次。项王坚持不退，大战一场，突破汉军，仍去追杀韩信。但又响起了第二次炮声，又杀出两路伏兵，截住项王，又是一番厮杀，好久最终被冲破。项王杀起了劲，勇往直前，随后炮声不断，伏兵迭起。

汉军如潮水般涌来。战场上的汉军尸横遍野，但汉军依旧源源不绝。项王突破重围，杀到第七八重时候，部众伤亡惨重，所剩不多，项王也体力难支，逐步退却。不料韩信发放了号炮，十面埋伏，全面出击，蜂涌而上，围攻项王。楚兵纷纷落荒而逃，项王孤身奋战，毕竟寡不敌众。

项羽自清晨卯时出战一直到下午未时，足足拼了四个时辰，浑身上下鲜血淋漓。即便项羽神勇，也感体力不支。神骏的乌骓马一直在嘶鸣，仿佛告诉主人它已筋疲力尽，希望得到休息。五千铁骑仅存不到一千骑，仍在奋战。汉军前赴后继，从未停止攻击。项羽见项声、项庄两军已经撤退，不再能掩护左、右两翼，

仅靠自己孤军奋战，必定会吃大亏。韩信深藏人海之中，不见踪影。汉军人多势众，即便再损失一二万人，仍不会消减攻势。

项王后悔莫及，只有命钟离昧、季布等断后，自己充当先锋，一声大喝，使汉兵已胆战心惊，再挥舞长戟一触即毙。因此汉兵左右避开，项王得以逃生，退回垓下大营。

2. 霸王别姬

自从项王举事以来，第一次遭遇这样的挫败，本已出现了有利战机，偏碰着汉元帅韩信，采用十面埋伏之计，大破项王，击毙了三四成，楚营十万锐卒，驱散了三四成，剩下的只有两三万，返回营中，项王此时心急如焚！

傍晚来临。

项羽回到内帐，一身疲惫。他从战地返回后，清点人数，重整旗鼓，待部署好一切，才回到内帐。他浑身都是汗水和血水，但此刻身上的战袍已被体热烘干，硬绷绷的，散发出一股酸臭气味。

虞姬早已在内帐中等候着。她是项羽帐下的美人，深得项羽的宠爱。她原是楚将虞侃之女，虞侃在秦灭六国时被杀，妻女被带进秦宫，母充当奴仆，女入伎乐班。那女子成年后，成为秦宫伎乐班中的佼佼者，舞剑一流。项羽带回秦宫妇女时，发现了那女子，被她倾国倾城的容貌和婀娜多姿的体态深深吸引住了，收留她在身边，她就是虞姬。虞姬天资聪慧，知书达礼，曾乘车跟随项王出兵打仗，寸步不离。此刻在营间，守候项王归来。项王战败而归，虞姬迎着，见他垂头丧气，惶惶不安，也大吃一惊。项王坐定后，喘了口气，虞姬才询问战情。项王叹息道："败了！败了！"虞姬安慰他："胜负乃兵家常事，大王无须忧虑。"项王道："连我都未经过此恶战。"虞姬本已吩咐准备酒肴，想为项王洗尘。此时项王败还，更想为他解忧，便立刻搬出酒肴，请项王上坐小饮。项王根本没有心情，但宠姬深情厚意，不便拒绝，便坐在席间，让虞姬陪伴。才饮了三五杯，就有士兵通报汉兵围营。项王道："汝传令将士，坚守不动，待我明日决一死战！"军牟奉命而去。

天已黑了，项王又同虞姬相对饮酒，平时此情此景，惬意开怀，今日大败而归，愁闷不已，喝了一会儿便昏昏欲睡。虞姬善解人意，请项王安卧榻中，闭目养神。项王于是躺下休息，虞姬坐守榻旁，也觉心神不宁。帐外寒风呼啸，凄凄惨惨，令人不寒而栗，更添愁烦。又传来一片歌音，凄婉哀怨，此起彼伏，犹如九皋鹤唳、四野鸿哀。虞姬禁不住愁肠寸断，潸然泪下。回头看项王，已经酣然入梦，虞姬急得有口难言，悲痛欲绝。这歌声究竟来自何处？乃是汉营中张良，编出一曲楚歌，教军士至楚营旁，四面唱和，字字凄惨，一班楚兵被打动了，思乡心切，相继退散。连钟离昧、季布等人，多年跟随项王，也悄悄逃走了。甚至项王季父项伯，也偷偷投降张良，以保性命。只有项王八百骑亲兵，镇守营门，没有叛离。

歌声虽凄惨，却情真意切。虞姬明知这歌声来自汉营，但禁不住想听。那字字句句都勾起她的思乡之情，心平气和地听了下去。

这时，项王酒意已消，如梦中惊醒。听到楚歌，大吃一惊，出帐细听，那歌声来自汉营，更是疑惑不解："汉已尽得楚地吗？汉营中怎么会有许多楚人呢？"说着，有人通报称将士纷纷逃走，仅存八百人。项王大惊失色："果真如此吗？"立刻返回帐内，见虞姬一旁站立，已泪流满面，也禁不住落泪。见尚未撤去席上残肴，壶中还有不少酒，于是命厨人烫热，唤过虞姬，同她再饮。

酒酣正浓，项王对虞姬说："卿好久没有舞剑了！愿卿为我一舞，为我助助酒兴如何？"

"臣妾遵命。"虞姬回答。她提起衣裙。来到席前，左手从容执双剑，右手挽了个剑诀，拜见项王。随后，双手分执双剑，轻歌曼舞，漫声而唱。

歌声越来越低，犹如耳语。剑舞却越来越快，刀光闪闪。到后来，人剑难分，只见在席前一团白光滚来滚去，过了一会儿，剑光忽收，现出虞姬身影，左手仍持双剑，右手挽着剑诀，镇定自若。虞姬将双剑插回腰间剑鞘，款步上前，为西楚霸王斟酒。她知霸王百般愁闷，已到了这个地步，还有什么可说的呢？不如借酒浇愁，喝个酩酊大醉，倒能暂时忘却忧愁。

项羽欣赏虞姬舞剑后，顿生豪气，面露笑容："很久不见卿舞剑，卿的剑技更加精湛了！来，来，来，寡人敬你一杯。"

虞姬接过杯酒，一口气喝完。这时，忽从帐外传来一声长嘶，那是项王的乌骓马在悲鸣，仿佛为它的命运而哀叹。项王听到马嘶，大吃一惊，回首看虞姬，越发凄凉。于是，他对虞姬说："卿为我舞剑助兴，无以回报，为卿唱一曲楚歌怎么样？"

项王喝了几杯酒，便随唱道：

力拔山兮气盖世！时不利兮骓不逝！骓不逝兮可奈何！虞兮虞兮奈若何！

乌骓马和虞美人是项王生平的最爱，这次被围垓下，自知必死无疑，只是舍不得美人骏马，所以悲歌慷慨，呜咽欷歔！虞姬在旁聆听，了解项王歌意，也以

歌相和：

汉兵已略地，四面楚歌声。大王意气尽，贱妾何聊生！

凄婉悲凉，荡气回肠。虞姬连唱数阕，泪如雨下，悲痛欲绝。

虞姬唱完潸然泪下，项王也忍不住落泪。左右侍臣，也都泣不成声。忽然听到营中击了五下更鼓，便对虞姬道："天快亮了，我当拼死一战，卿该怎么呢！"虞姬道："妾蒙大王厚恩，生是大王的人，死是大王的鬼；若能归葬故土，死也瞑目！"项王道："卿如此娇弱，如何出围？卿可自寻生路，我当与卿永诀了。"虞姬忽然站起来，竖起双眉，喘声对项王道："贱妾与大王生死相随，愿大王多多珍重！"说到这儿，就拔出项王腰间佩剑，横刀一抹，香消玉殒。

项王已来不及相救，痛哭流涕，命左右掘地成坑，埋葬虞姬尸体。至今安徽省定远县南六十里，有香冢流传于世。文人墨客，因虞姬坚贞不屈，谱入词曲，以虞美人三字，作为曲名，美人已逝，足慰芳魂。

又传说有一种香草生于楚地，花叶两两相对，若有人对着它唱"虞美人"曲，此草便翩翩起舞，所以又叫作"虞美人草"。清人谢启昆有诗称颂虞姬道：

> 八千子弟失江东，止有虞兮效始终。
> 死共乌骓埋骏骨，生怜红粉是英雄。
> 花间名字留芳体，帐下悲歌泣晓风。
> 若使当年成帝业，宁同吕雉祸深宫。

3. 乌江自刎

项王见虞姬已亡，自言自语道："我如果被困在这里，坐以待毙，一世英名岂不尽丧！这也太不值了。不如趁早突围，若能返回江东，重整旗鼓，报仇雪恨，才是上策。不然战死沙场，也算死得壮烈！"于是，项王看已安葬完虞姬，强忍泪水，跨上乌骓，趁天还没亮，率亲兵八百骑，越过楚营，一路南逃。及汉兵得知，立刻报告韩信，天已亮了。韩信听说项王脱逃，急令将军灌婴，率领五千兵马去追击。项王也担心汉兵追来，匆忙赶到淮水滨，寻船渡江，又有大半部骑散去，仅存一二百人。走到阴陵，见前面有岔路，不知哪条通往彭城，犹豫不决。恰好有老农在耕田，便向他问路，老农认出了项王，对他的暴虐十分憎恨，竟朝西指道："向这边去！"项王信以为真，策马西奔，约跑了好几里，凛冽的寒风扑面而来，前面传来流水声，仔细一看，乃是一个大湖，拦在路上。至此才知上了当，赶紧撤退，返回原地，又向东走。经过这一番折腾，被汉将灌婴追了上来，一阵冲击，百余骑又丧失了。项王凭借乌骓，得以及时逃生。寥寥无几的几个人跟了上来，到了东城，项王回头清点，只剩下二十八骑。那四面的金鼓声，呐喊声，不绝于耳，越来越近。项王自知无法逃脱，引骑来到一山前，登上山岗，摆成圆阵，对骑士慨然说："我自起兵以来，转眼已有八年，大小七十余战，所向披靡，百战不殆，所以占有天下。今日被困在这里，想必我气数已尽，而非我不能与战。我决心拼死为诸君再决一战，定要三战三胜，替诸君解围，使诸君知我善战，今日我亡，皆为天意，并非我的过错，免得归罪于我！"

说完以后，汉兵已从四面八方围住了山。项王于是分二十八骑为四队，迎战汉兵。东面有一汉将，吃了虎胆，率众登岗，企图生擒项王。项王对骑士说："君等看此将如何死法！"说着拍马要走，又回头道："诸君可四面驰下，至东山下取齐，再作三处驻扎罢。"于是大喝一声，飞奔而下，一遇汉将，便奋力戳去。汉将躲避不及，一下子被刺中，滚下山去，一命呜呼。汉兵见了，纷纷撤退，项王骑马下山。山下的汉将，凭借人多势旺，重重包围，项王逐一杀退。汉骑将杨喜，上前追赶，项王返身一喝，吓得倒退了十余步。项王部下的二十八骑，也都赶过来，先招呼项王一声，随后三处分驰。汉兵又从后赶来，不知项王在什么地方，也兵分三路，追围项王。项王左手持戟，右手仗剑，斩一汉都尉，数十百名汉兵，仍冲破重围，又搭救了两处部骑。楚骑军聚在一起，清点数目，只少了两个骑兵。项羽便笑着问他们："我仗打得怎么样？"部骑皆拜伏道："正如大王所说！"项王自山上杀下，总共连续九战，汉兵遇着项王，都纷纷溃逃，这座山因而被后人称为九头山，又叫作四溃山。

项王冲出了重围，来到乌江。

这里地处长江北岸，今日安徽和县境内，临近南京上游。对面便是江南。这里原属于楚国，乌江亭曾设在这里，但地方偏僻，人迹罕至，放眼望去，唯见滔滔江水，近岸处枯苇败草，一片凄凉。

二十余骑残众跟随项羽来到江畔。水流湍急，惊涛骇浪。

风清寒。

江水急。

项羽站在岸边，任由四射的浪花扑向他的身上。逆风吹浪，他身上的衣甲被吹得簌簌直响。此刻，他心潮澎湃，比这江涛更加激烈。项羽仿佛看见，江水对岸的一片空蒙之处，风华绝代而又温柔多情的虞姬站在那里召唤他，嗬，还有龙

且等一批已经阵亡的爱将站在她旁边……

正好乌江亭长在岸边有泊船,请项王渡江过去。并催促说:"江东虽小,大王尚有立足之地,现臣有一船,愿大王立刻渡江!"项王听了,笑对亭长说:"天意亡我,我又何必渡江!且籍与八千江东子弟,渡江西行,今全军覆没,即便江东父老能够原谅我,仍愿拥戴我,我又怎么有脸见他们?"正说着,后面尘土飞扬,料知汉兵又追来了,亭长又敦促项王上船。

项王叹息道:"我知公忠厚仁义,你的盛情我心领了,我无以为报,只有坐下的乌骓马,与我相伴五年,日行千里,英勇无比,今我不忍杀此马,将它赠送给公,见马犹如见我。"一边说一边跳下马来,令部卒把马牵给亭长,又命部骑下马步行,各持短刀,转身等候汉兵。

汉兵一拥而上,项王又奋勇出战,左冲右突,连毙数百汉兵,自己也被砍伤了十几处。忽然发现有数骑将赶来,认出其中一人是吕马童,凄声对他说:"你我不是旧友吗?"吕马童匆匆望了项王一眼,却不敢正视,对旁边僚将王翳道:"这位就是项王。"项王又说道:"我听说汉王悬赏千金征我首级,并封邑万户,我今日就让汝得封赏吧!"

说毕,便用剑自刎。

霎时,鲜血喷涌,周围的土地都被染红了,但是尸首却岿然不动。

天地晦冥,风云变色,江水呜咽,群雁悲鸣,似乎在哀悼英雄的死去。

这幕情景极大地震慑了汉军将卒,大家目瞪口呆,无人敢移动一步。

过了半晌,汉将才愣过神来,开始争夺项王尸首,甚至自相残杀,好几十人毙命,最终王翳夺取了头颅,吕马童与杨喜、吕胜、杨武等四将,分别夺取一体,奉献给汉王报功。汉王命凑合五体,确实相符,便立刻分封五人,命吕马童为中水侯,王翳为杜衍侯,杨喜为赤泉侯,杨武为吴防侯,吕胜为涅阳侯。

项王已死,剩下的二十六骑,也纷纷逃亡。

后来,刘邦下令厚葬项王,就在谷城西角,告窆筑坟,亲自发丧。并命文吏写了一篇祭文,声称曾经情同手足,本无仇怨,拘太公吕后而不杀不犯,留养三年,盛情尤见,泉下有知,应视此觞等语。临祭读文,汉王也不禁潸然泪下。将士等也都被打动,祭祀完后便返回。今河南省河阳县有项羽墓,就是项羽自刎的地方,便系今日的乌江浦,在安徽省和县东北,留有祠宇,叫作西楚霸王庙。

斯人已去,千载悠悠。

项羽虽有拔山之力,还是在楚汉战争中败在了刘邦手上。

项羽勇悍，无人敢敌，但垓下之败，英雄无不为之扼腕！

霸王别姬，乌江之刎，最为悲壮，其情苍凉，令人悲咽。虞姬刚烈赴死，项羽慨然决死，正是英雄美人，各播千秋，项羽也可足以慰藉平生了。

但是，项羽的残暴乖戾也丝毫不逊色于其英雄气概。项羽之坑降卒，杀子婴，弑义帝，种种不仁，其败亡也是自取其祸。项羽之败，其罪非战，亦非天，而在其暴。项羽死时年仅三十一岁，后人有诗叹道：

> 争帝图王势已倾，八千兵散楚歌声，
> 乌江不是无船渡，耻向东吴再起兵。
> 不修仁政枉谈兵，天道如何尚力争？
> 隔岸故乡归不得，十年空负拔山名。